The Honest Truth About Dishonesty
거짓말하는 착한사람들

THE (HONEST) TRUTH ABOUT DISHONESTY
by Dan Ariely

Copyright ⓒ 2012 by Dan Ariely
Korean Translation Copyright ⓒ 2012 by The ChungRim Publishing Group
All rights reserved.

This Korean edition was published by The ChungRim Publishing Group in 2012
by arrangement with Dan Ariely c/o Levine Greenberg Literary Agency, Inc., New York
through KCC(Korea Copyright Center Inc.), Seoul.

이 책의 한국어판 저작권은 (주)한국저작권센터(KCC)를 통한 저작권자와의 독점계약으로 청림출판에
있습니다. 저작권법에 의해 한국 내에서 보호를 받는 저작물이므로 무단 전재와 복제를 금합니다.

거짓말하는 착한 사람들
우리는 왜 부정행위에 끌리는가

댄 애리얼리 지음 | 이경식 옮김

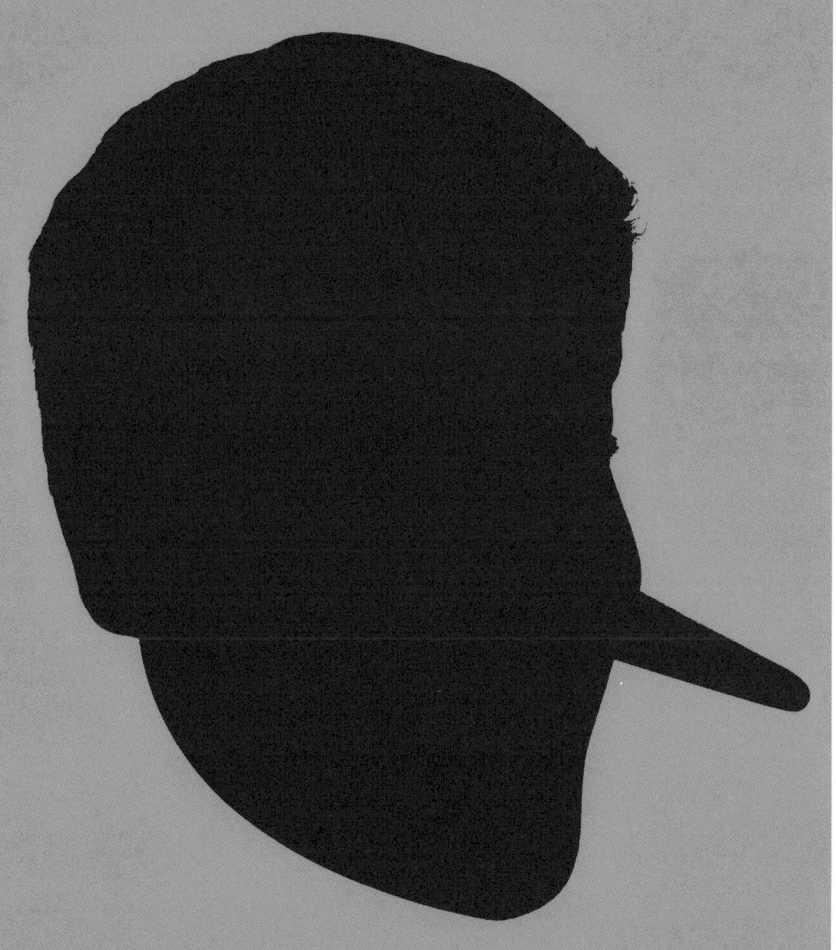

청림출판

한 그루의 나무가 모여 숲을 이루듯이
청림의 책들은 삶을 풍요롭게 합니다.

• • •

나의 은사님들, 동료들 그리고 학생들에게 이 책을 바친다.
그들 덕분에 연구 작업은 늘 즐거웠고 또 흥미진진했다.
그리고 여러 해에 걸쳐 진행된 우리 실험에 참가한 모든 분들께도
이 책을 바친다.
당신들이 이 연구의 동력이었다.

• • •

추천사

모럴 다이어트
The Moral Diet

　1970년대에 케네디예술센터 Kennedy Center for the Performing Arts가 운영하는 선물 매장에서 생긴 일이다. 거기서 일하는 직원은 대략 300명쯤 됐는데 대부분 나이가 지긋한 자원봉사자들이었다. 이 매장에는 금전등록기가 없었으며 대신 물건을 팔고 받은 돈을 보관하는 현금 상자들만 있었다. 문제는 이 매장의 한 해 40만 달러가 넘는 매출액 중 15만 달러를 누군가가 훔쳐간다는 점이었다.

　지금은 라피엣대학의 총장이 된 댄 바이스 Dan Weiss가 당시 이 선물 매장의 매니저로 일했는데 그는 이런 부정행위를 눈치 채고 조사를 시작했다. 그런데 그가 밝혀낸 사실은 뜻밖이었다. 어떤 한 사람이 한꺼번에 큰돈을 훔친 게 아니었다. 수많은 평범한 사람들이 조금씩 돈과 물품을 훔쳤던 것이다. 예술을 사랑해 자원봉사를 청한 수십 명의 선한 노인들이 그런 짓을 했던 것이다.

바로 이것이 댄 애리얼리 Dan Ariely가 낸 신간 《거짓말하는 착한 사람들 The (Honest) Truth About Dishonesty》이 파헤치고자 하는 주제다. 사람들은 거의 대부분 부정행위를 저지르는데 보통 아주 사소한 수준으로 부정행위를 저지른다는 것이다. 애리얼리와 그의 동료들은 수천 명의 사람들을 대상으로 수학 문제 20개를 제시했다. 이 사람들이 맞힌 정답의 개수는 평균 네 문제였다. 그런데 이 사람들에게 스스로 답안을 채점하고 답안지를 파기하라고 한 다음 각자 맞힌 정답의 개수가 몇 개인지 물었을 때 이들은 평균 여섯 문제를 맞혔다고 대답했다. 이들은 부정행위를 저지른 것이다, 많이도 아니고 아주 조금씩.

이런 행동을 하는 이유는 사람들이 대부분 스스로를 꽤 착한 사람이라 여기기 때문이다. 우리는 아주 조금씩 부정행위를 저지름으로써 부정행위를 통한 이득을 보면서도 동시에 자기 자신을 합리화할 수 있는 능력을 갖고 있다. 대부분의 사람들은 대규모로 부정행위를 저지르지 않는다. 스스로가 나쁜 사람으로 보이는 것에 저항감을 느끼기 때문이다.

세계적으로 손꼽히는 창의적 사회과학자인 애리얼리는 이런 현상을 입증할 또 다른 실험방법도 고안했다. 예를 들어 그는 대학 기숙사의 부엌 냉장고에 콜라 캔과 현금을 넣어두고 어떤 일이 일어나는지 살폈다. 학생들은 콜라는 몰래 가지고 갔지만 현금에는 손을 대지 않았다. 현금을 가져가는 것은 도둑질이라는 생각이 상대적으로 더 컸고, 따라서 저항감을 느꼈기 때문이다.

또 한 번은 시각장애인과 일반인 실험 진행자로 하여금 택시를 타게 해 운전사들을 대상으로 실험을 했다. 택시 운전사들은 일반인에게 일부러 길을 돌아가는 부정행위를 상대적으로 더 많이 저질렀다. 마음만 먹으면 시각장애인에게 부정행위를 훨씬 더 쉽게 저지를 수 있음에도 불구하고 그렇게 하지 않은 것이다. 택시 운전사들은 시각장애인을 속이는 것에 더 큰 죄의식과 저항감을 느꼈을 것이다.

사람들의 행위는 경제적인 동기보다 도덕성에 더 크게 좌우된다고 애리얼리는 말한다. 하지만 나는 이른바 '착한 사람good person' 개념 및 이것이 암시하는 도덕적 함의에 충격을 받았다. 지난 수백 년 동안 서구인들은 스스로를 근본적으로 '타락한 죄인'이라 여겨왔기 때문이다. 그런데 이 개념에 따르면 죄악이라는 것은 틈만 나면 재발하는 암과 같이 맞서 싸워야 할 어떤 대상일 뿐이다. 즉 우리는 날마다 죄악에 맞서 싸워야 한다는 말이다.

오늘날 사람들은 상대적으로 자신들이 근본적으로 선하다고 믿는 경향이 강하다. '착한 사람' 개념에 의지해 살아가는 사람들은 자기 자신의 도덕적인 이미지와 이기적인 여러 욕망 사이의 균형을 맞추려 애쓴다. 이들은 도덕적으로 넘치는 것과 모자라는 것을 다양한 측면에서 관리함으로써 자기 자신을 전반적으로 긍정적인 인물로 유지하려 노력한다. 이런 점에 비춰볼 때 도덕적인 삶을 유지하는 것은 다이어트를 하는 것과 비슷하다. 점심과 저녁으로 샐러드만 먹었으므로 쿠키 몇 조각은 먹어도 괜찮다는 식이 되는 것처럼 자신의 전반적인 삶을 돌아볼 때 스스로가 꽤 훌륭하고 착한 사람이라는 생각이 들면 아주 조금의 부정행위는 너그럽게 허용하고 만다.

착한 사람이 도덕적인 완벽함을 추구하지 않는 것은 다이어트를 하는 사람들 대부분이 100퍼센트 완벽하게 다이어트 식단을 따르지 않는 것과 마찬가지다. 충분히 봐줄 수 있을 정도의 사소한 부정행위만 하는 데 그친다면 자신은 일반적으로 착한 사람이며, 그것으로 충분하다는 것이다.

그런데 여기에는 한 가지 문제가 있다. 경계선 혹은 기준점을 어떻게 정하느냐 하는 것이다. 다이어트를 할 때는 칼로리를 계산할 수 있지만 세상에 도덕성을 잴 수 있는 저울은 없다. 그리고 사람들은 자기합리화를 하는 데 놀라울 정도로 뛰어난 능력을 갖고 있으므로 언제나 스스로에게는 너그럽다. 예를 들어 나는 선하고 괜찮은 사람이니까 시각장애인 승객을 속여 부당한 요금을 챙기지는 않는다. 하지만 시각 장애인이 아닌데다가 돈까지 지나치다 싶을 정도로 많이 가진 승객은 얼마든지 속일 수 있다고 합리화하는 것이다.

'착한 사람' 개념에서 가장 중요한 것은 자기합리화와 자기기만이 선을 넘어서지 않도록 관리하는 일이다. 애리얼리는 이따금씩 도덕성을 재는 저울의 영점을 조절하는 게 좋다고 권한다. 사람들은 누구나 자기합리화에 익숙해질수록 올바른 길에서 벗어난다. 그러므로 이럴 때는 한 걸음 뒤로 물러나 현재의 행동방식에서 벗어나 처음부터 다시 시작하라고 권한다. 천주교의 고해성사와 유대교의 욤 키푸르(속죄일)가 바로 이런 것을 가능하게 해주는 장치다. 어떤 것에 유혹을 느끼고 부정행위를 저지르고 싶은 마음이 들 때 '십계명'을 암송할 수도 있다. 유혹의 순간에 아주 작은 각성 장치 하나가 장황하고 거창한 설교보다 효과적이라고 애리얼리는 주장한다.

또 한 가지 중요한 것은 절대로 선함 그 자체를 목표로 삼아서는 안 된다는 점이다. 선하다는 것은 너무도 모호한 개념이기 때문이다. 정직함 혹은 올바름을 목표로 삼아야 한다. 사람들은 대개 자기 자신의 도덕적인 행동을 올바르게 판단하지 못한다. 그러므로 자신의 내면이 아닌 외면 혹은 사회적인 규범을 기준으로 삼아야 한다.

애리얼리는 사회과학 실험을 진행하면서 도덕적인 행동을 계량적으로 측정하려 노력한다. 하지만 나는 이 책이 우리 시대의 도덕적인 풍토의 선한 측면 및 편의적인 측면을 탁월하게 요약하고 있다고 생각한다. 끝으로 한 가지, 우리가 착한 사람이 되고자 도덕적인 차원에서 계산을 하려 할 때면 스스로에게 이런 질문을 던지는 게 도움이 될 것이다.

"이것은 충분히 선한가? 사소하게 도덕을 위반하는 이런 행동은 우리의 본성에 비춰볼 때 참신하고 현실적인가, 아니면 그저 그렇게 평범한 모습인가?"

데이비드 브룩스 David Brooks
〈뉴욕타임스〉 칼럼니스트

서문

우리는 왜
부정행위의 유혹에 빠지는가

속임수 및 부정행위에 대해 내가 처음 적극적으로 관심을 가진 때는 2002년, 엔론 Enron 사태가 일어나고 겨우 몇 달이 지난 뒤였다. 당시 나는 일주일 동안 정보통신기술 관련 콘퍼런스에 참석하고 있었는데, 어느 날 밤 술자리에서 존 페리 발로 John Perry Barlow를 만났다. 나는 존이 예전에 5인조 록그룹 그레이트풀 데드 Grateful Dead의 작사가로 활동했던 사실을 알고 있었다. 존과 이런저런 대화를 나누면서 나는 그가 최근에 몇몇 회사를 상대로 컨설팅을 해줬다는 사실을 알았다. 그 회사들 중에는 엔론도 포함돼 있었다.

2001년의 그 유명한 엔론 사태를 잘 알지 못하는 사람들을 위해 사건의 개요를 간단히 설명하자면 이렇다. 이 회사는 일련의 창의적인 수법을 동원해 분식회계를 했다. 컨설팅업체들이나 신용평가사들 그리고 지금은 사라지고 없는 회계법인인 아서앤더슨 Arthur Andersen이 눈을 감아주었기에 이런 일이 가능했다. 그러나 월가의 총아이던 이 회사는 더 이상 회계 분식 사실을 숨길 수 없게 됐고, 결국 이 일은 세상에 드러났다. 투자가들은 투자금을 날렸고 그 바람에 은퇴 계획은 물거품이 됐으며, 수천 명의 직원들이 졸지에 일자리를 잃었다. 그리고 결국 엔론은 파산했다.

존과 대화를 나누면서 나는 존이 자신이 원해서 그 부정행위에 애써 눈감았다고 말하는 대목에 특히 주목했다. 존은 비록 엔론이 빠르게 무너져가는 와중에 컨설팅을 해줬음에도 불구하고 자신은 특별히 사악한 어떤 조짐도 감지하지 못했노라고 말했다. 아닌 게 아니라 엔론에서 대규모 부정 사건이 벌어지고 있었다는 사실이 언론에 대서특필될 때까지, 존은 엔론이야말로 혁신 기업의 선도자라는 생각에 사로잡혀 있었던 것이다. 더 놀라운 점은, 그런 진실이 드러난 뒤 자신이 그동안 어떻게 그 모든 조짐과 징후들을 정확하게 바라보지 못했는지 도무지 이해할 수 없더라고 했다는 사실이다.

이 말을 듣고 나는 한동안 아무 말도 할 수 없었다. 존과 대화를 나누기 전까지만 해도 나는 엔론 사태가 세 명의 사악한 인물, 즉 제프리 스킬링 Jeffrey Skilling, 케네스 레이 Kenneth Lay 그리고 앤드류 패스토 Andrew Fastow가 작당해 대규모 회계 부정을 계획하고 실행한 것이라고만 생각했다. 그런데 내가 좋아하고 또 존경하는 사람이 나와 마주 앉아, 자신이 그 부정행위에 계획적이고 의도적으로 참여하진 않았더라도 본의 아니게 그 진실을 외면한 결과, 결국 자신도 엔론 사태에 연루되게 됐다고 말하는 것이 아닌가.

존을 비롯해 엔론과 관련된 사람들이 모두 뼛속까지 부패했을 가능성은 여전히 있었다. 그러나 나는 그것과 다른 종류의 어떤 부정행위가 있었을지도 모른다는 생각이 들기 시작했다. 자신이 원해서 자발적으로 저지르는 부정행위 그리고 존이나 당신이나 나 같은 사람들이 저지를 수 있는 부정행위 같은 것. 내 머릿속에서는 여러 생각들이 꼬리를 물고 이어졌다.

만약 부정행위가 몇몇 썩은 사과들만의 문제가 아니라 보다 넓은 차원으로 확대된다면, 자신이 원해서 자발적으로 저지르는 부정행위는 다른 기업에서도 얼마든지 일어날 수 있는 문제가 아닐까? 그때 이후 봇물처럼 터졌던 기업 부정 사건들은 이 질문에 대해 분명하게 '그렇다'라고 대답하게 한다. 한편으로 나는 이런 생각도 들었다. 만약 나나 내 친구들이 엔론을 컨설팅 고객으로 만났다면, 과연 존과 다르게 행동했을까?

존과 나눈 이 대화를 계기로 나는 '속임수 및 부정행위cheating'라는 연구 주제에 사로잡혔다. 정직함honesty과 부정직함dishonesty에 대한 인간 능력과 그 본질은 과연 무엇일까? 나는 부정행위가 몇몇 소수의 썩은 사과들에 한정된 것인지, 아니면 대다수 사람들에게까지 적용되는 보편적인 것인지 밝혀내고 싶었다. 이 의문에 대한 해답을 알아내기만 한다면 부정행위에 대처하는 방법이 완전히 달라질 수 있다고 생각했다.

소수의 썩은 사과들만이 부정행위의 책임이 있다면 의외로 문제를 쉽게 해결할 수 있다. 회사의 인사부서가 직원 채용 과정에서 이런 사람들을 걸러낼 수 있을 테고, 또 여기서 걸러지지 않는다 해도 시간이 지나면 이 사람들이 본색을 드러낼 터이므로 그때 얼마든지 조직에서 제거할 수 있을 것이기 때문이다.

그러나 만약 부정행위가 소수의 악당에 국한된 문제가 아니라면, 회사가 채용한 사람은 누구든 (나도 그렇고 당신도 그렇고) 부정행위를 저지를 수 있다. 이것이 사실이라면, 부정행위가 어떻게 작동하는지 알아내고, 인간 본성의 한 측면인 부정행위를 통제할 방법을 찾는 일은 결정적으로 중요하다.

부정행위에 관한 불편한 진실

부정행위의 원인에 대해 우리가 아는 것은 무엇인가? 경제학의 영역에서 부정행위에 대해 사람들이 일반적으로 갖고 있는 상식은 노벨상 수상자이자 시카고대학의 경제학자인 개리 베커 Gary Becker 의 견해다. 그는 사람들은 어떤 상황에서든 그에 대한 합리적인 분석 rational analysis 을 거친 뒤 이를 토대로 범죄를 저지른다고 주장한다. 팀 하포드 Tim Harford 가 《경제학 콘서트 2 The Logic of Life》에서 설명하듯 이론은 우연히 태어났다.

어느 날 베커는 모임에 참석하기 위해 집을 나섰는데, 약속 시간까지 시간이 촉박했다. 엎친 데 덮친 격으로 약속 장소에 도착했는데 주차할 공간마저 찾을 수 없었다. 하는 수 없이 그는 딱지를 떼일 각오로 불법주차를 하기로 마음먹었다. 나중에 그는 자신이 이런 행동을 하게 된 사고 과정을 곰곰 생각해봤고, 자신이 내린 결정이 순전히 편익(주차 공간을 찾아 약속 시간에 늦지 않는 것)에 대해 예측할 수 있는 비용(적발돼 벌금을 내는 것)을 분석한 결과임을 깨달았다. 베커는 또 비용편익분석 cost-benefit analysis을 하는 과정에서 자기 행동의 선악 여부에 대한 고려는 개입할 여지가 전혀 없었다는 사실도 깨달았다. 자기 행동이 낳을 결과의 긍정적인 효과와 부정적인 효과를 비교하는 것이 전부였다.

'합리적 범죄의 단순 모델 Simple Model of Rational Crime, SMORC'은 이렇게 해서 탄생됐다. 이 모델에 따르면, 사람은 누구나 베커와 매우 유사하게 행동한다. 살아가면서 우리는 어떤 상황에서든 자신에게 유리한 방향으로 행동한다는 것이다. 하지만 실제 현실은 다르다. 강도 행각을 벌이며 이런 식으로 행동하든 혹은 책을 쓰면서 이런 식으로 행동하든, 이런 행동이 늘 비용과 편익에 대한 합리적인 분석이나 계산과 일치하지는 않는다.

베커의 논리에 따르면 이렇다. 만약 누구든 돈에 쪼들리는 상황에서 우연히 편의점에 들어간다면 카운터의 금고에 돈이 얼마나 들어 있을지 재빠르게 추측한 다음, 그 돈에 손을 댔다가 체포될 확률과 선한 행동을 했을 때 보상받을 확률을 계산한다. 이런 비용편익분석을 근거로 우리는 그 편의점을 털지 말지 결정한다. 베커 이론의 핵심은, 정직성과 관련된 의사결정은 다른 모든 결정과 마찬가지로 오로지 비용편익분석만을 기반으로 한다는 것이다.

SMORC는 부정행위를 설명하는 매우 단순한 모델이다. 문제는 이 모델이 과연 실제 현실에서 벌어지는 사람들의 행동을 완벽하게 설명하느냐 하는 점이다. 만약 이 모델이 완벽하다면 사회에서 부정행위에 대응하는 방법에는 두 가지가 있을 수 있다. 첫째는 부정행위를 저지른 사람이 체포될 가능성을 높이는 것이다(예를 들면 경찰관의 수를 늘리거나, 감시 카메라를 더 많은 곳에 설치한다). 둘째는 부정행위를 저지른 사람에 대한 처벌 수위를 높이는 것이다(예를 들면 징역형의 선고 형량을 늘리거나 벌금을 높인다). 이것이 법 집행이나 처벌, 부정행위 전반에 대해 SMORC가 함축하는 내용이다.

하지만 SMORC라는 부정행위에 대한 이 단순하고 합리적인 모델이 오류가 있거나 완벽하지 않다면 어떻게 될까? 만약 그렇다면 부정행위를 극복하기 위한 표준적인 접근방식들이 충분하지 않거나 효율적이지 못할 것이다. 만약 SMORC가 사람들이 부정행위를 저지르는 여러 이유들을 정확하게 설명하지 못한다면, 우리는 가장 먼저 무엇이 사람들로 하여금 다른 사람을 속이게 하는지 그 요인을 알아내야 한다. 그런 다음 이를 활용해 부정행위를 바로잡고 그에 맞서 싸우기 위해 우리가 무엇을 할 수 있을지 파악하는 데 주력해야 한다. 나는 바로 이런 내용을 이 책에서 다루려 한다(단순히 사람들의 부정직함 및 부정행위를 탐구하는 것을 넘어 합리성 및 비합리성에 대해서도 다루려 한다. 부정행위가 그 자체로 매력적이고 중요하긴 하지만 이것은 우리 인간이 갖고 있는 흥미롭고도 복잡한 성정 가운데 한 부분일 뿐이라는 점을 명심해야 한다).

비용과 편익이 전부는 아니다
...

사람의 정직함과 부정직함에 영향을 미치는 요인들을 살펴보기 전에 먼저 실험 하나를 해보자. 상상으로만 하는 간단한 실험이다. 만약 사람들이 SMORC에 엄격하게 집착해 모든 행동을 오로지 비용편익분석에 따라서만 한다면 세상은 과연 어떨까?

　만약 우리가 SMORC가 전적으로 지배하는 세상에 살고 있다면, 우리는 어떤 행동을 하든 언제나 비용편익분석 결과에 따라 가장 합리적으로 보이는 선택을 할 것이다. 감정이나 신뢰를 기반으로 하는 의사결정은 결코 하지 않을 것이다. 그래서 직장에서 아주 잠깐 동안 자리를 비우더라도(단 1분 동안이라 해도), 당신은 지갑을 서랍 안에 넣고 서랍을 잠글 것이다. 현금은 반드시 은밀한 곳에 숨겨둔 금고에 보관하거나 그렇지 않다면 적어도 침대 매트리스 아래에라도 숨길 것이다. 휴가가 느라 며칠 동안 집을 비울 때도 이웃집에 우편물을 대신 받아달라는 부탁하는 일 따윈 없을 것이다.

　우리는 같은 공간에서 함께 일하는 동료들까지도 매서운 매의 눈으로 감시할 것이다. 무언가에 합의한다는 뜻으로 악수를 나누는 것도 아무런 의미가 없는 행위가 될 것이다. 어떤 거래를 하든 무조건 계약서를 써야 할 것이다. 이것은 우리가 소송을 비롯해 온갖 법률적인 분쟁에 엄청나게 많은 시간을 들여야 한다는 뜻이기도 하다. 또 결혼을 해도 아이를 낳지 않을 것이다. 아이들 역시 자라서는 우리가 가진 것을 빼앗으려 들 테고, 같은 집에 함께 사는 한 그런 기회는 무궁무진하게 많을 것이기 때문이다.

　이런 사람들이 성자가 아님은 확실하다. 우리는 완벽함과는 너무도 거리가 멀다. 그러나 SMORC 세상이 우리가 생각하고 행동하는 모습을 정확하게 반영하지 않으며, 우리의 일상적인 삶을 제대로 묘사하지 않는다는 데 당신도 동의할 것이다. 그렇다면 방금 해본 상상 실험은 사람들이 완벽하게 합리적일 때 발휘 가능한 모든 능력을 동원해 서로를 속이거나 훔치며 오로지 개인적인 이익만 추구하는 것은 아니라는 사실을 보여준다는 데도 동의할 것이다.

선량한 자원봉사자들이 저지른 범죄

라디오 프로그램 〈미국적인 삶 This American Life〉은 2011년에 댄 바이스라는 어떤 대학생의 이야기를 방송했다.[1] 이 학생은 워싱턴 D.C.에 있는 '케네디예술센터'에서 이 단체의 선물 매장들에서 판매하는 물품의 재고를 관리하는 일을 했다. 이 단체의 선물 매장들에는 300명이 넘는 자원봉사자들이 일하고 있었는데, 이들은 대부분 연극과 음악을 사랑하는 은퇴자들이었다.

이 단체의 선물 매장들은 일일장터처럼 운영됐다. 금전등록기 따위는 없었으며 현금 상자만 있을 뿐이었다. 자원봉사자들은 물품을 팔고 받은 돈을 그 상자에 넣었으며 거스름돈도 거기에 있는 돈으로 바꿔줬다. 케네디예술센터가 운영하는 이 선물 매장들의 매출액은 엄청났다. 한 해에 40만 달러가 넘었다. 그런데 한 가지 문제가 있었다. 그것도 작은 문제도 아니고 큰 문제였다. 그 40만 달러 중 15만 달러 상당의 현금과 물품이 해마다 어디론가 새나갔던 것이다.

선물 매장들을 총괄하는 책임자로 승진한 바이스는 문제의 심각성을 깨닫고 도둑을 잡아야겠다고 마음먹었다. 그는 우선 젊은 직원들을 의심했다. 이들은 현금을 은행에 가져가 예치하는 일을 했다. 바이스는 사설탐정을 고용한 뒤 함정수사를 준비했다.

2월의 어느 날 밤, 바이스와 탐정은 덫을 놓았다. 바이스는 미리 표시해둔 현금을 현금 상자에 넣어두고 자리를 떴다. 그리고 두 사람은 근처에 숨어 용의자가 나타나기를 기다렸다. 마침내 용의자가 나타났고, 두 사람이 이 용의자를 붙잡아 주머니를 확인한 결과, 표시된 지폐 약 60달러가 나왔다. 이렇게 해서 사건은 종결됐다. 정말 그럴까?

천만에. 이후에도 돈과 물품은 계속 사라졌다. 고민 끝에 바이스는 재고관리 시스템을 개선했다. 물품마다 가격표를 붙였고, 매장의 자원봉사자들에게 어떤 물품을 얼마에 팔았는지 일일이 판매대장에 기록하게 했다. 이런 조치를 취한 결과는 어땠을까? 당신도 예상했겠지만, 현금과 물품의 좀도둑질은 사라졌다. 도둑은 단 한 사람이 아니었다. 예술을 사랑해 자원봉사를 청한 선한 노인들 다수가 현금 상자에서 돈을 빼내고 매장의 물품을 몰래 빼돌렸던 것이다.

우리 사회의 도덕 수준을 생각하면 슬픈 이야기가 아닐 수 없다. 이를 바이스는 다음과 같이 표현했다.

"사람은 누구나 기회가 닿으면 언제든 다른 사람의 물건을 훔치려 합니다. …… 사람에게는 나쁜 일을 하지 못하도록 제어해주는 통제장치가 필요합니다."

왜 속이면서 자신이 착하다고 착각하는가

・・・
이 책에서 다루는 기본 주제는 우리의 행동을 이끄는 합리적 비용편익 요인들 및 비합리적 요인들을 살피는 것이다. 전자는 우리가 정직하지 못한 행위를 부추긴다고 생각하지만 실제로는 그렇지 않은 요인이고, 후자는 우리가 보통 중요하지 않다고 생각하지만 실제로는 중요한 요인이다.

막대한 금액의 돈이 사라졌을 때, 우리는 보통 어떤 한 사람의 지독한 악당이 한 짓이라 생각한다. 그러나 앞의 사례에서 알 수 있듯, 부정행위가 반드시 어떤 사람이 비용편익분석을 거쳐 막대한 금액의 돈을 훔쳐가서 나타나는 것은 아니다. 오히려 여러 사람이 조금씩 그리고 여러 차례에 걸쳐 훔치는 경우가 더 많다. 요컨대 60달러를 훔치는 청년 한 명과, 모두 합쳐 15만 달러를 훔치는 다른 모든 사람이라는 두 유형의 부정행위자가 있는데, 비용편익분석을 거쳐 부정행위를 저지르는 전자 유형의 사람이 끼치는 손실 규모는, 선물 매장의 물품과 현금에 손을 대면서 별것 아닌 행동으로 합리화하는 후자 유형의 사람이 끼치는 그것보다 훨씬 적다.

이 책에서 우리는 부정행위를 부추기는 여러 요인들은 물론 우리로 하여금 정직함을 지키게 해주는 장치들도 자세히 살펴볼 것이다. 무엇이 부정행위를 부추기는지 알아보고, 사람들이 자기 자신을 긍정적으로 바라보면서도 개인적인 이익을 위해 어떤 식으로 부정행위를 서슴지 않는지 그리고 우리가 저지르는 부정행위의 많은 부분을 가능케 하는 인간의 특성은 무엇인지 살펴볼 것이다.

부정행위의 밑바탕에 깔려 있는 기본 성향을 살펴본 뒤, 우리는 여러 가지 실험을 통해 일상생활에서 우리의 정직성을 고양하거나 훼손하는 심리적이고 환경적인 요인들을 찾아나설 것이다. 예를 들면 이해관계를 둘러싼 갈등, 모조품, 선거 공약, 창의성 그리고 정신적 에너지의 고갈 상태 등을 들 수 있다.

　우리는 부정행위의 사회적인 측면들도 탐구할 것이다. 여기에는 옳고 그름을 판단할 때 우리는 다른 사람에게 영향을 받을까, 만약 그렇다면 어떻게 영향을 받을까 하는 문제도 포함된다. 또 자신의 부정행위로 다른 사람이 이득을 보는 상황에서 부정행위의 빈도와 규모가 어떻게 달라지는지도 탐구할 것이다. 궁극적으로 우리는 부정행위가 어떻게 작동하고, 이것이 우리의 일상적인 환경에 어떻게 의존하는지 그리고 어떤 조건에서 우리는 부정행위를 더 많이 혹은 더 적게 저지르는지 살피고자 한다.

　부정행위를 유발하는 여러 요인들을 탐구하는 것 외에 나는 이 책에서 행동경제학적 측면에서 사람들의 궁극적인 행동에 영향을 미치는 내면적이고 환경적인 요인들을 밝히고자 한다. 사람의 행동을 실제로 추동하는 요인들을 좀 더 분명하게 이해하고 나면 당신은 부정직함을 비롯해 인간의 어리석음에도 불구하고 우리에게는 여전히 희망이 있다는 사실을 깨달을 것이다. 아울러 우리를 둘러싼 환경을 개선할 수 있으며, 이를 통해 우리는 더 나은 선택을 할 수 있다는 사실을 알 것이다.

　마지막으로 이 책에서 소개하는 연구 내용 덕분에 당신이 부정행위를 유발하는 요인들을 보다 잘 이해해 스스로 이것들을 극복할 수 있는 흥미로운 방법들을 모색하는 데 밑거름이 됐으면 하는 바람이다.

　자, 이제 여행을 시작하자.

 CONTENTS

추천사 모럴 다이어트 6
서문 우리는 왜 부정행위의 유혹에 빠지는가 11

 1장 무엇이 선택을 조종하는가
비용편익분석

매트릭스 실험 31 | 돈을 더 주면 부정행위가 늘까 36 | 도둑잡기 38 | 택시 운전사와 장님 속이기 41 | 퍼지요인 45

 2장 거짓말하는 착한 사람들
퍼지요인 이론

화이트칼라 범죄자들 55 | 도덕적 각성 장치 60 | 서명 먼저 하기 68 | 이기적 욕망 합리화하기 75 | 골프와 부정행위 77 | 10센티미터의 거짓말 80 | 멀리건의 비밀 82 | 슈뢰딩거의 고양이 83

 3장 경제적 동기가 우리를 눈멀게 할 때
이익충돌

문신 시술과 이익충돌 96 | 호의에 감춰진 비용 100 | 제약회사 영업사원의 전략 104 | 금융권의 숫자 속이기 110 | 전문가 의견의 진실 113 | 심리학 실험실의 술 취한 남자 115 | 완전한 공개가 만병통치약일까 117 | 갈등 없는 보상 121

4장 힘들 때 자주 실수하는 진짜 이유
자아고갈

감정의 유혹에 저항하기 128 | 피곤에 지친 뇌 132 | "할머니가 돌아가셨어요" 134 | 도덕성 근육 테스트 136 | 빨강을 의미하는 초록 글씨 읽기 139 | 다이어트와 자아고갈 143

5장 짝퉁 상품이 부정행위를 조장한다?
자기신호화

옷이 보내는 신호 154 | 짝퉁 가진 사람을 조심하라 158 | "어차피 이렇게 된 거" 효과 163 | 짝퉁 선글라스의 부정적인 효과 168 | 가짜 학위와 이력서 조작 172 | 무단 전재를 금합니다 175

6장 자기 자신을 속이는 사람들
자기기만

장애인 행세하기 183 | 멘사퀴즈에서 높은 점수 얻기 187 | 과장과 허풍을 사랑하는 사람들 192 | 자기기만과 자립 201 | 하얀 거짓말이 필요한 순간 203

7장 우리는 모두 '타고난 이야기꾼'
창의성과 부정직함

왜 자기 자신을 속이는 걸까 212 | 동전 던지기 214 | 거짓말쟁이의 뇌 215 | 창의적일수록 거짓말을 더 잘한다? 218 | 부정행위와 지능의 관계 220 | 복수심과 퍼지요인 226 | 승차권 위조의 심리 229 | 천재는 사기꾼? 233 | 창의적 사고가 실패할 때 237

8장 부정행위도 전염된다
사회적 전염

강의실에서 생긴 일 248 | 썩은 사과 한 개 250 | 집단 역학 258 | 모호한 규칙 262 | 윤리적 건강을 회복하는 방법 266

 ## 9장 타인을 위한 부정행위
사회적 의존

이타적인 부정행위 277 | 누군가 나를 지켜본다 278 | 협력 작업의 모순 극복하기 290

 ## 10장 사람들은 작은 거짓말을 한다
낙관적 결론

'진짜' 무서운 범죄 299 | 미국인과 중국인 중 누가 더 잘 속이는가 301 | 우리가 속이고 훔치고 거짓말하는 진짜 이유 306 | 어떻게 도덕성을 회복할 것인가 316

감사의 말 318 | 역자 후기 321 | 나의 동료들 325
주 332 | 참고문헌 335

1장

무엇이 선택을 조종하는가

비용편익분석

The (Honest) Truth About Dishonesty

사람들은 서로 속이며 거짓말을 한다. 당신도 그렇고 나 역시 가끔 그렇게 한다.

직업이 대학 교수이기 때문에 나는 학생들이 강의에 집중하게 하려고 여러 가지 소재를 동원한다. 이따금 외부 강사를 초빙하기도 한다. 고백하건대, 외부 강사를 초빙하면 따로 강의 준비를 하지 않아도 되니 나로서는 여러모로 좋다. 기본적으로 외부 강사의 초청 강의는 강사나 학생들이나 내게 모두 유익한 원원윈win-win-win 전략이다.

그러한 외부 강사 초청 강의의 일환으로 나는 내가 강의하는 행동경제학 수업에 화려한 경력을 자랑하는 특별 강사를 초빙했다. 이 사람은 대형 은행과 CEO들을 상대로 경영 컨설팅을 하는 유명 인사로, 프린스턴대학을 졸업했으며 법학 박사 학위를 갖고 있다. 나는 학생들에게 이렇게 말했다.

"지금부터 강의해줄 분은 지난 수십 년 동안 기업계의 엘리트들이 꿈을 실현할 수 있도록 도왔습니다."

소개가 끝나고 초청 강사가 강단에 섰다. 그는 시작부터 솔직했다.

"오늘 나는 여러분이 품고 있는 꿈을 이룰 수 있도록 조금이나마 돕고 싶습니다. 여러분은 돈을 꿈꿉니다. 그렇죠?"

그는 마치 피트니스 클럽의 강사처럼 매우 큰 소리로 말했다.

"여러분, 돈을 많이 벌고 싶습니까?"

학생들은 모두 고개를 끄덕이며 웃었다. 그의 열정적이면서 소탈한 접근방식이 마음에 드는 눈치였다.

"여기 계신 분들 중 부자가 있습니까? 내가 부자인 건 나도 잘 압니다만, 대학생인 여러분은 부자가 아닙니다. 다들 가난뱅이들입니다. 하지만 사기와 거짓말의 힘을 동원하면 이런 상황은 바뀔 수 있습니다. 그렇게 되도록 합시다."

그는 칭기즈칸에서부터 알렉스 로드리게스 Alex Rodriguez 와 버나드 매도프 Bernard Madoff 그리고 마사 스튜어트 Martha Stewart 에 이르는 현대의 위대한 사기꾼들 이름을 줄줄이 언급했다.

"여러분은 모두 이런 사람들이 되고 싶어 합니다. 권력과 돈을 원합니다! 사기를 잘만 치면 여러분도 얼마든지 이 사람들처럼 될 수 있습니다. 지금부터 내가 부자가 되는 비밀들을 알려주겠습니다!"

흥미진진한 서두에 이어 지명 토론이 시작됐다. 그는 학생들에게 눈을 감고 몇 차례 심호흡을 하도록 했다.

"이런 상상을 해봅시다. 여러분이 사기를 쳐서 1,000만 달러를 벌었습니다. 그 돈으로 무엇을 하고 싶습니까? 거기, 초록색 셔츠 입은 학생, 말해보세요."

그 학생은 부끄러워하면서 대답했다.

"집을 사고 싶습니다."

"집이라고? 우리 부자들은 그걸 '집'이라 하지 않고 '맨션'이라 부릅니다. 거기 학생은?"

그가 다른 학생을 가리켰다.

"휴가를 가고 싶습니다."

"자기 명의로 된 섬에서 휴가를 보낸다? 완벽하네요! 위대한 사기꾼들만큼 큰돈을 벌면 인생이 바뀝니다. 여기 있는 사람들 중에 혹시 미식가가 있습니까?"

몇몇 학생이 손을 들었다.

"파베르제의 달걀로 만든 오믈렛은 어떻습니까?(파베르제의 달걀은 19세기 러시아 차르 황실의 보물로, 처음에 러시아 황제 알렉산드르 3세가 1885년 부활절에 황후 마리아 페오도로브나에게 선물하려고 당시 보석 세공의 명장 칼 파베르제에게 의뢰해 만들었다―옮긴이) 도도새로 만든 필레는요? 돈을 많이 벌면 여러분은 영생을 누릴 수도 있습니다. 도널드 트럼프Donald Trump(미국의 부동산 재벌―옮긴이)에게 물어보면 쉽게 알 수 있는 질문입니다. 자, 1,000만 달러를 받는 조건이면 여러분은 자기 남자친구나 여자친구도 자동차로 치고 달아날 수 있겠습니까? 한 번 생각해보세요."

강의가 이쯤 진행되자 대부분의 학생들은 자기 앞에 있는 사람이 엄숙하고 진지한 성인군자가 아니라는 사실을 눈치 채기 시작했다. 강의 시간의 마지막 10분 동안은 1,000만 달러를 갖고 각자 하고 싶은 일들에 대해 다양하게 의견을 나눴는데, 그러고 나자 학생들은 돈에 대한 갈망으로 마음이 괴로워졌다. 그리고 사기를 친다는 것이 도덕적으로 옳지 않다는 사실을 깨달았다.

강사는 계속 말했다.

"느낌이 오네요, 다들 망설이고 있군요. 절대로 감정이 행동을 지배하게 해서는 안 됩니다. 비용편익분석을 바탕으로 공포와 정면으로 맞서 그를 극복해야 합니다. 사기를 쳐서 부자가 되면 얻는 것이 뭐죠?"

학생들이 대답했다.

"돈이 많아집니다!"

"바로 그겁니다. 그러면 잃는 것, 비용은 뭐죠?"

"체포됩니다!"

그러자 강사가 이렇게 말을 받았다.

"아, 물론 체포돼 수갑을 찰 '가능성'이 있습니다. 그러나 여기에는 비밀이 있습니다. 사기를 쳐서 체포되는 것과 사기를 쳐서 처벌을 받는 것이 완전히 똑같은 것은 아닙니다. 월드컴 WorldCom 의 전 CEO인 버나드 에버스 Bernard Ebbers 를 보십시오. 이 사람의 변호사가 어떻게 했습니까? '아, 몰랐습니다!'라는 전략을 썼습니다. 에버스는 실제로 어떤 일이 벌어지고 있는지 전혀 알지 못했다고 주장한 겁니다. 의도적인 범죄가 아니었다는 거죠. 엔론의 전 CEO 제프리 스킬링도 이메일에 "문서를 파기했다. 사람들은 우리가 잘못한 사실을 알고 있다"라고 썼으면서도, 나중에 법정에서는 이 진술은 그저 비유적인 표현일 뿐이라 말했습니다. 자, 하지만 이런 방어 전략이 더 이상 안 통한다 해도 걱정할 필요 없습니다. 미국과 범죄자인도조약을 체결하지 않은 나라로 튀어

버리면 되니까요."

천천히 그러나 확실하게, 개그맨 뺨치는 입담의 소유자이자 《부자가 되는 사기술 Get Rich Cheating》이라는 풍자적인 내용의 책을 출간한, 초청 강사 제프 크라이슬러 Jeff Kreisler는 돈과 관련된 의사결정을 할 때는 순수하게 비용편익분석을 토대로 해야지, 절대로 도덕적인 부분을 고려해서는 안 된다고 반어적으로 강의를 해나갔다. 크라이슬러의 강의가 진행되는 동안 학생들은, 합리적인 관점에서 보면 그가 하는 말이 절대적으로 옳다는 것을 깨달았다. 하지만 그와 동시에 사기와 거짓말이 성공을 위한 최선의 방법이라는 그의 생각에는 거부감을 느끼지 않을 수 없었다.

강의 말미에 나는 학생들에게 자기 행동이 SMORC와 어떻게 맞아떨어지는지 생각해보라고 말했다.

"평범한 일상에서 경찰에 체포되지 않고 남을 속일 수 있는 기회가 각자 얼마나 있는지 생각해보기 바랍니다. 이런 기회들 중 얼마나 많은 숫자를 실제로 행동에 옮깁니까? 모든 사람이 다 크라이슬러가 제시한 비용편익 접근방법을 취한다면 우리 주변에서 지금보다 더 많은 사기 행각들이 벌어질까요?"

매트릭스 실험

...

부정행위에 대한 베커의 접근방법이나 크라이슬러의 접근방법은 모두 다음과 같은 세 가지 기본 요소들로 구성돼 있다. 첫째, 범죄

행위를 통해 얻고자 하는 이득. 둘째, 체포될 가능성. 셋째, 체포됐을 때 예상되는 처벌. 합리적인 인간은 첫 번째 요소인 편익을 나머지 두 가지 비용과 비교함으로써 어떤 범죄를 저지를 가치가 있는지 여부를 판단할 수 있다. 그러므로 SMORC는 사람들이 정직함과 부정직함을 놓고 판단을 내리는 방식을 정확하게 묘사한다고 할 수 있다.

그러나 내 강의를 듣는 학생들은 (나도 마찬가지로) 이 모델이 담고 있는 의미에 다소 불편함을 느낀다. 이는 이 문제와 관련해 실제 현실에서는 어떤 일이 일어나는지 좀 더 깊이 파고들 필요가 있다는 증거다(여기서 잠깐! 이제부터 이 책을 통해 우리가 살펴보고 평가할 부정행위를 비교적 상세하게 서술할 것이므로 정신을 바짝 차려주기 바란다).

나는 동료인 니나 마자르Nina Mazar 토론토대학 교수와 온 아미르On Amir 캘리포니아대학 샌디에이고캠퍼스 교수와 함께 사람들이 다른 사람을 어떤 식으로 속이는지를 면밀하게 살펴보기로 했다. 우리는 학생들을 대상으로 10분도 채 안 되는 시간을 투자하면 10달러를 벌 수 있는 기회를 제공하겠다는 내용의 게시물을 매사추세츠공과대학MIT 교정 곳곳에 붙였다(나의 다른 저서《상식 밖의 경제학Predictably Irrational》을 읽은 사람이라면 이 책의 1장 및 2장에서 소개하는 몇몇 소재들이 익숙할 것이다).

약속된 시간에 참가자들은 한 강의실에 모였다. 책상과 의자가 줄 맞춰 나란히 놓여 있는 시험장 분위기의 강의실에 참가자들은 자리를 잡고 앉았다. 실험 진행자는 학생들로 구성된 피실험자들에게, 이제부터 각각의 매트릭스에서 합해서 10이 되는 두 수의 조합을 찾아내는 문제를 풀게 될 것이라고 말했다(이 작업을 우리는 '매트릭스 과제matrix task'

라고 부른다. 이 도구는 이 책에서 이후에도 여러 차례 등장할 것이다). 5분을 줄 테니, 그 안에 가능한 한 많은 문제를 풀 것을 주문했고, 정답 하나당 50센트를 주겠다고 했다(이 금액은 실험을 할 때마다 다르게 설정했다). 실험 진행자가 '시작!'이라 외쳤고, 학생들은 문제를 풀기 시작했다. 당연한 얘기지만, 그들은 가능한 한 빠른 속도로 문제를 풀려고 애썼다.

문제가 어떤 것이었는지 소개하면 다음 표와 같다(하나는 확대한 이미지다). 당신이라면 합해서 10이 되는 숫자의 조합을 얼마나 빨리 찾아낼 수 있겠는가?

모든 피실험자들은 이런 방식으로 실험에 참가했다. 그러나 주어진 5분이 끝나가는 마지막 얼마 동안 벌이진 일들은 각각의 피실험자 집단에 설정된 조건에 따라 달랐다.

먼저, 피실험자들이 통제를 받는 조건이다. 이 조건에서 피실험자들은 주어진 시간 안에 가능한 한 많은 문제를 풀려고 서두른다. 1분이 지나면 한 문제를 푼다. 2분이 더 지나면 세 번째 문제를 거의 다 풀어간다. 그리고 주어진 시간이 다 끝났을 때는 네 문제를 푼 상태다. 피실험자는 시험지를 들고 감독관에게 제출한다. 감독관은 채점한 뒤 '네 문제 다 맞았네요'라고 말하며 그 학생에게 2달러를 건넨다. 그러고는 가도 된다고 말한다(이런 조건에서 채점 결과는 자신이 실제로 얻은 성적 그대로다).

다른 집단에서는 조건을 다르게 설정해, 피실험자들이 부정행위를 할 수 있도록 기회를 준다. 조건은 앞서의 통제조건과 비슷하지만 5분이 지난 뒤 감독관은 피실험자들에게 이렇게 말한다.

표 1 | 매트릭스 과제

1.69	1.82	2.91
4.67	4.81	3.05
5.82	5.06	4.28
6.36	5.19	4.57

0.53	1.88
3.72	2.00	1.22
3.75	5.22	5.67
8.83	8.23	7.70

0.49	0.74	1.17
3.72	2.00	1.22
3.75	5.22	5.67
8.83	8.23	7.70

0.47	4.58	2.57
3.15	3.82	4.38
4.94	5.42	5.98
2.95	4.86	7.54

0.17	2.46	2.44
6.02	5.60	2.63
6.05	6.21	6.60
8.22	8.19	7.54

0.46	1.98	2.38
0.48	1.79	2.48
0.58	1.69	2.59
1.65	0.98	2.94

0.06	5.07	5.39
1.71	0.03	8.98
2.10	4.96	9.42
4.53	4.65	9.92

0.85	1.62	1.83
6.06	5.63	1.69
6.25	5.01	1.78
6.36	3.16	1.91

0.15	0.95	1.31
4.98	2.90	2.88
6.66	6.73	7.67
9.75	9.85	8.17

0.63	0.65	1.02
2.64	2.34	2.12
2.89	5.98	8.89
9.49	9.37	9.33

0.14	0.15	0.32
5.51	5.68	0.52
5.48	6.15	0.84
5.28	3.31	1.17

0.84	1.54	7.28
4.42	3.54	7.18
5.54	4.78	5.55
6.99	6.93	6.76

0.77	1.47	1.69
3.38	3.18	2.28
3.62	3.01	2.48
3.68	2.93	2.53

0.63	0.74	2.23
8.05	7.68	3.71
8.31	7.06	4.51
8.45	6.44	5.29

0.12	0.71	0.74
4.27	3.07	2.27
5.09	5.73	5.82
9.27	7.03	6.79

0.74	1.93	2.76
7.24	5.03	3.14
7.71	6.38	3.8
8.28	9.18	9.48

0.14	0.67	2.22
5.96	5.58	5.22
7.04	7.59	9.33
9.77	9.50	8.52

0.20	2.54	2.8
1.05	2.39	2.96
1.44	2.28	3.00
1.73	2.19	3.85

"자, 5분이 다 됐습니다. 정답을 몇 개 맞혔는지 채점한 뒤 시험지를 강의실 뒤에 있는 문서파쇄기에 넣고 파기하세요. 그런 다음 앞으로 나와 자기가 맞힌 정답의 개수를 말하고 한 문제당 50센트를 받아가면 됩니다."

자, 만약 이런 상황에 놓인다면 당신은 어떻게 할 것인가? 당신은 정답을 맞힌 개수를 부풀리는 부정행위를 저지를 것인가? 만약 그렇다면 얼마나 많이 부풀릴 것인가?

이렇게 해서 우리는 부정행위가 원천적으로 봉쇄된 '통제 상황'과 마음만 먹으면 얼마든지 성적 조작이 가능한 '파쇄기 상황'이라는 두 가지 조건에 따른 결과를 비교할 수 있었다. 만약 이 두 결과가 동일하다면 파쇄기 조건에서 어떤 부정행위도 일어나지 않았다는 결론을 내릴 수 있다. 그러나 만약 파쇄기 조건의 피실험 집단이 통계적으로 좀 더 높은 점수를 받았다면 이 집단에 속한 사람들이 부정행위를 했다고 추정할 수 있다. 그리고 부정행위의 정도도 통제조건의 결과를 바탕으로 추정할 수 있다.

우리가 확인한 결과는 그리 놀랍지 않았다. 우리는 부정행위를 할 수 있는 조건이 주어졌을 때 많은 사람이 실제로 부정행위를 저지른다는 사실을 확인한 것뿐이었다. 통제 상황에서 피실험자들은 총 20개의 문제 중 평균 네 문제를 풀었다. 그러나 파쇄기 상황에서 피실험자들은 평균 여섯 문제를 풀었다고 주장했다. 통제 조건의 피실험 집단과 비교할 때, 두 문제나 더 많이 풀었다고 말한 것이다. 흥미로운 사실은, 이처럼 평균치를 높인 주범은 훨씬 많은 정답을 풀었다고 주장하는 소수의 '썩은 사과들'이 아니라, 정답을 맞힌 문항의 개수를 저마다 아주 조금씩만 부풀린 다수의 사람들이었다는 점이다.

돈을 더 주면 부정행위가 늘까

⋯

부정행위와 관련한 이런 기본 자료를 확보한 뒤 나는 마자르, 아미르와 함께 어떤 동기로 사람들이 더 많이 혹은 더 적게 부정행위를 저지르는지 알아보기로 했다. SMORC의 논리에 따르면, 체포되거나 처벌받을 가능성에 비해 많은 돈을 얻을 가능성이 높을 때 사람들은 부정행위를 더 많이 저지른다. 우리는 너무도 명쾌하고 매력적인 이 가설이 사실과 일치하는지 실제 실험을 통해 확인하기로 했다.

실험은 한 가지를 제외하고 지난번과 같은 조건이었다. 이번에는 정답을 맞힌 문제에 대한 보상 금액을 다르게 설정했다. 피실험자 집단에 따라 보상 금액을 25센트부터, 50센트, 1달러, 2달러, 5달러, 심지어 10달러까지 다양하게 설정했다. 실험 결과는 과연 어땠을까? 보상 금액이 커질수록 부정행위도 늘어났을까?

결과를 말하기 전에 이와 관련해 보조적으로 진행했던 실험 결과부터 들려주려 한다. 이 실험에서는 피실험자들을 대상으로 매트릭스 과제를 풀게 하는 대신 파쇄기 조건의 피실험자들이 각각의 보상 수준에서 몇 개의 정답을 맞혔다고 주장할 것인지 추측해보도록 했다. 이에 대해 피실험자들은 보상 금액이 커짐에 따라 정답을 맞혔다고 주장하는 개수도 늘어날 것이라 예측했다. 그들은 부정행위의 수준이 SMORC의 원리와 일치할 것이라 추정했다. 그러나 이런 그들의 예측은 보기 좋게 빗나갔다. 보상 금액의 크기와 상관없이 사람들은 평균적으로 두 문제를 더 맞혔다고 주장했다. 아닌 게 아니라 한 문제를 맞힐 때마다 10달러를 준다고 했을 때 부정행위를 저지른 숫자는 오히려 평균보다 더 낮았다.

제시한 보상 금액이 커졌음에도 불구하고 어째서 부정행위가 늘어나지 않은 것일까? 어째서 가장 많은 돈을 준다고 했을 때 오히려 부정행위가 가장 적게 나타났을까? 보상 금액에 둔감한 이런 결과는 부정행위가 비용편익분석의 결과에 따른 것이 아님을 의미한다. 부정행위가 비용편익분석의 결과에 따른 것이라 한다면 편익(제공하는 돈의 액수)이 증가함에 따라 부정행위는 더 많이 나타나야 옳다. 그런데 어째서 정답 하나당 10달러를 제시했을 때 부정행위의 수준이 오히려 가장 낮게 나타났을까?

이런 결과에 대해 나는 실험에 참가한 사람들이 정답 하나당 받을 수 있는 돈의 액수가 그처럼 커질 경우 부정행위에 대한 죄책감이 더 크기 때문이 아닐까 생각했다(이 주제에 대해서는 뒤에서 다시 살펴볼 것이다). 정답 하나당 10달러를 받을 경우의 부정행위는 어떤 사람의 사무실에서 연필 한 자루를 슬쩍 가져오는 것과 같은 차원의 부정행위가 아니다. 이것은 연필 한 자루가 아니라 연필 몇 다스 혹은 500장짜리 프린트 용지 한 권을 들고 나오는 것과 맞먹는다. 대수롭지 않게 넘기거나 아무것도 아닌 것으로 무시하기에는 너무나 규모가 큰, 그야말로 심각한 부정행위다.

도둑잡기

...

우리는 다시 세 번째 실험을 진행했다. 이번에는 부정행위를 했다가는 발각될 가능성이 한층 높다고 느끼는 상황에서 피실험자들이 어떤 행동을 보이는지 알아보기 위한 실험이었다. 이 실험을 위해 우리는 일종의 감시카메라를 마련했다.

우리는 한 집단에게 시험지의 절반만 파쇄기로 파기하라고 했다. 이는 피실험자가 부정행위를 했을 때 증거를 포착당할 수 있다는 뜻이었다. 그리고 다른 한 집단에게는 시험지를 완전히 파기하라고 했다. 이는 처벌을 완전히 면할 수 있다는 뜻이었다. 마지막으로 세 번째 집단에게는 시험지를 모두 파기할 뿐만 아니라 지폐와 동전이 100달러가 넘게 든 커다란 상자에서 자기가 직접 돈을 꺼내 갈 수 있게 했다. 이런 조건에서라면 피실험자들은 들키지 않고 부정행위를 저지를 수 있을 뿐만 아니라, 원한다면 추가로 돈을 더 가져갈 수도 있었다.

먼젓번 실험에서처럼 우리는 다른 피실험자 집단에게, 상이한 조건 아래 사람들의 부정행위 수준이 얼마나 달라질 것인지 물었다. 이 질문에 그들은 다시 한 번 SMORC의 원리에 입각해 답변했다. 부정행위 경향은 발각되고 체포될 가능성이 줄어드는 것과 반비례해 커질 것이라 답한 것이다.

실제로도 과연 그랬을까? 그렇지 않다. 이번에도 역시 많은 사람이 부정행위를 했지만 그 정도는 세 가지 상이한 조건의 집단에서 유사하게 나타났다.

그렇다면 우리가 진행한 일련의 실험에서 피실험자들은 정말 부정행위를 저지르고도 들통 나지 않을 거라 믿었을까? 이 점을 확인하기 위해 나는 이스라엘의 벤구리온대학 라첼리 바르칸Racheli Barkan 교수와 그가 지도하던 대학원생 에이나브 마하라바니Eynav Maharabani와 함께 또 다른 실험을 진행했다. 이 실험은 에이나브와 또 다른 조교인 탈리가 진행했다. 두 사람은 여러 면에서 비슷했다. 그러나 에이나브는 시각장애인이었다. 그녀가 실험 진행자 역할을 할 경우 사람들이 부정행위를 하기가 더 쉬웠다. 또 실험이 끝나고 보수를 받을 때 피실험자는 에이나브가 눈치 채지 못하게 더 많은 돈을 가져갈 수도 있었다.

피실험자들은 과연 에이나브가 실험 진행자 역할을 할 때, 탈리가 할 때에 비해 부정행위를 더 많이 저질렀을까? 결과는 그렇지 않았다. 물론 피실험자들은 자신이 받아야 할 돈보다 좀 더 많은 돈을 받아가긴 했지만 시각장애인이 아닌 탈리가 실험 진행자 역할을 할 때에 비해 결코 더 많은 부정행위를 저지르지는 않았다.

이런 결과는 들통 나서 망신을 당하거나 체포될 가능성이 부정행위의 규모에 그다지 큰 영향을 미치지 않았음을 의미한다. 그렇다고 사람들이 부정행위가 들통 날 가능성에서 완전히 자유롭다고 주장하고 싶진 않다. 경찰관이 바로 옆에 있는데도 차를 훔치는 사람은 없을 것이다. 그러나 들통 날 가능성은 우리가 예상하는 것처럼 부정행위에 큰 영향을 미치지 않는다는 사실을 우리는 이 실험에서 확인할 수 있다. 우리의 실험에서 그것은 거의 영향을 미치지 않았다.

어쩌면 우리가 진행한 일련의 실험에 참가한 피실험자들은 다음과 같이 혼잣말을 할 수도 있다.

"내가 단지 몇 문제만 속인다면 아무도 나를 의심하지 않을 거야. 하지만 내가 너무 많이 속인다면 실험 진행자가 나를 의심하고 이것저것 물어볼지도 몰라."

우리는 다시 다음 실험을 준비했다. 이번에는 피실험자들 중 절반에게, 이전 실험에서 맞힌 정답의 개수가 평균 4개라고 알려줬다(실제로 그랬다). 그리고 나머지 절반에게는 이 개수를 8개라고 말했다. 이러한 접근방법의 기본 원리는, 부정행위의 수준이 자기가 저지르는 부정행위가 두드러져 보이지 않았으면 하는 바람과 관련이 있다면 피실험자들이 각자 평균이라 생각하는 것보다 단지 몇 문제를 더 맞혔다고 주장할 것이라는 가정이다. 예를 들어 사람들이 보통 약 네 문제를 푼다고 피실험자들이 믿는다면 이들은 여섯 문제를 맞혔다고 주장할 테고, 보통 약 여덟 문제를 푼다고 믿는다면 열 문제를 맞혔다고 주장할 것이다.

실험 결과는 어땠을까? 피실험자들은 과거의 평균 정답률과 관련해 우리가 제시한 사전 정보의 영향을 전혀 받지 않았다. 다른 사람이 평균적으로 네 문제를 풀었건 혹은 여덟 문제를 풀었건 상관없이 이들은 두 문제 정도 더 맞혔다고 부풀렸다. 네 문제를 풀었을 경우 여섯 문제를 풀었다고 주장했다.

이런 결과는 사람들이 저지르는 부정행위는 두드러져 보이기 싫다는 생각의 영향을 받지 않음을 뜻한다. 오히려 부정행위의 규모나 수준은 도덕성에 대해 사람들이 저마다 갖고 있는 기준과 관련이 있음을 의미한다. 요컨대 우리는 자기 자신을 정직한 사람이라 말할 수 있는 범위 내에서 부정행위를 저지른다.

택시 운전사와 장님 속이기

...

SMORC의 논리에 반하는 이런 최초의 증거로 무장하고 바르칸과 나는 심리 실험실에서 벗어나 좀 더 자연스러운 실제 상황으로 들어가보기로 했다. 우리는 실험실의 학생들이 아니라 '실제 현실 속의 사람들'을 테스트하고 싶었다(학생들은 자신들을 실제 현실 속의 사람들이 아니라고 표현하는 것을 달가워하지 않았다). 우리는 일상적인 환경이나 평범한 상황에서는 어떤 일이 벌어지는지 알아보고 싶었다.

그때까지 진행했던 실험의 패러다임에서 우리가 놓친 부분은 사람들이 선행을 할 수 있는 여지를 마련하지 못했다는 점이다. 우리가 했던 실험에서 피실험자들이 할 수 있었던 최상의 행동은 정직한 선택을 함으로써 부정행위를 하지 않는 것이었다. 그러나 실제 생활에서는 많은 상황에서 사람들은 선행도 아니고 악행도 아닌 중립적인 행동을 할 뿐만 아니라 남에게 은혜를 베푸는 행동을 하기도 한다. 이 점을 염두에 두고 우리는 사람들이 어떤 상황에서 선행을 베푸는지 알아보기 위해 한 가지 실험을 고안했다.

도로 양옆으로 시장이 형성돼 있는 농산물시장을 상상해보자. 그 시장은 이스라엘 남부 도시 베르셰바의 중심부에 있다. 몹시 더운 날이고, 길 양옆으로 길게 늘어선 가게에서는 상인 수백 명이 물건들을 내놓고 손님을 기다린다. 온갖 냄새가 지나가는 행인들의 코를 자극한다. 행인의 시선은 신선한 토마토와 딸기, 시큼한 피클, 갓 구운 할라빵(유대인의 전통 빵-옮긴이), 올리브와 치즈가 담긴 작은 쟁반들을 바쁘게 훑고 지나간다. 상인들은 큰 소리로 자신이 파는 물건이 최상품이라 떠들이댄다.

"오늘 하루만 반짝 세일합니다!"

"달고 맛있습니다!"

"쌉니다, 싸요!"

에이나브와 탈리는 이 시장에 도착해 각자 다른 방향으로 걸어갔다. 에이나브는 시각장애인이 사용하는 흰색 지팡이를 들었다. 두 사람은 모두 몇 군데 과일가게에서 토마토 2킬로그램을 싸달라고 하고는 다른 볼일을 보고 나서 가져가겠다고 했다. 그런 다음 10분쯤 뒤 돌아가서 상인이 담아놓은 토마토를 받고 돈을 지불했다. 그들은 다시 이 토마토를 다른 과일가게에 가져가 품질을 살펴봐달라고 했다. 에이나브와 탈리가 각자 구입한 토마토의 품질을 기준으로 상인들이 둘 중 누구에게 더 호의적이었는지 살피기 위함이었다.

상인들은 에이나브에게 품질이 더 나쁜 토마토를 줬을까? 상인들은 시각장애인 에이나브를 속이려 했을까? 합리적인 관점에서 보면 에이나브는 토마토의 외관을 볼 수 없으므로 상인들은 빛깔이 좋지 않은 토마토만을 골라 그에게 팔 수 있었다. 그렇게 하더라도 들킬 염려는 전혀 없었다.

사실 시카고대학의 전통 경제학자라면 모든 사람(상인과 에이나브 그리고 다른 소비자)의 사회적 편익을 극대화하기 위해 상인들은 품질이 좋은 토마토는 다른 손님에게 팔기 위해 남겨두고, 앞을 못 보는 에이나브에게는 빛깔이 좋지 않은 토마토를 파는 게 옳다고 주장할 것이다. 하지만 실제 현실은 그렇지 않았다. 에이나브가 구입한 토마토가 탈리의 토마토보다 품질이 더 좋았다. 상인들이 본분을 잊은 셈이다.

시장 상인의 도덕성과 관련해 이런 낙관적인 결과를 얻은 뒤 우리는 또 다른 직업군을 실험 대상으로 삼았다. 이번에는 택시 운전사였다. 택시 운전사는 속임수를 잘 쓴다는 것이 사람들의 통념이다. 이는 그들이 지리를 잘 모르는 손님을 목적지까지 데려다줄 때 지름길을 두고 일부러 먼 길로 돌아가는 이른바 '뺑뺑 돌기' 수법을 자주 쓰기 때문이다. 라스베이거스의 택시 운전사를 대상으로 한 어떤 연구 결과를 보면, 몇몇 택시 운전사들은 맥라렌 공항에서 스트립 지역까지 갈 때 15번 주간州間 고속도로로 이어지는 터널을 통과하는 노선을 선택하는데, 이 경우 약 3.2킬로미터의 거리를 가는 데 92달러의 요금이 나온다.[2]

택시 운전사들에 대한 이런 확인되지 않는 편견과 관련해 사람들은 택시 운전사가 정말 승객을 속이는지, 특히 속임수를 눈치 챌 수 없는 사람(에이나브와 같은 시각장애인)을 더 많이 속이는지 궁금해한다. 이를 확인하기 위해 우리는 에이나브와 탈리에게 각자 따로 기차역과 대학을 오가며 왕복 20회 택시를 타도록 했다.

이 구간의 택시 요금은 미터기를 작동할 경우 약 25니스(약 7달러)지만 보통은 미터기를 작동하지 않고 20니스(약 5.5달러)를 받는다. 우리 실험에서는 에이나브와 탈리가 운전사에게 미터기를 켜달라고 말했다. 그러자 어떤 운전사들은 초행길인 것처럼 행동한 두 사람에게 미터기를 켜지 않고 통상적인 요금을 내는 게 더 저렴하다는 사실을 알려줬다. 그러나 두 사람은 미터기를 켜고 운행해줄 것을 고집했고, 목적지에 도착한 뒤 운전사가 요구하는 금액을 주고 택시에서 내렸다. 그런 다음 다시 다른 택시를 타고 똑같은 실험을 반복했다.

실험 결과 에이나브가 탈리보다 평균 요금을 덜 낸 것으로 나타났다. 두 사람 모두 미터기 기준으로 요금을 지불하겠다고 말했음에도 불구하고 이런 결과가 나온 것이다. 어떻게 이럴 수가 있을까? 가장 먼저 생각할 수 있는 것은, 택시 운전사들이 에이나브를 태울 때는 상대적으로 요금이 적게 나오는 노선을 선택하고 탈리를 태울 때는 요금이 많이 나오는 노선을 선택한 것이다. 만약 이것이 사실이라면 택시 운전사들은 에이나브는 속이지 않았지만 탈리는 속였다는 뜻이 된다.

이에 대해 에이나브는 다른 의견을 내놓았다.

"나는 택시 운전사들이 내가 말한 대로 미터기를 작동하는 소리를 들었습니다. 그런데 그들 중 상당수가 요금이 20니스쯤 나오자 목적지에 도착하기도 전에 미리 미터기를 끄더라고요. 그 소리가 들렸습니다."

한편 탈리는 이렇게 말했다.

"저는 그런 경우가 한 번도 없었습니다. 그래서 매번 25니스 가까운 요금을 냈습니다."

이런 결과에는 두 가지 중요한 사실이 담겨 있다. 첫째, 택시 운전사들은 돈을 더 많이 벌려고 비용편익분석을 한 게 아니었다는 점이다. 이들이 정말 돈을 따졌더라면 당연히 에이나브를 더 많이 속였을 것이다. 에이나브에게 미터기에 찍힌 요금보다 더 많은 금액을 요구하거나 혹은 먼 길로 돌아갔을 것이다. 둘째, 택시 운전사들은 승객을 속이지 않았을 뿐만 아니라 오히려 자신을 희생하면서까지 승객에게 편의를 제공했다. 그들은 에이나브의 불편한 신체 상태를 고려해 자신의 수입이 줄어드는 손실을 감수한 것이다.

퍼지요인

...

현실에서는 분명 베커나 전통 경제학들이 우리에게 믿으라고 강요하는 내용과 전혀 다른 일이 일어나고 있다. 놀랍지 않은가? 우선 부정행위의 수준은 부정행위를 할 때 얻을 수 있는 돈의 규모에 그다지 영향을 받지 않는다는(우리 실험에서는 전혀 영향을 받지 않았다) 발견은, 부정행위는 그것에 들어가는 비용과 그것에서 비롯되는 편익을 고려해 이뤄지는 것이 아님을 의미한다. 게다가 부정행위의 수준이 그것이 발각될 가능성에 따라 민감하게 바뀌지 않는다는 실험 결과를 보면 부정행위가 비용편익분석을 기반으로 한다는 사실은 더욱 미심쩍어진다. 마지막으로 많은 사람이 기회가 주어졌을 때 어느 정도 범위 내에서 사소한 부정행위를 한다는 사실은, 부정행위를 지배하는 요인들이 우리가 생각하는 것보다 훨씬 복잡하고 흥미롭다는 것을 의미한다.

그렇다면 현실에서는 도대체 어떤 일이 일어나고 있을까? 여기서 나는 이 책 전체를 관통해 살펴볼 한 가지 이론을 제시하고자 한다. 간단히 말하면 사람들은 두 가지 동기부여를 받아 어떤 행동을 한다. 한편으로 사람들은 다른 사람이 자신을 정직하고 존경받아 마땅한 인물로 봐주길 바란다. 사람들은 거울에 비친 자기 모습을 편안한 마음으로 바라보고 싶어 한다(심리학자들은 이것을 '자아 동기부여 ego motivation'라고 부른다). 다른 한편으로 사람들은 다른 사람을 속여서 이득을 얻고자 하며 그것이 가능한 한 크길 바란다(이것이 바로 표준적인 동기부여인 '재정적 동기부여 financial motivation'다).

이 두 가지 상반된 동기부여는 명백하게 서로 모순된다. 그렇다면 우리는 도대체 어떻게 남을 속이는 동시에 스스로를 정직한 사람으로 보이도록 하는 것일까? 바로 이 지점에서 인간이 가진 놀라운 인지적 유연성cognitive flexibility이 작동한다. 인지적 유연성이 있음으로 해서 우리는 적어도 사소한 부정행위를 저지르며 이득을 얻는 동시에 스스로를 괜찮은 사람으로 볼 수 있게 된다. 이런 균형 잡힌 행동이 앞으로 우리가 '퍼지요인fudge factor'이라 부르게 될 이론의 토대다.

퍼지요인 이론을 좀 더 자세히 알고 싶다면 지난 연말에 소득세를 환급받으려고 이런저런 계산을 하던 자신의 모습을 떠올려보라. 자신이 내려야 했던 그 모호하고 찜찜한 결정을 당신은 어떻게 해서 편안한 마음으로 받아들일 수 있었는가? 휴대폰 요금을 업무 추진비로 처리하는 것이 과연 옳을까? 그 경우 당신 마음은 편하겠는가? 만약 당신이 가족 중 누군가와 통화할 때 쓰는 또 다른 휴대폰을 갖고 있다면 그 휴대폰 요금은 어떻게 해야 할까? 업무 추진비로 처리해야 할까? 나는 지금 납세와 관련된 당신의 결정을 합리화하는 차원에서 이런 이야기를 하는 게 아니다. 당신이 편안한 마음으로 받아들일 수 있는 업무 추진비의 범위에 대해 당신이 자기 자신과 협상하는 방식을 얘기하는 것이다.

또 다른 예를 들어보자. 친구들과 함께 음식점에서 식사를 하는데 한 친구가 최근 당신이 진행하는 프로젝트에 대해 묻는다. 당신은 친구의 질문에 자세히 답변한다. 이 경우 이 음식점에서 당신이 지불한 음식 값을 업무 추진비로 처리할 수 있을까? 아마 그렇지 않을 것이다. 그러나 만약 그 식사 행위가 출장 중에 일어난 일이라면 혹은 함께 식사한 친구들 중 누군가가 가까운 미래에 당신의 사업 고객이 될지 모른다는 기대로 그 자리를 마련했다면 어떨까? 만약 당신이 세금 계산을 할 때 이런 것까지 고려했다면 당신은 자기 도덕론과 관련해 유연한 기준을 갖고 있는 게 분명하다.

요컨대 사람들은 일반적으로 스스로의 자아 이미지를 훼손하지 않는 범위 안에서 부정행위로 이득을 볼 수 있는 기준선을 파악하려 끊임없이 노력한다. 이와 관련해 작가 오스카 와일드 Oscar Wilde 는 이렇게 말했다.

"도덕은 예술과 마찬가지로 어딘가에 어떤 선 하나를 긋는 것을 의미한다."

문제는 이 선의 위치가 어디인가 하는 것이다.

제롬 K. 제롬 Jerome K. Jerome 이 1889년에 발표한 소설 《보트 위의 세 남자 Three Men in a Boat》는 이 점을 잘 표현하고 있다. 이 소설에서 그는 사람들이 지구상에서 거짓말을 가장 많이 하는 것으로 유명한 주제 중 하나인 낚시 이야기를 한다. 다음은 그 소설의 한 부분이다.

예전부터 알고 지낸 한 청년이 있다. 매우 양심적인 이 사람은 플라이 낚시를 갈 때면 자신이 잡은 물고기에 대해 25퍼센트 이상은 절대 과장하지 않는다는 자기만의 확고한 신념을 갖고 있었다. 그 사람은 이렇게 말했다.

"마흔 마리를 잡으면 사람들에게 쉰 마리를 잡았다고 말하는 식이죠. 그 이상은 거짓말하지 않습니다. 거짓말을 하는 것은 죄를 짓는 일이니까요."

대부분의 사람들이 이 청년처럼 자기가 하는 거짓말에 스스로 용인할 수 있는 수준을 의식적으로 정해놓는 것은 아니지만(이를 입 밖에 내는 경우는 더욱 드물지만) 25퍼센트라는 이 청년의 기준은 매우 명확해 보인다. 사람들은 모두 절대적인 '죄악'으로 판단할 수 있는 어떤 범위를 정해놓고 그 안에서 부정행위를 한다.

사람들은 이 청년처럼 스스로 용인할 수 있는 거짓말의 정도를 의식적으로 정해놓지는 않지만 대체로 이 청년과 매우 비슷하게 행동한다. 우리는 누구나 어느 정도의 부정행위가 절대적으로 '죄'가 되는지에 대해 자기만의 기준을 갖고 있다.

퍼지요인 이론의 내적 작동방식, 즉 스스로를 정직한 사람으로 보이고 싶은 욕망과 부정행위로 이득을 얻고 싶은 욕망 사이의 미묘한 균형을 파악하려는 시도에 대해서는 2장에서 계속 살펴보겠다.

2장

거짓말하는 착한 사람들

퍼지요인 이론

The (Honest) Truth About Dishonesty

우스갯소리를 하나 들려주겠다.

여덟 살배기가 학교에 갔다가 집으로 돌아온다. 아이는 선생님이 부모님에게 보낸 편지를 들고 왔는데, 내용은 지미가 짝꿍의 연필을 한 자루 훔쳤다는 것이다. 지미의 아버지는 불같이 화를 내며 자기가 얼마나 실망했는지 장황하게 설명한다. 그리고 지미에게 2주 동안 학교에 갈 때 외에는 집 밖에 나가지 못하는 벌을 준다.

"엄마가 집에 돌아올 때까지 꼼짝 말고 있어, 너는 더 혼나야 해!"

아버지는 험악한 얼굴로 아이에게 말한다. 그랬다가 나중에 아이에게 이렇게 묻는다.

"그런데 지미, 연필이 필요하면 얘기를 하지 그랬어? 아빠한테 말하면 되잖아. 그러면 아빠가 회사에서 연필 한 자루가 아니라 몇 다스는 가져다줄 텐데 말이야."

이 이야기를 듣고 씁쓸한 웃음을 짓고 있다면 그것은 당신이 우리 모두의 일부분으로 자리 잡고 있는 부정행위가 얼마나 복합적인 것인지 알기 때문이다. 우리는 학생이 같은 반 친구의 연필 한 자루를 훔치는 행위가 나쁜 짓이라는 것을 알면서도 회사 사무실에 있는 연필 한 다스를 아무런 거리낌 없이 집으로 가져간다.

나는 니나 마자르, 온 아미르와 함께 이 이야기를 통해 몇 가지 정직하지 못한 행동들이 사람들의 도덕적 기준을 해이하게 만들 수 있음을 포착했다. 우리는 어떤 정직하지 못한 행동과 그 결과 사이의 심리적인 거리가 멀어질수록 퍼지요인이 커지게 되고, 따라서 실험에 참가한 사람들이 부정행위를 더 많이 저지를 것이라 추정했다. 물론 사람들이 부정행위를 더 많이 하도록 자극하는 것은 우리가 실제 현실에서 의도하는 바는 아니다. 하지만 부정행위를 연구하고 이해하고 싶다는 목적을 갖고 있었기에, 우리는 어떤 유형의 상황과 개입이 사람들의 도덕적 기준을 느슨하게 만드는지 알고 싶었다.

이를 실험하기 위해 우리는 앞서 소개한 연필 이야기의 대학교 버전을 만들었다. 어느 날, 나는 MIT 기숙사에 몰래 들어가 학생들이 공동으로 사용하는 부엌 냉장고에 미끼를 던져놓았다. 전체 기숙사 냉장고들 중 절반에는 콜라 6개들이 팩을 넣어두었고, 나머지 절반에는 1달러짜리 지폐 6장을 접시에 담아놓았다. 그런 다음 나는 이따금씩 냉장고들을 둘러보며 콜라와 돈이 어떻게 되는지 살폈다. 자연과학 용어를 빌려 설명하자면 콜라와 돈의 '반감기'를 측정한 셈이다.

기숙사 생활을 경험한 사람들의 예측처럼, 실험 결과 콜라는 72시간 안에 모두 없어졌다. 그러나 흥미롭게도 지폐에는 아무도 손대지 않았다. 마음만 먹는다면 얼마든지 냉장고 안의 지폐를 꺼내 복도에 있는 자동판매기에서 콜라를 사먹을 수 있었지만 아무도 그렇게 하지 않았다.

물론 이것이 매우 과학적인 실험이 아니라는 점은 나도 인정한다. 냉장고에 콜라가 있는 것은 흔한 일이지만 지폐가 있는 것은 매우 이례적인 상황이기 때문이다. 그러나 이 작은 실험은, 사람들은 현금 가치가 명시적으로 표시돼 있지 않은 물건은 기꺼이 훔치고 싶어 하고 또 그럴 준비가 돼 있음을 보여준다. 그러나 사람들은 '진짜' 돈은 훔치기를 꺼린다. 이는 신앙심 깊은 주일학교 교사가 뿌듯해할 만한 일이다. 마찬가지로 우리는 사무실에 있는 인쇄용지를 집에 가져가 개인적인 용도로 쓰기는 해도, 사무실 금고에서 4달러를 꺼내 그 돈으로 집에서 사용할 인쇄용지를 사지는 않는다.

돈과 이 돈이 부정행위에 미치는 영향 사이의 거리를 좀 더 면밀히 관찰하기 위해 우리는 또 다른 버전의 매트릭스 실험을 준비했다. 이번에는 부정행위가 돈에서 한 걸음 멀어지도록 조건을 설정했다. 기본적인 매트릭스 실험에서와 마찬가지로 이 실험에도 통제조건을 적용한 집단의 피실험자들은 부정행위를 할 수 없었고, 반면 파쇄기 조건을 적용한 집단의 피실험자들은 시험지를 파기하고 자신이 맞힌 정답의 개수를 속일 수 있게 했다.

이전 실험과 달리 이 실험은 '토큰'이라는 조건이 덧붙여졌다. 기본 상황은 파쇄기 조건과 비슷하지만 현금 대신 플라스틱으로 만든 토큰을 보상으로 지급한다는 점이 달랐다. 이 실험에서는 피실험자들이 정해진 시간 안에 문제를 푼 뒤 파쇄기로 시험지를 파기하고 실험 진행자에게 'X개의 문제를 풀었습니다. 토큰 X개를 주십시오'라고 말하게 했다(표준적인 파쇄기 조건에서는 'X개의 문제를 풀었습니다. 그러니 X달러를 주십시오'라고 말하도록 설정했다). 그리고 이렇게 받은 토큰을 피실험자들이 실험실 옆에 마련된 환전소에서 실제 돈으로 바꾸게 했다.

실험 결과 실제 돈 대신 토큰을 사용한 이 실험에서는 돈을 사용한 경우보다 부정행위가 두 배나 많아졌다. 우리는 토큰이라는 조건을 적용하면 부정행위가 늘어날 것이라고 어느 정도 예상은 했지만 이처럼 크게 차이 날 줄은 몰랐다. 돈에서 조금 멀어진 토큰을 사용한 것이 이토록 큰 차이를 낼 줄은 예상하지 못했기에 우리는 깜짝 놀랐다. 사람들은 연필이나 토큰처럼 실제 돈에 비해 화폐적 특성이 적은, 다시 말해 돈의 추상성이 큰 대상일수록 부정행위의 유혹에 쉽게 넘어가는 듯하다.

여러 해에 걸쳐 진행한 이 연구조사 결과를 통해 나는 현금과 거리가 멀수록 사람들의 도덕적 기준이 더욱 무뎌지는 경향이 있음을 확인했다. 한편으로 나는 이런 사실이 무척 걱정스러웠다. 만약 진짜 돈에서 한 걸음 멀어지는 것만으로 부정행위의 가능성이 높아지는 게 사실이라면 일상에서 진짜 돈이 유통되지 않는 사회에선 어떤 일이 일어날지 상상해보자.

다른 사람 신용카드의 비밀번호를 훔치는 일이 그 사람의 지갑에서 현금을 훔치는 것과 동일한 행위라고 생각하는가? 현금자동입출금기나 신용카드는 많은 장점을 갖고 있다. 하지만 전자화폐는 우리를 현실에서 어느 정도 떼어놓기도 한다. 만약 돈이라는 실체에서 한 걸음 물러남으로써 사람들을 구속하던 도덕적 족쇄가 풀린다면 온라인 결제가 지금보다 훨씬 더 많이 이뤄지게 될 경우 어떤 일이 일어날까? 예를 들어 스톡옵션이나 신용부도스와프 CDS(금융파생상품의 일종-옮긴이) 같은 금융상품의 실제 돈과의 연관성이 더욱 모호하게 인식될 경우 우리의 도덕성에는 어떤 일이 일어날까?

화이트칼라 범죄자들

...

부정행위와 자기 자신 사이의 거리가 멀수록 사람들은 부정행위를 할 때 상대적으로 덜 주저하게 된다. 실제로 이런 실험들은 진짜 화폐가 관련돼 있지 않을 때 그리고 어떤 행위가 돈과 한 걸음 떨어져 있을 때 사람들이 더 쉽게 부정행위를 저지르는 경향이 있음을 보여준다.

과학적인 접근을 해야 하는 과학자이기에 우리는 돈에서 한 걸음 멀어질 때 발생하는 부정행위의 효과를 면밀히 분석하고 측정하려 노력했다. 그 과정에서 몇몇 기업들은 이미 이런 기본적인 사실을 직관적으로 포착하고 다양하게 활용하는 게 아닐까 하는 의심을 떨칠 수 없다. 예를 들어 한 젊은 컨설턴트가 내게 보낸 다음과 같은 편지를 살펴보자.

안녕하십니까, 애리얼리 박사님.

저는 몇 해 전에 이름만 대면 알 만한 유명한 대학에서 경제학 석사 학위를 받았습니다. 그 후 여러 로펌에 용역을 제공하는 컨설팅회사에서 일하고 있습니다.

제가 박사님께 이런 편지를 보내게 된 이유는 다음과 같습니다. 저는 이 일을 해오면서 우리 회사 직원들이 의뢰 고객인 로펌에 근무시간을 크게 늘려 임금을 청구하는 경우를 수없이 많이 봤습니다. 에둘러 말하기보다 이런 행동을 그냥 '부정행위'라고 부르겠습니다. 맨 꼭대기의 경영진에서부터 말단 애널리스트에 이르기까지, 모든 임직원에게 적용되는 인센티브 구조가 이런 부정행위를 조장합니다. 주어진 업무에 대한 보수로 우리가 로펌에 어느 정도의 금액을 청구해야 하는지를 따로 확인하는 사람은 아무도 없습니다. 어느 정도가 용인될 수 있는 수준인지 알려주는 명확한 지침 같은 것도 전혀 없습니다. 우리 회사에서 로펌으로부터 가장 적은 수임료를 받는 사람은 해고될 가능성이 가장 높은 사람이 될 수밖에 없습니다. 그러다 보니 너 나 할 것 없이 부정행위를 저지르지 못해 안달하는 상황이 벌어지는 것입니다.

로펌의 변호사들은 우리가 계산해 청구하는 근무시간을 그대로 수용합니다. 우리가 어떤 프로젝트를 끝내는 데 얼마나 많은 시간을 들이는지는 전혀 고려하지 않습니다. 변호사들도 자기 고객들이 분노하지 않도록 하기 위해서는 비용을 줄여야 한다는 동기를 갖고 있지만, 우리가 수행하는 분석 작업 중 많은 것들이 고난이도 작업 특유의 여러 특성을 지니고 있습니다. 변호사들도 이 점을 잘 알고 있습니다. 그리고 그들은 이 점을 나름대로 이용하는 것 같습니다. 결과적으로는 우리가 그 사람들 대신 부정행위를 하고 있는 셈입니다. 우리는 우리가 확보한 일거리를 계속 유지해야 하고, 그 사람들은 우리 덕분에 추가로 이득을 보게 되는 겁니다.

우리 회사에서 부정행위가 어떻게 이뤄지는지 몇 가지 예를 들어 설명해드리겠습니다.

- 프로젝트의 마감 시한이 다가오자 우리는 매일 늦은 시각까지 일했습니다. 여기에 추가로 들어가는 예산은 문제가 되지 않는 것 같았습니다. 직속 상사(그 프로젝트의 부팀장)에게 제가 일한 시간을 어디까지 계산해 수임료에 포함시켜야 하느냐고 묻자, 그분은 제가 사무실에서 보낸 총 시간으로 계산을 하되 점심과 저녁 식사 시간으로 각각 한 시간씩 총 두 시간만 빼면 된다고 했습니다. 그래서 저는 식사시간 외에도 간간이 자주 쉰다고 말했습니다. 그러자 상사는 그런 휴식시간은 생산성을 높이기 위한 정신적인 작업시간으로 볼 수 있다고 했습니다.
- 회사 동료 한 명이 수임료를 과다하게 청구할 수 없다면서 전체 수임료를 평균보다 20퍼센트 낮게 산정해 제출했습니다. 저는 이 친구의 정직성을 존경합니다. 그러나 회사가 구조조정을 해야 하는 상황에 이르자 이 친구는 해고 대상 1순위가 됐습니다. 회사의 이런 조치를 다른 직원들이 어떤 의미로 받아들이겠습니까?
- 어떤 사람은 프로젝트를 따내려고 이메일을 확인하는 시간까지 모두 (아직 확정되지도 않은 프로젝트의) 작업시간으로 산정합니다. 이 사람은 자신이 '대기 상태'였기 때문에 문제가 안 된다고 말합니다.
- 또 어떤 사람은 집에서 일한 시간을 부풀려 근무시간으로 산정합니다. 그런데 이 사람은 사무실에서는 일을 거의 하지 않는 것 같습니다.

이런 사례는 셀 수 없이 많습니다. 저도 이런 부정행위에 가담하고 있음은 부인할 수 없는 사실입니다. 하지만 이런 생각이 들수록 이 문제를 바로잡고 싶은 마음이 더욱 간절해집니다. 그래서 박사님께 도움을 청합니다. 어떻게 하면 좋을까요? 박사님이 저와 같은 상황에 있다면 어떻게 하시겠습니까?

불행한 사실이지만, 이런 일은 현실에서 일상적으로 벌어진다. 이런 문제들은 우리가 우리 자신의 도덕성을 추론하는 방식에 따른 직접적인 결과다. 이 문제에 대해 다른 방식으로 생각하는 경우도 있다. 어느 날 아침 내게 일어난 일을 예로 들어보자.

출근하려고 주차장에 갔더니 자동차 창문이 깨져 있었고, 차 안에 있던 내비게이션이 없었다. 누가 훔쳐 간 모양이었다. 나는 당연히 무척 화가 났다. 그러나 그 사건이 현재와 미래의 내 재정 상태에 미치는 영향은 그리 크지 않았다. 그런데 얼마나 많은 변호사들과 주식 중개인들, 펀드매니저들, 보험사들 그리고 그 밖에 온갖 사람 및 회사들이 적정한 수준보다 높은 수임료나 수수료를 물리는 방식으로 내게서(나뿐만 아니라 우리 모두에게서) 부정하게 돈을 뜯어가는지 생각해보라. 이 사람들이 저지르는 이런 행위들 하나하나가 금전적으로 큰 피해를 주지는 않겠지만, 이런 것들을 모두 더할 경우 그로 인한 금전적인 피해는 내비게이션 따위와는 비교할 수조차 없을 만큼 크다.

게다가 더 큰 문제는, 이 화이트칼라 범죄자들은 내 차에서 내비게이션을 훔쳐간 사람과 달리 스스로를 도덕성이 매우 높은 사람으로 여긴다는 사실이다. 그들의 부정행위는 사소해 보이고, 또 (사실 이것이 가장 중요한데) 내 호주머니에서 몇 걸음 떨어진 곳에서 이뤄지기 때문이다.

다행스럽게도 돈이라는 실체에서 멀어질수록 부정행위가 늘어나는 인과관계를 이해한다면 우리는 우리의 행동과 그것의 영향을 받는 사람들 사이의 관계를 명확하게 밝히고 우리 행동과 돈 사이의 거리를 좁히고자 노력할 수 있다. 이런 노력을 통해 우리는 우리 행동이 끼치는 영향을 더 분명하게 인식할 수 있으며, 그 결과 우리의 도덕성은 더욱 높아질 수 있다.

열쇠장이가 주는 교훈

얼마 전에 한 수강생이 어떤 이야기를 들려준 적이 있다. 부정행위를 줄이려는 우리의 노력이 잘못된 방식으로 진행되고 있음을 제대로 보여주는 이야기였다.

어느 날, 피터는 열쇠를 챙기지 않은 채 문을 잠가버린 탓에 집에 들어갈 수 없었다. 그는 여기저기 수소문한 끝에 정식 허가를 받은 열쇠장이를 불러왔다. 이 사람은 피터가 그렇게 열려고 애써도 열지 못한 문을 불과 몇 초 만에 열어줬다.

"얼마나 빠르고 쉽게 문을 여는지, 저는 정말 깜짝 놀랐습니다."

그러고는 피터는 열쇠장이에게서 들은 도덕성과 관련된 교훈을 들려줬다.

문을 쉽게 여는 것을 보고 피터가 깜짝 놀라자 열쇠장이는, 자물쇠는 정직한 사람들을 정직한 상태로 계속 남아 있게 하려고 달아놓은 장치일 뿐이라면서 이렇게 말했다.

"세상 사람들 중 1퍼센트는 어떤 일이 있어도 절대 남의 물건을 훔치지 않지요. 또 1퍼센트는 어떻게든 자물쇠를 열어 남의 것을 훔치려 합니다. 나머지 98퍼센트는 조건이 제대로 갖춰져 있는 동안에만 정직한 사람으로 남습니다. 이 사람들은 강한 유혹을 느끼면 얼마든지 정직하지 않은 사람 쪽으로 옮겨갑니다. 당신이 아무리 자물쇠로 문을 꼭꼭 잠가도 도둑이 털려고 마음먹는다면 얼마든지 당신 집에 침입할 수 있습니다. 자물쇠는 문이 잠겨 있지 않았을 때 유혹을 느낄 수 있는, 대체로 정직한 사람들의 침입을 막아줄 뿐이지요."

이 이야기를 듣고 나는 그 열쇠장이의 말이 옳을지도 모른다고 생각했다. 사람들 중 98퍼센트가 대체로 정직하며 수시로 다른 사람을 속이려 하지도 않는다. 오히려 대부분의 사람들은 자신이 계속 옳은 길을 갈 수 있도록 해주는 어떤 장치를 필요로 한다고 볼 수 있다.

도덕적 각성 장치

...

퍼지요인이 어떻게 작동하며 또 어떻게 하면 이것이 확장되는지 알고 나자 나는 새롭게 알고 싶은 것이 생겼다. 그것은 퍼지요인을 과연 줄일 수 있을까, 그리하여 사람들로 하여금 다른 사람을 덜 속이도록 할 수 있을까 하는 의문이었다. 그런데 흥미로운 곳에서 의문을 풀 실마리를 찾았다. 나는 몇 해 전에 들었던 어떤 우스갯소리에서 실험 아이디어를 발견했다. 그때 들은 이야기는 이렇다.

어떤 청년이 화가 잔뜩 나서 랍비를 찾아가 말했다.

"선생님, 제게 무슨 일이 일어났는지 아마 상상도 못하실 겁니다. 지난번에 예배를 볼 때, 제가 예배당 앞에 자전거를 세워뒀는데 어떤 놈이 훔쳐가버렸지 뭡니까."

이 말을 들은 랍비는 몹시 화를 냈다. 그러나 잠시 생각한 뒤 청년에게 한 가지 해결책을 제안했다.

"다음번에 예배를 볼 때 맨 앞줄에 앉아 우리가 십계명을 암송할 때 일어나 돌아서서 뒤에 앉은 사람들을 자세히 살피게. 그러다가 '남의 물건을 훔치지 말라'라는 계명을 욀 때 자네 눈을 똑바로 쳐다보지 못하는 사람이 있는지 살피게. 만약 그런 사람이 있다면 그가 도둑일 거야."

랍비는 자신이 제안한 방법이 효과가 있을 거라 믿었고 청년 역시 같은 생각이었다.

마침내 다음 예배일이 돌아왔고, 랍비는 자신이 제안한 범인 식별법이 효과가 있을지 무척 궁금했다. 그래서 예배가 끝나자마자 예배당 출입구에서 그 청년을 기다렸다가 물었다.

"누군지 알아냈나?"

그러자 청년은 이렇게 말했다.

"신통하게도 '간통하지 말라'라는 계명에서 갑자기 제가 자전거를 어디에 두고 왔는지가 생각나지 뭡니까."

이 이야기는 우리가 도덕률(여기서는 십계명)을 기억하고 인식할 때 나쁜 행위의 싹이 아예 잘려나갈 수 있다는 사실을 암시한다.

나는 마자르, 아미르와 함께 이 이야기에 담긴 발상에 고무돼 캘리포니아대학 로스앤젤레스캠퍼스 UCLA 에서 한 가지 실험을 진행했다. 우리는 450명의 피실험자를 두 집단으로 나눴다. 한 집단에게는 십계명을 떠올려보라고 이른 다음, 예의 그 매트릭스 과제를 주어 부정행위를 저지르도록 유도했다. 다른 집단에게는 매트릭스 과제를 제출하기 전에 고등학교 때 읽은 책 10권을 떠올려보라고 당부했다. 실험 결과 후자 집단에서는 도를 넘지 않는 전형적인 부정행위의 양상이 나타났다. 그러나 십계명을 떠올리도록 한 집단에서는(이 집단에 속한 사람들 중 누구도 십계명을 정확하게 외우는 사람이 없었음에도 불구하고) 부정행위가 일어나지 않았다.

이는 매우 흥미로운 결과였다. 그저 도덕적인 규범을 떠올리도록 하는 것만으로도 사람들의 태도를 긍정적인 쪽으로 바꿀 수 있었던 것이다. 우리는 이를 다시 한 번 증명하기 위해 또 다른 실험을 했다. 스스로를 무신론자라고 주장하는 집단을 대상으로 기독교 성경에 손을 얹고 진실하게 행동할 것을 맹세하게 한 다음, 매트릭스 과제에서 부정행위를 하여 정해진 금액보다 더 많은 돈을 받아가도록 유혹했다. 결과가 어땠을까? 예상한 대로 이 사람들 역시 곧고 좁은 길에서 벗어나지 않았다.

사라지는 두루마리 휴지

몇 년 전 나는 론다라는 캘리포니아대학 버클리캠퍼스(UC버클리) 학생에게 편지 한 통을 받았다. 론다는 자신이 여러 사람과 함께 사는 집에서 겪는 문제를 해결하는 데 아주 사소한 윤리적인 각성이 도움이 됐다고 했다.

론다는 학교 인근에서 여러 사람과 함께 살았는데 그들은 서로 전혀 알지 못하는 사이였다. 주말마다 용역회사 사람들이 와서 집을 청소하고는 집의 화장실 두 곳에 두루마리 휴지를 여러 개 두고 갔다. 그러나 월요일만 되면 이 화장지는 모두 없어져버리곤 했다. 전형적인 '공유지의 비극' 상황, 즉 몇몇 사람이 자신에게 할당된 몫보다 많은 양을 가져감에 따라 다른 사람이 써야 할 공공 자원이 파괴되는 상황이 벌어졌던 것이다.

론다는 내 블로그에 들렀다가 이른바 '십계명 실험'에 대해 알게 됐고, 이를 참고해 화장지는 공유물이므로 개인적인 용도로 가져가지 말라는 쪽지를 화장실 한쪽에 붙였다. 결과는 매우 만족스러웠다. 몇 시간 뒤 두루마리 휴지 하나가 돌아왔고, 다음 날 또 하나가 돌아왔다. 그러나 이 쪽지를 붙이지 않은 다른 화장실에는 용역회사 사람들이 오는 주말까지 끝내 화장지가 돌아오지 않았다.

화장실이라는 공간에서 진행된 이 작은 실험은 도덕적인 규범을 떠올리게 하는 작은 메모 하나가 사람들로 하여금 규범을 지키도록 하는 데 얼마나 효과적인지 보여준다.

십계명을 동원한 이런 실험들은 사람들에게 윤리적인 규범을 상기

시키면 부정행위를 하려는 의지와 경향이 줄어들 수 있음을 의미한다. 이런 결과를 바탕으로 십계명이나 성경을 정직성을 장려하는 기제로 사용하고 싶은 충동이 생기겠지만 사회에 만연한 부정행위를 줄이기 위한 도구로 종교적 교의를 동원하는 것은 그다지 실용적인 방법이 아니다. 근대 국가의 원리인 '정교政教 분리' 원칙을 굳이 언급하지 않더라도 말이다.

우리는 퍼지요인을 줄일 수 있는 좀 더 일반적이고 실용적이며 세속적인 방법이 없을까 고민하기 시작했다. 그리고 마침내 많은 대학에서 사용하고 있는 '아너코드honor code'(과제물을 제출하고 시험을 볼 때 학생들이 양심에 따라 자율적으로 행동하도록 하는 제도-옮긴이)를 시험해보기로 했다.

아너코드가 제대로 작동하는지 확인하기 위해 우리는 MIT와 예일대학 학생들로 구성된 집단에 '나는 이 실험이 MIT/예일대학 아너코드의 규정에 따라 진행돼야 함을 잘 알고 있다'라는 서약에 서명하도록 한 다음 매트릭스 과제를 주면서 부정행위를 할 수 있는 기회를 제공했다. 결과는 놀라웠다. 학생들은 단 한 건의 부정행위도 저지르지 않았다. 그러나 사실 MIT와 예일대학에는 아너코드 제도가 없다. 이런 결과를 놓고 보면 무신론자를 자처하는 사람들에게 기독교 성경에 손을 얹고 맹세하게 했을 때와 비슷한 효과가 발생했음을 알 수 있다.

아너코드는 이 제도가 없는 대학에서 유효하게 작동했다. 그렇다면 강력한 아너코드 제도를 갖고 있는 대학에서는 어떨까? 그 학교 학생들은 항상 다른 학교의 학생들보다 부정행위를 덜 할까? 혹은 아너코드에 서명했을 때만 부정행위를 덜 할까? 운 좋게도 나는 당시 프린스턴대학의 고등연구소IAS에서 어떤 연구를 진행하고 있었다. 프린스턴 대학은 아너코드 실험을 하기에 더할 나위 없이 좋은 곳이었다.

프린스턴대학은 1893년부터 강력한 아너코드 제도를 실시해왔다. 신입생은 입학하자마자 아너코드 규정집과 이 제도를 설명하는 편지를 명예위원회Honor Committee로부터 받는다. 이 대학 신입생이라면 누구나 이 제도를 지키겠다고 서약해야 한다. 거부할 경우 입학이 허용되지 않는다. 또 신입생은 대학에 입학한 첫 주에 이 제도의 중요성을 설명하는 자리에 의무적으로 참석해야 한다. 기숙사 자문위원회 사람들과 이 제도를 주제로 토론도 벌여야 한다. 신입생으로서 보낸 첫 주를 기념하는 행사에서는 학내 음악그룹 중 하나인 트라이앵글클럽Triangle Club이 〈아너코드의 노래Honor Code Song〉를 연주한다.

학생들은 학교에 다니는 내내 이 제도와 관련된 이야기를 귀에 못이 박히도록 듣게 된다. 과제물을 제출할 때마다 과제물 맨 끝에 '이 과제물은 학교의 규정에 따라 본인이 작성한 것입니다'라는 문구를 적어 넣어야 하며, 쪽지시험이든 기말고사든 시험을 볼 때마다 맨 아래에 '시험을 보는 동안 아너코드의 서약을 어기지 않았음을 명예를 걸고 맹세합니다'라고 써야 한다. 또 한 학기에 한 번씩 명예위원회로부터 아너코드를 준수하라는 이메일을 받는다.

도덕성에 관한 프린스턴대학의 특강이 장기적으로 어떤 효과를 발휘하는지 확인하기 위해 나는 이 학교 신입생이 집중적으로 윤리 교육을 받은 지 2주가 지난 뒤 이들을 대상으로 아너코드 제도가 없는 MIT와 예일대학 학생들에게 했던 것과 동일한 실험을 했다. 상대적으로 아너코드를 훨씬 빈번하게 접하는 프린스턴대학 학생들이 매트릭스 과제를 수행하면서 다른 학교 학생들에 비해 더 정직한 모습을 보였을까?

슬프게도 그렇지 않았다. 아너코드에 서명한 뒤 매트릭스 과제를 수행한 학생들은 부정행위를 단 한 건도 저지르지 않았다(이것은 MIT 학생들과 예일대학 학생들도 마찬가지였다). 그러나 이런 서명을 요구받지 않은 상태로 매트릭스 과제를 수행한 학생들은 MIT 학생들 및 예일대학 학생들과 거의 같은 수준의 부정행위를 저질렀다. 한 주에 걸친 집중적인 강의, 도덕성을 주제로 한 온갖 선전과 설득 그리고 아너코드의 존재 자체는 프린스턴대학 학생들의 도덕성에 전혀 지속적인 영향을 끼치지 않았던 것이다.

이런 실험 결과는 실망스러우면서도 한편으로 희망적이다. 실망스러운 것은, 사람의 행동을 도덕적으로 바꾸는 일은 매우 어렵고 힘들며 따라서 도덕성에 관한 단기간의 집중 훈련이나 강의만으로는 충분하지 않음을 확인했기 때문이다(나는 기업과 대학에서 행하는 윤리 교육도 많은 부분에서 이처럼 비효율적일 것이라 확신한다). 이런 결과를 좀 더 일반화하면 윤리적인 영역에서 장기적인 문화적 변화를 이끌어내는 것은 도전할 만한 가치가 있는 크나큰 과제라고 볼 수 있다.

반대로 희망적인 차원에서 보면 사람들은 단지 도덕적인 규범을 상기하는 것만으로도 좀 더 명예로운 행동을 할 수 있다. 게다가 명예롭지 못한 행동에 대해 분명하게 상당한 수준의 불이익을 줄 경우(예를 들어 프린스턴대학에서는 명예롭지 못한 행동을 할 경우 퇴학당할 수도 있다)뿐 아니라 그런 행동에 아무런 불이익이 따르지 않는 경우(MIT와 예일대학이 그렇다)에도 '여기에 서명하시오'라는 아너코드 방식이 통한다. 또 다른 희망적인 점은 사람들은 스스로가 정직해지기를 바란다는 사실이다.

이런 사실은 부정행위를 하도록 우리를 유혹하는 여러 상황들에 대비해 도덕적 각성 장치를 미리 마련해두는 것이 현명한 처사라는 점을 의미한다. 도덕적 각성 장치의 활용과 관련해 중요한 의문이 있을 수 있다. 시간이 지나면 사람들이 그런 아너코드에 서명하는 데 과연 익숙해질 것인지 그리고 그것이 계속 효과가 있을 것인지 하는 점이다. 그래서 나는 사람들로 하여금 그 아너코드를 자신에게 맞게 바꾼 다음 그것을 직접 적으라고 하는 방법, 즉 사람들로 하여금 강제로 도덕에 대해 생각하게 하고 또 도덕적으로 행동하도록 하는 방법이 옳다고 생각한다.

미들테네시주립대학의 한 교수는 자기 수업을 듣는 MBA 학생들이 과제물을 작성할 때 비윤리적인 행동을 지나치게 많이 하는 것을 보고 고민에 빠졌다. 그는 자신이 내주는 과제물과 시험에 대해 매우 강력한 서약을 하도록 하는 제도를 마련했다. 우리가 실시한 십계명 실험과 그것이 정직성에 미치는 영향을 살펴본 토머스 탱Thomas Tang이라는 이 교수는 학생들을 모아놓고 부정행위를 하지 않겠다는 서약서에 서명하도록 했다. 이 서약서에는 만약 부정행위를 저지르면 '자신은 평생 후회할 것이며 죽어서는 지옥에 갈 것'이라는 문구가 담겨 있었다.

이 문구를 보고는 지옥의 존재를 믿지 않거나 혹은 자신이 거기에 갈 것이라고 믿지 않는 학생들까지도 분개해 항의를 했다. 이 서약서는 이 대학에서 엄청난 물의를 일으켰고, 결국 탱은 서약서에서 '지옥'이 들어가는 문구를 빼야 했다.

그러나 나는 여전히, 비록 아주 짧은 기간이긴 했지만 지옥이라는 극단적인 표현이 담긴 그 서약서가 학생들에게 상당한 영향을 주었을 것이라 생각한다. 학생들이 분개했다는 사실은 그 서약서가 애초의 목적을 효과적으로 달성했음을 뜻하기도 한다. 학생들이 펄쩍 뛰었다는 말은 학생들이 지옥 운운하는 상황의 실제 가능성을 높이 평가했다는 뜻이기 때문이다. 그렇지 않았다면 학생들은 별다른 반응을 보이지 않았을 것이다.

자, 그렇다면 당신이 이런 서약서에 서명해야 하는 상황을 상상해보자. 그 서약서에 서명할 때 당신은 과연 마음이 평온할까? 그 서약서에 서명하는 행위가 당신의 행동에 영향을 미칠까? 세무서에 소득 신고를 하기 전에 이런 서약을 해야 한다면 당신은 과연 마음이 편할까?

서명 먼저 하기

...

대학은 아너코드를 이용해 부정행위를 줄이지만 이런 유형의 도덕적 각성 장치가 다른 유형의 부정행위나 대학이 아닌 환경, 즉 실제 사회에서도 효과가 있을까? 이런 장치가 과연 소득세를 신고할 때나 보험금을 청구할 때도 부정행위를 막아줄 수 있을까? 바로 이 문제가 리사 슈Lisa Shu 하버드대학 박사 과정 학생, 니나 마자르, 프란체스카 지노Francesca Gino 하버드대학 교수, 맥스 베이저먼Max Bazerman UC 버클리 교수 그리고 내가 공동으로 확인해보고 싶었던 실험 과제다.

우리는 먼저 기존의 표준적인 매트릭스 실험을 소득세 신고 과정과 비슷하게 보이도록 다시 구성했다. 즉 피실험자가 자신의 성적을 말로 보고하는 게 아니라 특정한 양식의 서류에 기입하도록 했다. 이 서류 양식은 국세청의 소득세 신고 양식을 본떠 만들었고, 피실험자로 하여금 이 서류에 자신이 맞혔다고 주장하는 정답의 개수를 적게 했다. 또 실제로 소득세를 신고하는 것과 비슷한 느낌이 들도록 하기 위해 서류 윗부분 눈에 잘 띄는 곳에, 소득에 20퍼센트의 세금을 부과할 것이라고 적었다.

이 서류의 첫 번째 부분에는 피실험자의 '소득(정답을 맞힌 문제의 개수)'을 적도록 했다. 이어서 두 번째 부분에는 실험에 참가하기 위해 들인 여행경비를 적도록 했다. 여행경비는 1분에 0.1달러로 설정해 최대 두 시간에 12달러까지 차등적으로 지급받게 했고, 이와는 별도로 각자 사용한 교통비를 최대 12달러까지 적게 했다. 이 여행경비 항목의 환급금은 (소득을 계산할 때 경비를 제외하는 것과 마찬가지로) 세금 부과 대상이 아니었다. 마지막으로 피실험자로 하여금 모든 숫자를 더해 최종적으로 자신이 순수하게 지급받을 돈을 계산하게 했다.

이 실험에서 우리는 두 가지 조건을 설정해 각각의 집단을 구분했다. 첫 번째 집단에 나눠준 서류 양식에는 통상적인 공식 서류에서처럼 맨 뒷부분에 작성자의 서명란을 마련해 피실험자가 서명하도록 했다. 이 조건에서는 서명이 서류에 기입한 정보가 진실임을 입증하는 장치로 작용하도록 한 것이다. 두 번째 집단에 나눠준 서류 양식에는 서명란이 맨 앞부분에 있었다. 피실험자들이 먼저 서명한 다음 서류의 공란을 채우도록 한 것이다. 이 두 번째 집단의 조건이 바로 '도덕적 각성 조건'이다.

이 실험을 통해 우리는 어떤 점을 발견했을까? 맨 마지막에 서명한 집단의 피실험자들은 평균적으로 약 네 문제를 부풀렸다. 그렇다면 가장 먼저 서명을 한 다음 공란을 채운 피실험자들은 어땠을까? 서명이 도덕적 각성 장치로 작용한 이 집단에서 피실험자들은 단 한 문제만 부풀리는 수준의 부정행위를 저질렀다. '단 한 문제만'이라는 표현을 당신이 어떻게 받아들일지 모르겠지만(어쨌거나 부정행위를 저지른 건 저지른 거니까), 서명란의 위치를 바꾸는 것만으로도 이런 차이가 생겼다는 사실에서 나는 이런 장치가 부정행위를 줄일 수 있는 유용한 방법이라 생각한다.

소득세 신고 버전의 이 실험을 통해 우리는 여행경비 환급금 요구에 대한 사람들의 태도도 살필 수 있었다. 실험 진행자로서는 피실험자들의 이동시간이 실제로 어느 정도였는지 확인할 길이 없었다. 그러나 무작위로 집단 배치를 한 두 집단의 피실험자들의 평균 이동시간이 동일하다고 가정한다면 두 집단 중 어느 집단의 피실험자들이 상대적으로 더 많은 여행경비 환급금을 요구하는지 알 수 있다. 이 실험에서 우리가 확인한 것은 여행경비 환급금의 액수 역시 정답을 맞혔다고 주장하는 개수와 동일한 양상을 보인다는 사실이었다. 맨 마지막에 서명한 사람들은 9.62달러라는 좀 더 많은 환급금을 요구했으며, 맨 처음에 서명한 사람들은 이보다 훨씬 적은 5.27달러의 환급금을 요구했다.

사람들이 서약을 한다는 차원에서 서명을 먼저 한 다음 어떤 사실을 적게 할 경우 더 정직하게 진술하는 경향이 있다는 이런 실험 결과를 바탕으로 우리 연구자들은 미국 국세청 관계자와 연락을 취했다. 이 당국자도 우리가 제시할 세수 증대 방안에 무척 기뻐할 것이라 생각했다.

우리는 신고자가 서명을 먼저 한 다음 공란을 채우도록 소득세 신고 서류 양식을 바꾸는 게 좋겠다고 제안했다. 당시 국세청의 당국자와 내가 나눈 대화는 이랬다.

나: 소득세를 신고하는 사람이 서류의 공란을 모두 채운 다음에 서명을 하도록 하면 너무 늦습니다. 이미 실제와 다르게 부풀리거나 줄여서 기입했는데 '아, 서명을 해야 하니까 다시 살펴보고 실제와 다른 부분을 정직하게 고쳐야지'라고 생각할 사람은 없을 겁니다. 그러나 먼저 서명을 한 다음 공란을 채우게 한다면 소득세 신고를 할 때 부정이 줄어들 겁니다. 서명란을 맨 앞으로 옮기면 이것이 진실만을 말하겠다는 서약임을 상기시키게 될 테니까요.

국세청: 그래요? 무척 흥미롭군요. 그런데 사람들에게 서류의 맨 앞부분에 서명을 하도록 요구할 경우 서류 자체는 법률적인 조건을 만족시키지 못할 수 있습니다. 서명은 서류에 기입한 정보가 정확한 것임을 확인하는 기능을 하거든요.

나: 그렇다면 서명을 두 번 하도록 하면 어떻습니까? 맨 앞에 한 번, 맨 뒤에 한 번 말입니다. 이렇게 할 경우 맨 앞에 하는 서명은 서약이나 마찬가지입니다. 애국심, 도덕성, 어머니, 깃발을 생각나게 하는 서약서 말입니다. 그리고 맨 뒤의 서명은 선생님 말씀대로 진술 사실을 확인하는 기능을 할 테고 말입니다.

국세청: 글쎄요, 혼란스럽지 않을까요?

나: 선생님은 최근에 세법이나 세금 관련 서식을 살펴보셨습니까?

국세청: ······ (대꾸 없음)

나: 그럼 이건 어떻습니까? 서류 첫 번째 항목으로 부패척결에 맞서 싸우는 기관에 25달러를 기부할 의사가 있는지 묻는 문항을 넣는 겁니다. 이 질문에 신고자가 어떤 대답을 하건 이 질문은 사람들로 하여금 도덕성의 의미와 도덕성이 사회에서 차지하는 중요성을 다시 한 번 생각하게 만들 테니까요.

국세청: …… (바위처럼 아무 말이 없음)

나: 이 방법을 동원하면 이것 말고도 또 다른 잠재적인 이득을 누릴 수 있습니다. 부패척결 기관에 기부를 하지 않겠다는 납세자를 세무감사 대상으로 찍어둘 수도 있을 테니까요.

국세청: 당신은 정말로 세무감사에 관한 얘기를 나누고 싶은 것입니까? (그로부터 몇 년 뒤 나는 국세청으로부터 세무감사를 받았다. 길고 고통스러운 과정이었지만 한편으로 매우 흥미로운 경험이기도 했다. 나는 그 세무감사가 내가 국세청 관계자와 나눴던 대화와는 아무런 관련이 없다고 생각한다.)

국세청이 시큰둥한 반응을 보였지만 우리는 기대를 완전히 접지 않았다. 우리는 계속해서 우리가 세운 '서명 먼저 하기' 이론을 검증할 기회를 찾았다. 그리고 마침내 어떤 대형 보험사에서 그 기회를 발견했다. 이 회사는 대부분의 사람들은 아주 조금씩 부정행위를 저지른다는 이미 충분히 확인된 이론을 제대로 알고 있었다. 이 보험사 사람들은 극소수 사람들만이 일부러 불을 내거나 강도를 당했다는 따위의 거짓말로 심각한 부정행위를 저지르며, 대부분의 사람들은 자신이 입은 피해 규모에서 10~15퍼센트 정도 부풀리는 수준에서 만족한다고 말했다. 예를 들면 32인치 텔레비전을 35인치 텔레비전으로 부풀린다거나

18K 금목걸이를 24K 금목걸이로 부풀리는 수준이라 했다.

나는 이 보험사의 본사로 가서 최고경영진과 함께 하루를 보내며 정직하지 못한 보험금 청구를 줄이는 방안을 다각도로 모색했다. 이 과정에서 우리는 많은 아이디어를 얻었다. 예를 들면 이런 것들이다. 도덕성과 관련된 유연성의 폭을 줄이기 위해 사람들로 하여금 자신이 입은 손실을 매우 구체적인 용어로 표현하도록 하면 어떨까? 또 해당 물건을 언제 어디서 구입했는지 상세하게 설명하도록 하면 어떨까? 홍수로 집을 잃은 부부에게는 잃어버린 물건들이 어떤 것들인지 부부가 함께 말하도록 하면 어떨까? 보험금을 청구하려는 사람이 상담자를 기다리는 동안 종교음악을 틀어놓으면 어떨까? 또 있다. 보험금 청구서 맨 위에 작성자가 서명을 하도록 하면 혹은 잃어버렸다고 주장하는 각 항목마다 서명을 하도록 하면 어떨까?

대기업들이 늘 그렇듯 우리가 만난 사람들은 이러한 아이디어들을 자기 회사 법무팀의 변호사들에게 들고 갔다. 그로부터 6개월이 지난 뒤 우리는 마침내 그 변호사들로부터 답변을 들을 수 있었다. 우리가 제시한 아이디어들 중 그 어느 것도 실행할 의향이 없다는 것이었다.

그리고 나서 다시 어느 정도의 시간이 흐른 뒤, 보험사에서 나와 처음 접촉했던 사람이 전화를 걸어와 상대적으로 덜 중요한 어떤 자동차 보험 상품의 서류 양식에 우리가 제시한 실험적 조치를 적용해볼 수 있겠다고 했다. 이 서류 양식은 가입자들에게 전년도에 몇 마일의 거리를 운행했는지 물었다. 보험료를 조금이라도 덜 내고 싶은 사람이라면 당연히 실제보다 줄여서 답변하고자 하는, 다시 말해 거짓말을 하고자 하는 유혹을 느낄 것이다. 이런 사람들이 상당히 많을 거라고 나는 생각한다.

보험사는 우리에게 2만 개나 되는 서류 양식을 보내줬고, 우리는 서명을 맨 앞에 하는 경우와 맨 뒤에 하는 경우 어떤 결과가 나올지 비교하는 실험을 하기 위해 이 서류 양식에 손을 댔다. 우선 이 서류 양식 중 절반은 '나는 내가 제공하는 정보가 사실임을 맹세한다'라는 문구와 서명란이 서류의 맨 뒤에 위치하도록 원래대로 뒀고, 나머지 절반은 그 문구와 서명란을 서류의 맨 앞으로 옮겼다. 이 점을 제외하고는 두 가지 유형의 서류 양식이 같았다. 우리는 이 서류 양식을 2만 명의 고객에게 보냈다. 얼마 뒤 이 서류들은 회수됐고, 우리는 두 가지 유형의 서류에 기입된 전년도 운행거리를 대조했다. 과연 어떤 결과가 나왔을까?

서명을 먼저 한 다음 답변을 한 사람들은 평균적으로 2만 6,100마일을 운행했다고 적었고, 답변을 먼저 한 뒤 서명을 한 사람들은 평균적으로 2만 3,700마일을 운행했다고 적었다. 약 2,400마일의 차이가 났다. 우리는 서명부터 하고 답변을 해준 사람들이 전년도에 실제로 얼마나 되는 거리를 운행했는지 모른다. 따라서 우리는 그 사람들이 완벽하게 정직한지 파악할 길이 없지만 그들이 훨씬 적은 규모로 거짓말을 했음은 안다. 흥미로운 사실은 줄어든 부정행위의 수준(이것은 사람들이 답변한 운행거리의 약 15퍼센트에 해당한다)이 우리가 실험실에서 매트릭스 과제로 실험했던 사람들이 보여준 수치와 비슷한 수준이라는 점이다.

이런 결과를 보면 어떤 사람의 서명을 그 사람이 제공하는 해당 정보가 사실임을 확인하는 방법이라 생각할 수 있지만(사실 이런 목적을 달성하는 데 서명은 매우 유용하다), 서류 양식의 맨 앞에서 하는 서명이야말로 높은 도덕성을 유지하기 위한 예방주사가 됨을 알 수 있다.

이기적 욕망 합리화하기
...

'어떻게 하면 사회에 만연한 범죄를 줄일 수 있을까'라는 질문을 던지면 사람들은 보통 경찰관의 수를 늘리고 처벌을 강화하는 것이 좋겠다고 말한다. 회사 안에서 일어나는 절도, 사기, 지출 내역의 부풀림 그리고 태업 등의 문제를 해결하려면 어떻게 해야 하는지 물으면 CEO들은 대개 철저한 관리 감독과 인정사정없는 단호한 조치를 꼽는다. 부패를 줄이고 더 정직한 행동을 유도하는 이런저런 규제를 만들 때마다 정부는 흔히 사회적 병폐에 대한 가장 적절한 해결책으로 투명성을 제시하며 이것을 강제한다. 물론 이런 해결책들이 효과가 있다는 증거는 거의 없다.

이에 비해 이 책에서 소개한 여러 실험들의 결과는 유혹의 순간에 도덕적 규범을 떠올리는 것이(설령 이것이 그 사람의 종교관이나 신념과 다르더라도) 정직하지 않은 행동을 줄이거나 예방할 수 있음을 암시한다. 사실 이런저런 도덕적 각성 장치들은 사람들이 보다 정직하게 행동하도록 돕는다. 적어도 잠시 동안은 확실히 그렇다.

만약 회계사가 납세자에게 소득신고서를 작성하기 전에 명예를 지키겠다는 서약을 하도록 한다면 혹은 보험사 직원이 수해 피해자에게 수해로 입은 피해 내용에 대해 온전히 진실만을 말하겠다고 맹세하라고 한다면 탈세나 보험사기 가능성이 줄어들 것이다(정부나 보험사를 대

놓고 싫어하는 사람에게서도 비록 어느 정도 희석되긴 하겠지만 이런 효과가 분명 나타나지 않을까 싶다. 장차 검증해볼 가치가 있는 주제라고 생각한다).

자, 그렇다면 우리는 이런 사실들을 놓고 어떤 결론을 내려야 할까? 먼저, 부정행위는 일반적으로 한 개인이 가진 퍼지요인으로 인해 나타나는 것이지 SMORC 때문에 나타나는 것이 아님을 분명하게 인식할 필요가 있다. 퍼지요인 이론은, 만약 어떤 사람이 어떤 수준의 범죄 행위를 저지르고자 할 때는 이런 자기 행동을 합리화하려는 방식과 태도를 바꿔놓을 어떤 방안을 찾을 것을 제안한다. 이기적인 욕망을 합리화하는 능력이 커질 때 퍼지요인도 함께 커져 자신이 저지르는 잘못된 행동이나 부정행위를 좀 더 평온한 마음으로 받아들인다는 사실을 깨달을 필요가 있다. 우리의 어두운 측면을 합리화할 소지가 줄어들 때 퍼지요인도 함께 줄어들고, 그 결과 잘못된 행동이나 부정행위를 불편하게 받아들인다는 사실을 깨닫는 것 역시 중요하다.

이런 관점에서 이 세상에 존재하는 바람직하지 않은 행동들(예컨대 스톡옵션의 행사 날짜를 바꾸는 금융 관행에서부터 채무불이행을 선언하는 것이나 탈세에 이르는 온갖 부정행위들)의 다양한 양상들을 전반적으로 살펴보면 정직함과 부정직함을 단순히 비용편익분석만으로 아우를 수 없는 경우가 많음을 알 수 있다.

물론 이는 부정행위에 깃든 메커니즘을 이해하기란 한층 복잡한 일이며 또 부정행위를 막는 일이 결코 간단하지 않음을 의미한다. 그러나 동시에 우리가 정직함 혹은 부정직함과 맺고 있는 관계를 이해하는 과정은 파고들수록 더욱 흥미진진하다는 뜻이기도 하다.

골프와 부정행위

...

영화 〈베가 번스의 전설 The Legend of Bagger Vance〉에 이런 장면이 나온다. 맷 데이먼이 연기한 래널프 주너가 왕년에 명성을 날렸던 골프계로 다시 돌아와 경기를 펼치는데 결정적인 실수를 하는 바람에 공이 숲으로 날아간다. 그는 공을 다시 그린에 올린 뒤 공 옆에 있던 잔가지를 치우는데 그만 공이 조금 옆으로 구른다. 규칙대로라면 벌타를 받아야 하지만 이를 본 사람은 아무도 없다. 만약 그가 규칙을 무시하기만 한다면 무난하게 경기에 이기고 옛 명성을 되찾을 수 있다. 그 순간 누군가가 주너에게 공이 움직였다는 사실을 아무에게도 알리지 말라고 당부한다.

"우연히 그렇게 됐잖아요. 게다가 사실 말도 안 되는 규칙이기도 하고요. 공이 움직인 걸 아는 사람도 없고······."

하지만 주너는 이렇게 말한다.

"내가 알고, 또 네가 알잖아."

심지어 주너의 경쟁자들조차도 공이 흔들흔들하다가 제자리로 돌아갔을 수 있으며, 아니면 불빛 때문에 공이 움직인 듯한 착각이 들었을 수도 있지 않느냐고 했지만, 주너는 공이 분명 움직였다면서 스스로 벌타를 받았다. 결국 그는 그 경기에서 공동 우승을 했다.

이 영화는 1925년 US오픈 대회에서 실제로 있었던 일을 바탕으로 했다. 미국의 전설적인 골퍼인 보비 존스 Bobby Jones 는 러프 rough(골프장에서 풀이나 나무가 무성한 곳을 말함—옮긴이)에서 공을 치려고 할 때 공이 조금 움직이는 것을 봤다. 이 광경은 존스 외에 아무도 보지 못했고,

나중에라도 이런 사실이 발각될 우려도 없었다. 하지만 그는 스스로 벌타를 받았고 결국 경기에서 지고 말았다. 나중에 이 사실이 알려지면서 기자들이 몰려들었다. 하지만 존스는 기자들에게 이 일을 기사로 쓰지 말아달라고 부탁했다.

"내 행동을 칭찬한다면 그것은 은행을 털지 않았다고 칭찬하는 거나 마찬가지 아닙니까?"

지금도 골프를 사랑하는 많은 사람이 이 골퍼의 정직한 행동을 기억하고 다른 사람에게 전한다. 이는 충분히 그럴 만한 가치가 있는 일이다.

실제 현실에서 일어났고 영화에서 묘사됐던 이 일화는 골프의 낭만적인 이상이 어떤 것인지 보여준다. 골퍼가 자기 자신과 싸우는 모습과 훌륭한 기량뿐만 아니라 인간성의 고귀함까지 보여주는 것이다. 어쩌면 이런 자기 감시와 높은 도덕적 기준 때문에 사람들이 흔히 골프를 기업 윤리에 비유하는지도 모른다(사실 많은 기업가들이 골프장에서 많은 시간을 보낸다).

다른 스포츠와 달리 골프에는 심판이 없다. 의심스러운 상황에서 반칙을 했는지 판단하는 사람은 경기를 하는 자기 자신이다. 골퍼는 기업가와 마찬가지로 무엇을 할 수 있으며 또 무엇을 해서는 안 되는지 스스로 판단해야 한다. 또한 골퍼와 기업가는 자신이 하려는 것과 하지 않으려는 것을 스스로 선택해야 한다. 경기를 하거나 기업을 경영하는 거의 대부분의 시간 동안 그들은 감시를 받지 않고 혼자 선택하고 행동하기 때문이다.

골프에는 세 가지 기본 규칙이 있다. 공을 놓여 있는 그대로 칠 것,

방법을 찾아서 칠 것 그리고 이 두 가지 중 어느 것도 할 수 없을 때는 공정하게 판단할 것. 어쨌거나 많은 사람이 나뭇잎이나 잔가지를 치우다가 공이 조금 움직였고 또 그 위치 변경이 중요하지 않을 때는 벌타를 매기지 않는 것이 공정하다고 판정한다. 사실 공이 우연하게 움직였다고 해서 벌타를 받는 것을 부당하다고 여길 소지는 충분하다.

골퍼들이 말하는 골프의 이런 고귀한 유산에도 불구하고, 골프가 사람을 사기꾼으로 만든다는 윌 로저스 Will Rogers(미국의 희극배우이자 칼럼니스트─옮긴이)의 생각에 많은 사람이 동의한다. 곰곰이 생각해보면 그것은 그리 놀라운 일도 아니다. 골프를 칠 때 사람들은 작은 공을 멀리 날려 보내, 그것도 수많은 장애물을 피해 아주 작은 구멍에 집어넣는다. 이는 매우 어렵고 한편으로 짜증나는 일이다. 그러니 스스로 자기 행동을 판단할 때는 관대해질 수밖에 없다.

부정행위에 대해 좀 더 깊이 알고 싶어 우리는 골퍼들을 대상으로 설문조사를 했다. 스콧 매켄지 Scott Mckenzie(당시 듀크대학 학부 학생)와 나는 2009년에 수천 명의 골퍼들에게 설문지를 돌렸다. 물론 설문 내용은 경기를 할 때의 부정행위와 관련된 것이었는데 자기 자신 이외에는 아무도 보지 않는 상황에서(사실 골프 경기를 하다 보면 이런 경우는 흔하다) 규칙을 따를 것인지 아니면 위반할 것인지 물었다. 여러 골프장을 관리하는 어떤 회사의 도움을 받아 우리는 이 설문지를 이메일로 미국 전역의 골퍼들에게 보냈다. 설문에 참여한 사람들에게는 추첨을 통해 고급 골프 장비를 준다는 조건으로 골퍼들의 참여를 유도했고, 약 2만 명이 설문에 참여했다. 그 결과 우리는 다음과 같은 사실을 알아냈다.

10센티미터의 거짓말

...

우리는 그 설문지에서 이렇게 물었다.

"이런 상상을 해봅시다. 애버리지 골퍼 average golfer 가 자기가 친 공에 다가갔습니다. 그는 자기 공을 현재 위치에서 오른쪽으로 약 10센티미터를 옮기면 다음 공을 치기가 훨씬 유리하다는 생각이 듭니다. 이럴 때 당신은 이 사람이 자기 공을 옆으로 10센티미터 옮길 것이라 생각합니까?"

우리는 공을 좀 더 나은 위치로 옮기는 방법으로 세 가지를 제시하고 각각의 경우와 관련한 질문을 던졌다(우연의 일치인지, 신기하게도 공이 놓인 위치를 가리키는 골프 용어는 '라이 lie', 즉 거짓말이다).

"애버리지 골퍼는 다음과 같은 방법들 중 어떤 것을 사용해 공을 약 10센티미터 옮길 때 마음이 가장 편할까요? (1) 클럽으로 (2) 발로 차서 (3) 손으로 집어서."

공 옮기기 항목의 질문은 우리가 앞서 했던 여러 실험들에서처럼 골프에서도 정직하지 못한 행동과 자기 자신 사이의 심리적 거리가 멀수록 비도덕적으로 행동할 가능성이 높아지는지 확인할 목적으로 설정한 것이다. 앞서 살펴본 토큰 실험에서처럼 '심리적 거리감'이 부정행위에 일정한 영향을 미친다면 손을 사용하는 것처럼 의도가 분명하게 드러나는 행위를 가장 적게 할 것이고, 발로 차는 경우는 이보다는 많을 것이며, 클럽을 사용하는 경우가 가장 많을 것이라 예상했다. 클럽을 사용한다는 것은 자기 신체가 직접 공에 닿지 않고 도구를 사용하는 것으로, 즉 거리가 그만큼 멀어지므로 이런 행위를 부정한 행위로 간주

하는 경향도 낮아질 것이기 때문이었다.

아니나 다를까 골프에 대한 실험에서도 우리가 했던 다른 여러 실험들과 동일한 결과가 나왔다. 부정행위의 가능성은 부정한 행동과의 심리적 거리와 직접적인 관련이 있었다. 자기 자신과 부정한 행동 사이에 더 많은 단계가 있을 때 부정행위는 그만큼 더 쉽게 나타난다. 응답자들은 클럽으로 공을 옮기는 것이 가장 편하다고 느꼈으며, 애버리지 골퍼가 그렇게 할 가능성을 23퍼센트로 추정했다. 다음으로 발로 차서 공을 옮기는 것이 14퍼센트였으며, 손으로 집어서 공을 옮기는 것, 즉 도덕적으로 가장 어려운 행동을 할 가능성은 10퍼센트로 봤다.

이런 결과는 만약 공을 손으로 집어서 원하는 위치로 옮긴다면 그 행동에 의도성이 담겨 있음을 부인할 수 없으며, 따라서 우리는 정직하지 못한 행동을 했다는 사실에 자책감을 느낄 수밖에 없음을 보여준다. 한편 발로 차서 공을 옮길 때는 그 행위의 의도성이 줄어들긴 하지만 그래도 조금은 남는다. 그러나 클럽을 사용해 공을 옮길 때는(이 경우에는 공이 우리의 의도대로 정확하게 이동하지 않는다) 우리는 자기가 한 행동을 상대적으로 좀 더 쉽게 합리화할 수 있다. 아마 이 경우 우리는 스스로에게 이렇게 말할 것이다.

"공이 최종적으로 놓이는 위치는 내 의도가 아니라 우연에 의해 결정되니까……."

이렇게 말하면서 우리는 자신의 부정행위를 완전히 용서한다.

멀리건의 비밀

'멀리건malligan'이라는 말이 생긴 것은 1920년대의 일이다. 캐나다인 데이비드 멀리건이 몬트리올의 한 골프장에서 티샷을 날렸는데, 공이 떨어진 위치가 마음에 들지 않아 티샷을 한 번 더 날렸다. 그러고 나서 그는 이를 '교정샷correction shot'이라 우겼지만, 함께 경기를 하던 일행들은 '멀리건'이라 부르는 게 더 좋겠다고 입을 모았다. 그때부터 사람들은 티샷을 잘못 쳤을 때 벌타 없이 다시 치는 행위를 '멀리건'이라 했다.

멀리건의 경우 처음 친 샷은 아예 없었던 것으로 친다(내가 아는 어떤 사람은 자기 남편의 전처를 '멀리건'이라 부른다). 엄밀히 말하면 골프에서 멀리건은 허용되지 않는다. 그러나 친구들끼리 하는 친선 경기에서는 서로 합의하에 멀리건을 허용하기도 한다. 물론 멀리건이 전혀 허용되지 않거나 혹은 미리 합의하지 않은 경기에서조차도 어떤 사람들은 때로 멀리건을 허용해야 한다고 주장한다. 바로 이런 경우의 멀리건을 우리는 두 번째 질문 내용으로 정했다.

우리는 골퍼들이 다른 사람에게 들킬 염려가 없는 상황에서 자신에게 얼마나 멀리건을 허용할 것인지 물었다. 이 질문에서 우리는 1번 홀과 9번 홀 각각에서의 멀리건 가능성을 물었다. 멀리건 금지의 규칙은 1번 홀과 9번 홀에서 동일하게 적용된다. 그런데 1번 홀에서는 9번 홀에서보다 상대적으로 멀리건을 합리화하기가 더 쉽다. 예를 들어 1번 홀에서 티샷을 날렸는데 공이 원하는 곳에서 한참 먼 곳에 떨어졌을 때 이렇게 합리화할 수 있다.

"지금까지는 연습이었고 이제부터 진짜 시작하는 거야."

그러나 9번 홀에서는 경기를 무효화할 수 없다. 9번 홀에서는 멀리건을 행사할 경우, 자신이 의도적으로 규칙을 위반한 것임을 인정해야 한다.

앞서의 실험 결과를 바탕으로 우리가 예측한 대로, 1번 홀과 9번 홀에서의 멀리건 가능성은 크게 차이가 났다. 설문에 응한 골퍼들은 애버리지 골퍼의 40퍼센트가 1번 홀에서 멀리건을 행사하는 데 비해 9번 홀에서는 (겨우! 겨우?) 15퍼센트만이 멀리건을 행사한다고 예측했다.

슈뢰딩거의 고양이

세 번째 질문에서는 골퍼들에게 어떤 사람이 파 5홀에서 6타를 쳤다고 상상해보라고 했다. 그리고 이 질문의 첫 번째 버전으로, 이때 애버리지 골퍼가 점수판에 '6'이라 적지 않고 '5'라고 적을 가능성을 물었다. 두 번째 버전으로는 점수판에 '6'이라고 제대로 적긴 하지만 나중에 점수를 합산하면서 일부러 '6'을 '5'로 계산해 결과적으로 타수를 줄일 가능성을 물었다.

우리는 점수판에 '6' 대신 '5'로 의도적으로 숫자를 줄여 적는 행위가 더 많을 것이라 답할 것으로 예측했고, 이 예측이 맞아떨어지기를 기대했다. 일단 점수가 기입된 상황에서는 나중에 합산 과정에서 일부러 계산을 틀리게 하는 행위를 합리화하기가 더 어렵기 때문이다(이것은 공을 손으로 집어서 옮기는 것과 마찬가지로 의도성이 높다). 점수를 합산할 때 일부러 계산을 틀리게 하는 행위는 쉽게 합리화할 수 없는 명백한 부정행위다. 실험 결과 우리의 예상은 적중했다. 응답자들은 애버리지 골퍼 중 15퍼센트가 점수 기입을 조작하는 데 비해 이보다 훨씬 적은 5퍼센트만이 합산 과정에서 의도적으로 점수를 줄인다고 답했다.

위대한 골프 선수 아놀드 파머는 이렇게 말한 바 있다.

"어떤 골퍼든 다섯 점을 줄일 수 있는 팁을 가르쳐주지. 사람들은 보통 그걸 지우개라고 부르더군."

그러나 대부분의 골퍼들은 '지우개'를 사용하지 않고 처음부터 점수를 틀리게 기입하는 훨씬 쉬운 방법을 택한다. 숲에서 나무가 한 그루 넘어졌는데 아무도 그 사실을 모른다면 과연 그 나무가 넘어졌을까 하는 의문을 갖게 되는 것도 이 때문이다. 파 5홀에서 어떤 사람이 6타를 쳤는데, 이 사람이 점수판에 '6'이라는 숫자 대신 '5'를 기입하고 아무도 그것을 못 봤다면, 이 사람이 그 홀에서 얻은 점수는 6점일까, 5점일까?

이런 식으로 점수와 관련해 거짓말을 하는 것은 '슈뢰딩거의 고양이' 라 불리는 고전적인 사고 실험(사물의 실체나 개념을 이해하기 위해 가상의 시나리오를 이용하는 것—옮긴이)과 유사한 점이 많다. 오스트리아 물리학자인 에르빈 슈뢰딩거 Erwin Schrodinger 는 1935년에 다음과 같은 시나리오를 소개했다. 쇠로 만든 상자 안에 고양이 한 마리가 있다. 이 상자에는 방사성 동위원소도 함께 들어 있는데 이 방사성 동위원소는 방사성을 방출할 수도 있고 방출하지 않을 수도 있다. 방사선이 방출된다면 고양이는 죽을 것이고, 방출되지 않는다면 고양이는 죽지 않을 것이다.

슈뢰딩거의 이야기에서 상자를 열지 않는 한, 고양이는 죽어있을 수도 있고 살아있을 수도 있다. 다시 말해 살아있다고 할 수도 없고 죽었다고 할 수도 없는 것이다. 살아있을 확률은 50퍼센트다. 슈뢰딩거는 양자역학이 불완전하며 현실을 객관적으로 묘사하지 않고 오로지 확률로만 바라본다는 점을 비판하기 위해 이러한 시나리오를 구상했다.

여기서 슈뢰딩거의 고양이를 놓고 물리학의 철학적인 측면을 논의할 수는 없지만 이것은 골프장에서 벌어지는 부정행위와 관련해 많은 점을 시사한다. 골프장에서 골퍼가 기입하는 점수는 살아있기도 하고 죽어있기도 한, 슈뢰딩거의 고양이와 유사하다. 골퍼가 자기 점수를 점수판에 기입하기 전까지는 어떤 것도 될 수 있고 또 되지 않을 수도 있다. 즉 5점일 수도 있고 6점일 수도 있다. 골퍼의 점수는 점수판에 기입된 후에야 비로소 '객관적인 실체'의 지위를 얻는다.

지금쯤 당신은 우리가 왜 설문에 응답자 본인의 부정행위 가능성을 묻지 않고 '애버리지 골퍼'의 부정행위 가능성을 물었는지 의아해할 수 있다. 이유는 간단하다. 대부분의 사람들이 그렇듯, 우리 설문에 응한 골퍼들 역시 자기 자신의 부정행위 경향에 대해 물으면 거짓말을 할 것이라 생각했기 때문이다. 우리는 다른 사람이 어떻게 행동할 것인지 물음으로써, 응답자들이 자기 자신이 어떤 부정행위를 했다는 사실을 인정함에 따라 불편한 마음이 되지 않으면서 자유롭게 자기 의견을 말할 수 있도록 했다(자기에게 닥친 어려운 문제를 놓고 다른 사람에게 조언을 구할 때 사람들은 자기가 아닌 '어떤 친구'의 얘기라고 말하지 않던가?).

우리는 골퍼들이 스스로의 멀리건 및 점수를 기입하는 행동에 대해 진술한 것에서도 비슷한 결과를 얻었다. 응답자들은 자신이 1번 홀에서 멀리건을 할 가능성을 18퍼센트로 예상한 반면, 9번 홀에서의 멀리건 가능성은 겨우 4퍼센트로 예상했다. 점수판에 점수를 낮춰 적을 가능성은 4퍼센트, 나중에 점수를 합산할 때 일부러 점수를 낮출 가능성은 고작 1퍼센트로 예상했다.

이상의 결과를 종합하면 다음 표와 같다.

표 2 | 골프장에서 벌어지는 부정행위 가능성

부정행위 유형	부정행위 방법	부정행위 경향	
		다른 사람에 대해	자기 자신에 대해
공 옮기기	클럽으로	23%	8%
	발로 차서	14%	4%
	손으로 집어서	10%	2.5%
멀리건	1번 홀에서	40%	18%
	9번 홀에서	15%	4%
점수 기록	다르게 기입한다	15%	4%
	계산을 잘못한다	5%	1%

우리는 이 표에서 나타나는 차이점들을 어떻게 받아들여야 할까? 내 생각에 골퍼들은 골프에서뿐만 아니라 거짓말에 대해서도 거짓말을 하는 것 같다.

골퍼들을 대상으로 한 설문조사에서 우리는 무엇을 배울 수 있을까? 골프에서의 부정행위는 우리가 실험실에서 진행한 여러 실험을 통해 발견한 부정행위의 특성을 그대로 반영하는 것 같다. 우리의 행동이 부정한 행위와 심리적으로 멀리 떨어져 있을 때, 그 행동이 판정 유보 상태일 때 그리고 우리가 그 행동을 더 쉽게 합리화할 수 있을 때 골퍼들은 (지구상의 모든 사람들과 마찬가지로) 훨씬 더 쉽게 부정한 행동을 한다. 또한 골퍼들은 (모든 사람이 그렇듯) 정직하지 못한 사람이 될 수 있는 능력을 갖고 있는 동시에 스스로를 정직한 사람이라 생각하는 듯하다.

앞서 기업가의 부정행위에서도 우리는 이를 확인하지 않았던가? 규칙이 모호해 해석하기에 따라 내용이 달라질 때, 회색지대에 놓여 있을 때 그리고 자기 점수를 스스로 알아서 기입해야 하는 상황에 놓일 때에는 신사의 스포츠라는 골프에서도 얼마든지 부정행위가 일어날 수 있다.

3장

경제적 동기가 우리를 눈멀게 할 때

이익충돌

The (Honest) Truth About Dishonesty

치과에 간다고 생각해보자. 당신은 병원 현관에 들어가 접수창구의 직원에게 이름을 말한다. 직원과 가벼운 농담을 주고받을 수도 있다. 그리고는 소파에 앉아 잡지책을 뒤적이며 이름이 불리길 기다린다.

그런데 이런 가정을 해보자. 지난번에 당신이 다녀간 뒤 이 병원에서는 혁신적인, 따라서 매우 비싼 치과 장비를 한 대 구입했다. 치과용 캐드캠CAD/CAM이다. 이것은 크라운이나 브리지와 같은 치아 수복을 환자의 특성에 맞게 진행하는 데 사용되는 컴퓨터 기반 장비다. 이 장비는 2단계로 작동된다. 먼저, 환자의 치아와 잇몸을 3차원으로 구현한 영상을 컴퓨터 화면에 띄운다. 치과의사는 이 영상을 보고 크라운이나 그 밖의 모든 수복 장치가 정확히 어떤 형태여야 하는지 파악한다. 여기까지가 캐드CAD 부분이고 다음은 캠CAM 부분이다. 캠은 치과의사의 청사진에 따라 세라믹 소재를 크라운 안에 부어넣는다. 이런 기능을 갖고 있는 캐드캠은 매우 고가 장비다.

자, 다시 당신 이야기로 돌아가자. 잡지책을 뒤적이다가 한 정치인이 부부싸움을 했다는 기사를 발견하고는 좀 더 자세히 읽어보려고 자세를 바로잡는다. 그때 접수창구의 직원이 당신 이름을 부른다.

"왼쪽 두 번째 방으로 들어가세요."

당신은 직원이 알려준 방으로 들어가서 진료용 의자에 앉는다. 치위생사가 다가와 당신에게 인사를 건넨다. 치위생사는 한동안 당신의 입 안을 들쑤셔놓은 다음 빠른 속도로 청소까지 마친다. 얼마 후 치과의사가 다가온다.

치과의사가 한 번 더 당신의 입 안을 들쑤신 뒤 치아를 살펴본다. 그러고는 치위생사에게 3번 치아와 4번 치아는 자세하게 살펴볼 필요가 있으며 7번 치아에는 미세한 금이 여러 개 나 있다는 내용을 기록하라고 지시한다. 이 말에 당신은 깜짝 놀란다.

"네? 그…… 그미 가 이서요?"

물론 발음은 정확하지 않다. 당신은 입을 쫙 벌리고 있고, 흡입관이 부지런히 침을 빨아들이고 있기 때문이다.

치과의사는 동작을 멈추고 진료 장비들이 내려놓는다. 그런 다음 의자에 등을 기댄 채 당신의 치아 상태를 설명한다.

"크레이지 라인이라고, 치아의 에나멜층에 아주 작은 실금이 몇 개나 있습니다. 하지만 크게 걱정하지 않으셔도 됩니다. 우리 병원에서는 간단하게 처치할 수 있으니까요. 캐드캠을 사용할 겁니다. 이 장비로 크라운을 씌우면 그걸로 끝! 어떻습니까? 치료하시겠습니까?"

치과의사의 질문에 잠시 망설였지만 전혀 위험하지 않다는 친절한 설명에 당신은 그의 권유를 따르기로 한다. 어쨌거나 그 치과의사와는 하루 이틀 본 사이가 아니기 때문에 그 사람을 믿는 것이다. 사실 지난 몇 년 동안 당신이 받은 치과 치료 중 몇 건은 썩 유쾌하지 않았다. 그래도 당신은 이 치과의사가 당신을 여태껏 잘 치료해줬으며 양심적인 사람이라 생각한다.

여기서 나는 한 가지 사실을 지적하고 싶다. 당신이 믿고 의지하는 그 치과의사가 당신이 생각하는 것처럼 양심적인 사람이 아닐 수 있다. 이 사람이 말한 실금은 치아의 에나멜층에 나 있는 아주 아주 아주 작은 금이다. 게다가 치아에 이런 실금이 가 있다고 해서 자각 증상이 있는 것도 아니다. 많은 사람이 이런 실금들이 난 치아를 갖고 있지만 불편함이나 통증을 느끼는 일은 전혀 없다. 그러므로 치아에 난 실금을 치료하는 것은 대체로 불필요한 일이다.

짐이라는 친구가 내게 이런 이야기를 해줬다. 당시 짐은 대형 치과 보험사의 부사장이었다. 짐은 여러 해 동안 치과병원과 관련된 별난 사건들을 많이 봤다. 그 중 특별히 기억에 남는 사건이 미주리에 살던 치과의사 이야기였다.

캐드캠 장비를 구입한 이후 이 치과의사의 눈에는 환자의 치아에 난 실금들이 예전과 다르게 보였다. 마치 노다지를 캘 수 있는 금맥처럼 보인 것이다.

"이 사람은 모든 것에 왕관(크라운)을 씌우려 했어. 잔뜩 흥분한 채 열정적으로 자신의 새 장비를 사용하려 들었지. 환자들에게 미소의 품질을 개선하라고 권유했던 거야. 물론 캐드캠이라는 장비를 사용하는 치료를 받으라고 말이야."

로스쿨에 다니던 한 여학생도 이런 권유를 받았다. 이 여학생도 치아에 실금이 몇 개 나 있었던 것이다. 물론 이 경우에도 자각 증상은 전혀 없었다. 하지만 치과의사가 크라운을 씌워야 한다고 권유하자 여학생은 의사의 말을 따랐다. 그런데 문제가 생겼다. 크라운 치료 때문에 그녀는 치아에 통증을 느끼기 시작했고, 급기야 근관 치료까지 받아야 했다. 시간이 지날수록 상황은 더욱 악화됐다. 근관 치료가 실패로 돌아가고, 재수술을 해야 했다. 그러나 두 번째 수술마저도 경과가 좋지 못했다. 이 여학생에게는 이제 선택의 여지가 없었으며 고통스러운 복합 수술을 받아야 했다. 가만둬도 될 실금을 치료한다고 시작한 것이 대수술로 이어졌다. 이 여학생은 엄청난 고통과 재정적인 손실을 고스란히 떠안아야 했다.

그런데 이 여학생은 로스쿨을 졸업한 뒤 우연한 계기로 자신이 받은 크라운 치료가 전혀 필요 없는 것이었음을 알고 경악했다. 그녀는 치과의사에게 복수를 해야겠다고 마음먹고 사건을 파헤치기 시작했고 마침내 복수에 성공했다.

자, 우리는 이 이야기를 어떻게 받아들여야 할까? 앞서 살펴봤듯 나쁜 마음을 먹지 않더라도 사람은 얼마든지 문제 있는, 때로 파괴적인 방식으로 행동할 수 있다. 완벽하게 호의적인 사람이라 해도 인간 성정의 변덕이 쳐놓은 덫에 걸려 터무니없는 실수를 할 수 있는데, 그럼에도 우리는 이런 자신을 여전히 선량하고 도덕적인 사람으로 여긴다. 사실 편견에 치우친 온갖 동기는 제아무리 모범적인 시민이라 해도 샛길로 빠지게 할 수 있다. 실제로 이런 일은 얼마든지 일어날 수 있다. 그렇다고 모든 치과의사들을 의심할 수는 없는 노릇이다. 치과의사는 대부분 유능하고 환자를 따뜻하게 보살피려 하며 좋은 의도로 진료에 임한다고 믿는 편이 바람직하다.

한편 이런 생각을 해보자. 치과의사는 환자들을 더 잘 치료하기 위해 새로운 장비를 구입하기로 마음먹었는데, 그 장비가 매우 비쌀 수 있다. 치과의사는 이 장비를 환자에 대한 진료를 개선하는 데 사용하고자 한다. 한편으로 그는 신기술을 접목한 이 멋지고 새로운 장비를 사용하는 데 따르는 비용을 환자에게 추가로 청구함으로써 투자금을 회수하고 싶은 마음도 갖고 있다. 치과의사는 그 방법을 고민하다가 마침내 해답을 찾는다. 만세! 이렇게 해서 환자는 크라운 치료를 받게 된다. 물론 그것은 필요한 치료일 때도 있지만 전혀 필요하지 않는 치료일 때도 있다.

논점을 분명히 하기 위해 이 말부터 해두고 싶다. 나는 치과의사들이(혹은 전문직 종사자들 중 대다수가) 환자 복지와 자신의 주머니 사정을 저울질하며 비용편익분석을 하고, 노골적으로 어떻게 하면 환자를 통해 최대 이익을 올릴 수 있을지 연구하고 정교한 방법으로 이기적인 욕심을 채운다고는 생각하지 않는다. 나는 다만 캐드캠 장비에 투자한 몇몇 치과의사가 자신이 엄청난 자금을 투자했다는 사실을 의식하고는 이 장비를 활용해 환자에게서 진료비를 최대한 뜯어내려는 건 아닌지 의심스러울 뿐이다. 이 경우 고가의 장비에 투자를 했다는 사실(혹은 정보)은 치과의사의 전문적인 판단을 왜곡한다. 때문에 치과의사는 환자에게 최상의 선택보다는 자신의 이기적인 욕심을 채울 수 있는 선택을 권한다.

사람들은 일반적으로 어떤 사람이 사적인 이익과 공적인 책임 사이의 갈등, 즉 이익충돌conflict of interest 상태에 놓이는 경우가 드물다고 생각하지만 실제 현실은 그렇지 않다. 공적인 경우나 사적인 경우를 통틀어 수많은 이익충돌이 추악한 머리를 들이미는 것이 우리가 사는 현실의 모습이다.

표 3 │ 치과의사에게 이익충돌이 작용하는 과정

| 치과의사가 새로운 장비를 구입한다. | 치과의사는 이 새로운 장비를 사용하고자 하고, 또 이 장비의 사용료를 환자에게 부담시키고자 한다. | 치과의사는 이 새로운 장비를 사용할 핑곗거리를 찾아낸다. | 환자는 (어쩌면 전혀 필요가 없는) 크라운 치료를 받는다. |

문신 시술과 이익충돌

...

오래전에 나는 또 다른 이익충돌의 현장을 목격한 적이 있다. 이번에는 치과와 무관하지만, 역시 의료 분야였고 환자는 나였다. 20대 때였는데, 나는 그 6~7년 전에 다친 상처를 병원에 다니면서 정기적으로 점검하곤 했다(10대 때 마그네슘 폭발 사고로 3도 화상을 입었다. 그 일로 나는 여러 차례 수술을 받았고, 이후에도 몇 년 동안 치료를 받았다). 그날도 역시 정기 점검을 받고 있는데 이번에는 평소와 달랐다. 여러 명의 외과의사가 내 얼굴 상처를 살펴본 뒤 화상 담당 책임자가 나를 자기 진료실로 불렀다.

"댄, 나는 새롭고 환상적인 치료법으로 당신을 치료해줄 수 있어요."

그는 열정적으로 나를 설득했다.

"당신 수염은 검고 굵잖아요. 아무리 말끔하게 면도를 해도 수염이 자라는 곳에 작고 검은 점들이 있을 수밖에 없어요. 하지만 얼굴 왼쪽은 수염도 있고 점도 있는데 오른쪽은 흉터 때문에 수염이 없고 매끈합니다. 그러니 어떻습니까? 얼굴이 비대칭으로 보이죠?"

계속해서 그는 심미적 기준에서든 사회적 관계 형성에서든 얼굴의 좌우대칭성이 얼마나 중요한지 설명했다. 짧지만 매우 열정적인 강의였다. 얼굴의 좌우대칭성이 얼마나 중요한지는 나도 알고 있었다. 몇 년 전에도 이 사람은 내게 똑같은 강의를 한 바 있기 때문이다. 당시 그는 내게 매우 복잡한 고난이도의 수술을 권했다. 머리의 피부를 혈관과 함께 조금 떼어내어 오른쪽 눈썹의 오른쪽 부분에 이식하는 수술이었다(나는 장장 12시간 동안 그 수술을 받았고, 수술 결과에 만족했다).

길고 긴 강의를 끝낸 뒤 그 의사는 내게 이런 제안을 했다.

"우리 병원에서는 얼마 전부터 수염처럼 보이는 작은 점들을 문신으로 새겨 넣는 시술을 시작했습니다. 그리고 이 시술을 받은 환자들은 결과에 무척 만족하고 있고요."

그 말을 듣고 나는 이렇게 말했다.

"그래요? 신기하네요. 그 시술을 받은 환자를 만나 이야기를 나눌 수 있습니까?"

"아쉽지만 그건 불가능합니다. 환자의 개인 정보를 공개하는 것은 법으로 금지돼 있으니까요."

대신 그는 내게 시술 환자들의 시술 후 사진을 보여줬다. 얼굴의 상처 부위에 문신으로 새긴 점들이 정말 수염 자국처럼 보였다. 환자들이 만족해할 만하다 싶었다.

그 순간 갑자기 어떤 생각이 머리를 스쳤다.

"그럼 나중에 내가 나이 들어 수염이 허옇게 쉬면 어떻게 됩니까?"

"그거요? 전혀 문제없습니다. 그때는 레이저로 문신 색깔을 엷은 색으로 바꿔주면 되거든요."

의사는 만족한 표정으로 자리에서 일어나며 이렇게 덧붙였다.

"내일 아침 9시에 오세요. 평소처럼 면도를 깨끗하게 하고요. 그러면 제가 오른쪽 얼굴에도 수염 자국을 문신으로 그려 넣어 왼쪽과 똑같이 보이도록 해드리겠습니다. 12시 종이 치기 전에 당신은 지금보다 훨씬 더 매력적으로 변신할 테고, 또 더 행복해질 것입니다."

병원에서 집으로 돌아오면서부터 그날 잠자리에 들 때까지 나는 의사의 이 제안에 대해 곰곰이 생각했다. 그 과정에서 나는 한 가지 사실을 깨달았다. 이 문신 시술이 보장하는 편익을 온전하게 누리려면 평생 동안 날마다 면도를 해야 한다는 사실이었다. 나는 도저히 그럴 자신이 없었다. 다음 날 나는 그 의사를 찾아가 문신 시술을 받지 않겠다고 말했다.

그런데 그 순간 생각지도 못한 일이 일어났다. 그 의사는 얼굴이 벌

젛게 달아올라 나를 마구 몰아세웠다.

"그럼 그 흉측한 얼굴이 좋단 말입니까? 얼굴이 비대칭으로 보이는 것에서 어떤 도착적인 쾌감을 느끼는 겁니까? 여자들이 당신을 불쌍하게 여겨 동정심으로 잠자리를 같이해주길 바라는 겁니까? 나는 지금 아주 간단하고 우아한 방식으로 당신의 문제를 해결할 수 있는 방법을 제시했는데, 그게 싫다고? 내가 권하는 대로 따르고 고마워해야지!"

그 말을 듣고 나는 이렇게 대답했다.

"모르겠습니다. 어쩐지 내키지가 않습니다. 좀 더 생각해보겠습니다."

그 의사가 정말 내가 말한 것처럼 이렇게 공격적이고 무례했을까 의심할 사람도 있겠지만 맹세하건대, 나는 그 의사가 한 말을 그대로 옮겼다. 그때 그 의사의 말과 태도는 평소 모습과 전혀 달랐으며 때문에 나는 매우 당황했다. 오랫동안 수많은 의사를 만나고 상담을 해왔지만 나는 의사가 권하는 치료방법을 내 의지와 판단에 따라 받아들이기도 하고 거부하기도 했었다. 그러나 화상 담당 책임자인 그 의사를 포함해 그 어떤 의사도 내가 죄의식을 느낄 정도로 강압적으로 몰아붙인 적은 없었다.

'도대체 이 사람은 왜 나를 그렇게 몰아붙였을까?'

이 수수께끼를 풀기 위해 나는 다른 의사를 만났다. 그 의사의 보좌 역할을 하는 의사였다. 이 사람은 그 의사보다 훨씬 젊어서 나와 말이 잘 통했다. 나는 그에게 화상 담당 책임자인 그 의사가 나를 그렇게 몰아붙인 이유를 설명해달라고 부탁했다.

"아, 네, 그 문제요. 그 선생님은 이미 두 명의 환자를 대상으로 그 시술을 했습니다. 한 사람을 더 시술해야 그 시술에 관한 연구 논문을 유명한 의학 잡지에 실을 수 있거든요."

그제야 나는 내가 노출돼 있던 이익충돌의 정확한 내용을 파악할 수 있었다. 그 사람은 정말 훌륭한 의사였다. 여러 해 동안 나와 알고 지냈고 늘 좋은 사람이었다. 언제나 한결같은 열정과 따뜻한 관심으로 나를 치료했었다. 이처럼 우리는 서로 잘 알고 진심으로 걱정해줬지만 그 의사는 자신이 처한 이익충돌 상황의 너머까지 보지 못했다.

이 사례를 통해 우리는 이익충돌이 한 번 어떤 사람의 세계관을 특정한 색깔로 물들이고 나면 그를 극복하는 것이 얼마나 어려운지 알 수 있다. 지금은 나도 강단에 몸담고 있어 논문 출판이 얼마나 큰 의미를 갖는지 잘 알기 때문에 그 의사의 이익충돌을 충분히 이해한다. 물론 지금까지 살면서 나는 다른 사람에게 얼굴에 문신을 하라고 강요한 적은 한 번도 없다. 하지만 앞으로 내가 어떻게 변할지는 모를 일이다.

호의에 감춰진 비용
...

경제적 동기가 이익충돌의 유일한 근원은 아니다. 흔히 볼 수 있는 또 다른 이익충돌의 근원은 자신이 받은 호의를 돌려주고 싶어 하는 인간의 성향이다. 사람은 태생적으로 매우 사회적인 동물이다. 우리는 누군가 자신에게 도움을 주거나 선물을 주면 그 사람에게 빚졌다고 생각한다. 이런 감정이 사람의 관점을 왜곡하고, 자신에게 도움을 준 사람에게 나중에 꼭 보답하고 싶어 하게 만든다.

호의가 편향된 세계관을 만들어내는 경로와 관련된 흥미로운 연구들이 많은데, 그 중 하나가 앤 하비Ann Harvey, 울리히 커크Ulrich Kirk, 조지 덴필드George Denfield 그리고 리드 몬터규Read Montague가 한 실험이다(이들은 모두 베일러의과대학 소속이다). 이 연구에서 하비와 그녀의 동료들은 사람의 호의가 과연 심미적 취향에 영향을 미치는지 살폈다.

베일러의과대학의 신경과학 실험실에서 진행된 실험에서 진행자는 피실험자들에게 해야 할 일을 알려줬다. 그것은 '세 번째 달'과 '외로운 늑대'라는 두 갤러리에서 출품한 미술품을 평가하는 일이었다. 피실험자들은 실험 참가의 대가로 지급받는 보수를 포함해 실험과 관련된 일체의 비용을 갤러리가 부담한다는 정보를 제공받았다. 실험 진행자는 피실험자들을 두 집단으로 나눠 한 집단에게는 '세 번째 달'이 비용을 부담한다고 알려줬고, 다른 집단에게는 '외로운 늑대'가 비용을 부담한다고 알려줬다.

각기 다른 정보를 가진 두 집단에 속한 피실험자들은 한 사람씩 차례로 기능성자기공명영상장치fMRI에 누운 채 꼼짝도 하지 않고 60점의 그림을 봤다. 모두 13세기에서 14세기에 활동하던 유럽 화가들의 그림이었고, 장르는 초상화에서 추상화까지 다양했다. 실험 진행자들은 사전에 이 그림들의 왼쪽 윗부분에 그림을 제공한 갤러리의 로고를 붙여 놓았다. 그 결과 때로 어떤 그림은 피실험자에게 실험 비용을 부담하는 갤러리에서 나온 것처럼 비쳤고, 또 어떤 그림은 비용을 부담하지 않은 갤러리에서 나온 것처럼 비쳤다.

피실험자들의 뇌를 스캐닝하는 과정이 모두 끝나자, 실험 진행자들은 피실험자들에게 앞서 본 그림과 로고의 조합을 하나씩 다시 보여줬다. 이번에는 이 그림에 대한 선호도를 표시하게 했다. 방법은 '싫다'와

'좋다'를 양극단으로 하는 스펙트럼에 자신이 선호하는 정도를 표시하는 것이었다.

각각의 그림에 대한 피실험자들의 평가 결과를 바탕으로 하비와 그녀의 동료들은 피실험자들이 어떤 그림을 더 좋아하는지, 다시 말해 '세 번째 달'에서 내놓은 그림을 더 좋아하는지 아니면 '외로운 늑대'에서 내놓은 그림을 더 좋아하는지 비교할 수 있었다. 당신도 예상했겠지만, 피실험자들은 자신이 받는 보수를 포함해 실험 비용을 부담하는 갤러리에서 나온 그림들을 다른 갤러리의 그림들보다 더 선호했다. 이는 피실험자들이 실험을 후원한 갤러리에서 나온 그림을 더 좋아한다고 노골적으로 밝힌 것이나 다름없었다.

실험을 후원한 갤러리에 대한 피실험자들의 이런 긍정적인 반응은 그 갤러리에 대한 정중한 마음의 표현이라 생각할 수 있다. 혹은 보잘것없는 음식이었지만 초대한 사람의 성의를 생각해 찬사와 고마움을 표시하는 일종의 입에 발린 말일 수도 있다. 이때 기능성자기공명영상 장치가 도움이 된다.

피실험자의 뇌를 스캐닝한 영상 역시 호의가 미치는 영향을 분명하게 보여줬다. 그림의 왼쪽 위에 후원 갤러리의 로고가 있을 경우 뇌의 여러 부분 중 쾌감과 관련된 부분의 활성도가 증가했다. 특히 연상과 의미를 포함한 고차원적 생각을 담당하는 복내측 전전두엽 피질이 활성화됐다.

이런 사실은 실험을 후원한 갤러리에 대한 호의가 사람들이 그림에 보이는 반응에 깊은 영향을 미쳤음을 의미한다. 그리고 한 자기 더 중요한 사실이 있다. 피실험자들에게 후원 갤러리의 로고가 스스로의 판단에 어느 정도 영향을 미쳤다고 생각하는지 물었을 때 그들은 한결같이 이렇게 대답했다.

"전혀 영향을 받지 않았습니다."

이후 우리는 피실험자들에게 그들이 각자 이 실험에 참가하는 시간에 비례해 실험 참가비를 차등적으로 지급했다. 그 결과 어떤 사람들은 30달러를 받았고 어떤 사람들은 100달러를 받았다. 심지어 300달러를 받은 사람도 있었다. 그런데 피실험자들이 보이는 후원 갤러리에 대한 편애는 각자 받은 참가비의 액수에 비례했다. 복내측 전전두엽 피질에서의 뇌 활성화 정도는 30달러를 받는 사람이 가장 낮았고, 100달러를 받은 사람은 높았으며, 300달러를 받은 사람은 가장 높았다.

이런 결과는 한 개인이나 기관이 호의를 베풀면 사람들은 그 사람이나 기관과 관련된 것을 좋아하기 시작하고, 이런 편애의 정도는 최초 호의의 규모(이 실험에서는 실험 참가비의 금액)에 비례한다는 것을 의미한다. 사실 경제적 호의가 미술 작품에 대한 취향에 영향을 미친다는 것은 매우 특별한 일이며 그래서 더욱 흥미롭다. 특히 이 실험에서처럼 피실험자들에게 실험 참가비를 제공하는 갤러리에 대한 호의가 그 그림과 아무런 관계도 없다는 점을 고려하면 더욱 그렇다.

피실험자들은 자신이 어떤 평가를 내리건 약속한 금액을 받는다는 사실을 잘 알고 있었다. 그 돈이 특정 갤러리에 대한 호감을 불러일으키고, 또 그림을 평가하는 데 작용했다는 점은 흥미로웠다.

제약회사 영업사원의 전략

...

어떤 사람들과 기업들은 호혜성에 대한 사람들의 이런 태도를 잘 알고 있으며, 나아가 많은 시간과 돈을 들여 사람들의 마음속에 자신들에 대한 충성심을 심어두기 위해 애쓴다. 이익충돌을 주로 다루는 전형적인 직업이 정부 로비스트다. 이들은 상당한 시간을 들여 정치인들에게 어떤 사실에 대한 정보를 제공한 뒤 그들이 자신에게 책임감과 충성심을 갖게 하려고 최선을 다한다.

로비스트 이외에도 이익충돌을 엄격히 추구하는 직업들이 많다. 몇몇 직업에 속한 사람들은 로비스트들에게 챔피언 자리를 빼앗을 기회를 호시탐탐 노리고 있다. 예를 들어 제약회사의 영업사원들이 어떻게 일하는지 살펴보자.

제약회사 영업사원이 하는 일은 의사를 만나 단순한 복통에서부터 보통 사람은 들어보지도 못한 희귀병에 이르기까지, 모든 증상과 질병을 치료하는 데 자기 회사의 약과 장비를 써달라고 설득하는 것이다. 제약회사 영업사원은 먼저 자기 회사 로고가 찍힌 볼펜을 공짜로 준다. 혹은 수첩이나 머그잔을 줄 수도 있다. 가끔 의약품 샘플을 줄 때도 있다. 이런 사소한 선물이 현실에서 의사들이 처방전을 쓸 때 무의식적으로 그 제약회사의 의약품을 더 많이 추천하도록 작용한다. 의사들은 자신에게 선물을 준 제약회사에게 어떤 식으로든 빚을 갚아야 한다고 생각하기 때문이다.[3]

이런 사소한 선물이나 샘플 약품은 제약회사 영업사원들이 의사를 설득할 때 동원하는 많은 심리학적 장치의 극히 일부에 불과하다. 듀크대학의 정신과 의사인 내 친구는 그에 대해 이렇게 말했다.

"그 사람들은 모든 것을 고려하지."

제약회사들은 영업사원들이 의사들을 황제로 떠받들도록 훈련시킨다고 한다. 규모가 작은 회사일수록 이런 현상이 두드러지게 나타난다. 영업사원들은 어떤 의사가 어떤 음식을 좋아하는지, 언제 영업사원을 만나는 것을 선호하는지 파악한 뒤 그를 바탕으로 접근한다. 어떤 의사가 군대 및 무기와 관련된 것을 좋아한다면 군대 경력이 있는 영업사원이 상대한다. 심지어 어떤 의사가 어떤 유형의 여자를 좋아한다고 하면 그에 맞는 여성 사원이 접촉한다. 그리고 이런 모든 것들이 마치 군사작전처럼 주도면밀한 계획에 따라 진행된다.

제약회사들은 또 의사들이 관계를 맺는 주변 인물들까지도 공략 대상에 포함시킨다. 영업사원들은 의사에게 접근하기 전에 간호사를 비롯해 병원 직원들에게 사탕이나 볼펜 같은 사소한 선물을 뿌린다. 그리하여 그들은 의사 주변 사람들에게 환심을 사기 위해 애쓴다.

특히 흥미로운 관행으로 이른바 '먹튀'라는 것이 있다. 의사들은 영업사원들이 사전에 얘기해둔 테이크아웃 음식점에 들러 자신들이 원하는 것을 무엇이든 주문해 가져갈 수 있다. 심지어 그들은 의대생과 수련의들까지 이런 관행에 끌어들였다.

그 중에서도 특히 창의적인 전략은 저 유명한 '검은색 머그잔'이다. 제약회사들이 의사와 레지던트들에게 자사 로고가 새겨진 검은 머그잔을 하나씩 돌린다. 의사와 레지던트들은 이 머그잔을 들고 인근의 커피 체인점에 가서 커피를 마신다. 에스프레소든 카푸치노든 자신이 원하는 것을 무엇이든 마실 수 있으며, 커피 값은 제약회사에서 일괄적으로 계산한다. 이 머그잔이 얼마나 유명했던지 한때 의대생들 사이에서 신분의 상징이 되기도 했다.

이런 관행들이 도를 넘어서자, 마침내 병원들과 미국의사협회가 제약회사들의 공격적인 마케팅 전술을 제한하고 나섰다. 물론 이런 규제를 강화한다고 해서 오랜 관행이 사라지지는 않았다. 제약회사 영업사원들은 끊임없이 좀 더 새롭고 혁신적 기법을 개발했으며, 그 결과 제약회사들 간의 경쟁은 지금도 계속되고 있다(제약회사의 로비가 얼마나 치열하고 이들이 의사에게 미치는 영향이 얼마나 큰지는, 내게 이런 얘기를 들려준 친구가 자기 이름을 밝히지 말라고 부탁했다는 사실이 증명한다. 이 친구는 제약회사의 블랙리스트에 오르고 싶지 않았던 것이다).

몇 해 전 일이다. 나는 동료인 툴레인대학의 자넷 슈워츠Janet Schwartz 교수와 함께 제약회사 영업사원 몇 명을 초대해 식사를 함께했다. 우리는 그들이 의사들에게 하는 것처럼 그들에게 친절과 호의를 베풀었다. 훌륭한 식사를 제공하고 계속 와인 잔을 채워주며 경계심을 허물자, 그들은 의사들을 구슬릴 때 자신들이 어떤 기술들을 사용하는지 술술 털어놨다. 그들이 들려준 이야기는 그야말로 충격 그 자체였다.

한 제약회사 영업사원은 20대 초반의 매력적인 청년이었는데, 데이트 상대를 찾는 것을 인생의 목표로 삼는 그런 부류가 전혀 아니었다. 이 영업사원은 자신이 홍보하는 치료법을 소개하는 세미나에 참석하기를 꺼리던 여의사를 어떻게 공략했는지 들려줬다. 이 청년은 그 여의사와 잠시 대화를 나누며 사교춤 강습회에 데려가주겠다고 약속한 뒤, 마침내 세미나에 참석하겠다는 허락을 받아냈다. 여의사가 세미나에 참석하는 것은 일종의 대가인 셈이었다. 영업사원이 여의사에게 어떤 개인적인 편의를 제공하고, 그에 대한 대가로 여의사는 영업사원이 준 샘플 약품을 받았으며 이것을 환자의 처방전에 씀으로써 영업사원의 판촉활동에 동조했다.

제약회사 영업사원들이 의사들을 설득할 때 흔히 사용하는 또 다른 방법은 병원 전체에 괜찮은 간식거리를 제공하는 일이라 했다. 이런 편의를 제공받는 일은 간호사든 일반 직원이든 병원에 근무하는 사람들만이 누릴 수 있는 특전 중 하나다. 심지어 어떤 병원에서는 제약회사 영업사원들이 자기 병원의 의사에게 접근하려는 낌새를 보이면 자신들이 먼저 나서서 점심에 스테이크나 랍스터를 대접해줄 것을 요구한다고 했다. 더 충격적인 이야기는, 의사들이 영업사원들을 진찰실로 불러 환자들에게 '전문가'라고 소개한 뒤, 그들로 하여금 환자들에게 직접 어떤 약이 어떤 효과가 있는지 설명하게 한다고 했다.

의료 장비를 판매하는 사람들에게서 들은 이야기는 이보다 더 놀라웠다. 이들은 수술이 진행되는 수술실 안에서도 장비를 판매한다고 했다.

슈워츠와 나는 의약품을 파는 영업사원들이 매우 다양하고 고전적인 설득 전략들을 훤히 꿰고 있으며, 또 이런 전략들을 매우 세련되고 직관적인 방식으로 구사한다는 사실을 알고 깜짝 놀랐다. 이들에게서 들은 또 다른 꾀바른 기법은 의사를 고용해 다른 의사들에게 자사 의약품의 장점을 브리핑하게 하는 방법이었다. 영업사원들은 어떤 약의 장점에 대해 다른 사람에게 얘기하고 나면 자신도 모르게 자기 말을 믿게 되고, 환자에게 그 약을 처방하게 된다는 사실을 잘 알고 있었던 것이다.

심리학 분야의 연구 논문들을 보면 사람들은 자기 입에서 나온 말을 곧바로 믿는다는 사실을 알 수 있다. 돈을 받고 그 대가로 어떤 말을 한 경우도 예외는 아니다. 이처럼 개인이 두 가지 혹은 그 이상의 모순된 신념과 인지를 동시에 경험하는 정신적 상태를 '인지부조화cognitive dissonance'라 한다. 이런 모순 상태를 극복하기 위해 의사들은 (영업사원이 하는 말은 과장된 것일 뿐이라는) 애초의 믿음을 버리고 (영업사원이 추천하는 약이 탁월한 효능을 발휘한다고) 자기가 한 말이 진실이라 믿는다.

이외에도 제약회사 영업사원들은 다양한 기법들을 동원한다고 했다. 그 중 하나가 스스로가 카멜레온이 되는 것이었다. 그들은 때와 장소에 따라 말투와 성향 그리고 정치적인 입장 등을 자유자재로 바꾼다고 했다. 영업사원들은 의사들을 편안하게 해주는 데 자신들만큼 뛰어난 사람들도 없을 것이라 자부했다. 그들이 의사들과 맺는 이런 관계는 때로 우정으로 발전하기도 한다고 했다. 어떤 영업사원들은 의사와 함께 바다낚시를 가기도 하고 야구를 하기도 했다.

이런 식으로 어떤 경험을 공유할 경우 의사들은 처방전에 '친구'를 위해 '친구'가 파는 약을 쓸 수밖에 없다. 물론 의사들은 제약회사 영업사원들과 낚시를 가거나 야구를 할 때 자신이 가진 어떤 가치관이 훼손된다고 생각하지 않았다. 의사들은 그저 친구와 함께 멋진 시간을 보낼 뿐이며, 우연히 이 친구가 자신과 사업적으로 관련이 있다고 생각했다. 물론 대부분의 경우 의사들은 자신이 조종당하고 있다는 사실을 눈치 채지 못했지만 실제로 그들은 영업사원들에게 교묘하게 조종당하고 있었다.

사회적으로 은폐된 호의가 존재한다. 그러나 이것과 별개로 이익충돌이 더 쉽게 인식되는 경우도 많다. 때로 제약회사는 컨설팅 비용으로 어떤 의사에게 수천 달러를 지급할 수 있다. 또 제약회사는 의료 연구 기관에 건물이나 연구 자금을 기증하기도 한다. 그들은 자신의 영향력이 연구 결과에 반영되길 희망하기 때문이다. 이런 유형의 행동은 엄청나게 큰 이익충돌을 야기한다. 의과대학의 경우 더욱 그렇다. 의과대학에서는 의약품과 관련된 편견들이 교수에게서 학생으로, 다시 환자에게로 손쉽게 전달되기 때문이다.

〈뉴욕타임스 The New York Times〉의 기자 더프 윌슨 Duff Wilson은 이런 유형의 행동 중 한 가지를 소개했다. 오래전에 하버드대학의 한 의대생은 자신의 약리학 교수가 어떤 콜레스테롤 약제들의 효능과 강점을 크게 강조하는 반면 이 약제들에서 나타날 수 있는 여러 가지 부작용들은 대충 살피고 넘어간다는 사실을 발견했다. 이 학생은 이 사실을 확인하기 위해 인터넷 검색을 해봤다. 아니나 다를까 그 교수는 열 군데의 제약회사로부터 정기적으로 급여를 받고 있었으며, 이 중 다섯 군데의 제약회사가 콜레스테롤 약제를 생산하고 있었다. 문제는 그 교수만이 그런 행동을 하는 것이 아니라는 데 있었다. 이런 사실에 대해 윌슨은 다음과 같이 말했다.

"학교 당국이 밝힌 내용에 따르면 하버드대학 의과대학에 있는 8,900명의 교수 및 강사들 중 약 1,600명이 자신이 직접 혹은 가족 구성원 중 한 명이 그들의 강의와 연구나 진료와 관련된 회사와 돈 거래를 했다."[4]

의과대학의 교수들이 학문적인 지식이라는 포장을 씌워 특정한 약을 선전한다면 환자나 환자의 가족은 당연히 문제에 부딪힐 수밖에 없다.

금융권의 숫자 속이기

...

　　의료계에 이익충돌이 난무한다면 다른 분야는 어떨까? 의료계보다 이익충돌이 더 난무하는 분야는 없을까? 당연히 있다. 그곳은 바로 금융계다.

　　지금이 2007년이라고 치자. 당신은 월가에서 멋진 일자리를 얻었다. 물론 햄버거 가게가 아니라 금융권에 속한 일자리다. 주택저당증권MBS(혹은 다른 새로운 금융상품)이 여전히 유망하다는 전망이 계속 유지되기만 하면 당신은 500만 달러 가까이 되는 보너스를 받을 수 있다. 당신은 현실의 경제 상황을 왜곡하는 이런 견해를 계속 유지하는 일을 함으로써 엄청난 보너스를 받는다. 하지만 당신은 그 엄청난 보너스가 당신이 인식하는 현실의 내용에 영향을 미친다는 사실 및 이 과정에서 작동하는 여러 속임수들을 깨닫지 못한다. 대신 당신은 스스로가 바라는 대로 주택저당증권이 매우 건전한 상태라고 확신할 뿐이다.

　　당신이 주택저당증권이야말로 미래를 좌우할 거대한 파도라고 인정하고 나면 이 증권이 가진 위험에 최소한 부분적으로 눈감게 된다. 게다가 이 증권의 실제 가치가 얼마나 되는지 산정하는 일은 악명 높은 정도로 어렵다. 당신은 엑셀 스프레드시트에 온갖 복잡한 방정식과 변수를 넣고 씨름하면서 그 증권의 실제 평가가치를 알아내려 애쓴다. 당신은 할인계수 중 하나를 0.934에서 0.936으로 바꾼 뒤 이 증권의 가치가 얼마나 뛰어오르는지 지켜본다. 당신은 계속 숫자들과 씨름하면서 '현실의 실체를 가장 잘 드러내는' 계수를 찾으려 노력한다. 그러나 마음 한구석에는 다른 생각이 도사리고 있다. 당신의 두 눈 중 한쪽 눈은 자신이 선택하는 계수가 가져오는 결과가 보너스에 미치는 영향을 따져보고 있다.

이런 과정을 반복한 끝에 마침내 당신은 어떤 숫자들을 계수로 확정한다. 그 계수들이야말로 주택저당증권의 가치를 평가할 수 있도록 해주는 이상적인 숫자라 확신한다. 이 과정에서 당신은 주택저당증권의 평가액을 최대한 객관적으로 산정하려 노력했다고 스스로 확신하기에 마음이 전혀 불편하지 않다.

게다가 당신은 실제 현금을 만지는 게 아니다. 단지 어떤 숫자들, 현금이라는 실체에서 여러 발자국 떨어져 있는 숫자들을 다룰 뿐이다. 숫자들이 가진 추상성 덕분에 당신은 자신의 행동을, 실제 사람들이 살고 있는 집이나 살림살이 혹은 연금에 영향을 미치는 어떤 중대한 일이 아니라 그저 컴퓨터 게임의 일부처럼 인식한다. 게다가 이런 일을 하는 사람은 당신 혼자만이 아니다. 당신이 일하는 사무실에는 똑똑하기로 둘째가라면 서러운 금융공학자들이 당신과 똑같은 일을 하고 있다. 당신은 자신이 평가한 수치를 다른 사람들이 평가한 수치와 비교해보고, 그 사람들이 분석한 평가액이 훨씬 더 극단적이라는 사실을 깨닫는다.

당신은 합리적인 존재이고 시장은 언제나 옳은 방향으로 움직인다고 믿기에 자신이 지금 하고 있는 일이 옳은 방향으로 잘되고 있다고 생각한다. 그렇지 않은가?

물론 이 가운데 그 어떤 것도 실제로는 옳은 방향으로 잘되지 않았다(2008년에 일어난 금융위기를 보면 이를 잘 알 수 있다). 그러나 문제가 되는 돈의 총액을 놓고 따져보면 수치가 조금 달라지는 것은 큰 문제가 되지 않는다고 생각된다. 이런 식의 행동은 매우 인간적이지만 당신의 행동은 문제가 많다. 하지만 당신은 그렇게 생각하지 않는다. 당신의 이런 기본적인 이익충돌들은 당신이 직접 실제 돈을 다루지 않는다는 사실, 금융상품들은 놀랄 정도로 복잡하다는 사실 그리고 주변의 동료들도 모두 같은 일을 하고 있다는 사실들의 지지를 받는다.

아카데미상 수상작인 다큐멘터리 영화 〈인사이드 잡Inside Job〉은, 미국 금융권이 미국 정부를 부패하게 만들어 금융권에 대한 감독을 방임하게 하고 그로 인해 2008년 금융위기가 일어나는 과정을 상세하게 묘사한다. 이 영화는 금융권이 학과장이나 총장 지위를 가진 강단의 유명인사들에게 돈을 주고 전문가 보고서를 쓰게 하고 월가의 컨설턴트처럼 행동하게 하는 과정들도 묘사한다. 이 영화를 보면 누구나 내로라하는 강단의 전문가들이 얼마나 쉽게 돈에 팔리는지 알고 당혹감을 느낄 것이다. 그리고 만약 자신이 그런 자리에 있었다면 자신은 결코 그렇게 행동하지 않았을 것이라고 생각할 것이다.

그러나 당신의 도덕성을 장담하기 전에 내가 (혹은 당신이) 상당한 금액의 보수를 받으면서 골드만삭스Goldman Sachs의 성실의무위원회 위원으로 일한다고 치자. 이 경우 내 수입 중 상당 부분이 골드만삭스에서 나오기 때문에 나는 2007년 이후 골드만삭스가 취했던 행동들에 대해 그 회사와 아무런 관련이 없을 때처럼 비판적이지 못할 것이다. 엄청난 인센티브를 받는 '나'로서는 투자가 투명하게 이뤄져야 하며 회사는 이익충돌을 극복하고자 더 많은 노력을 기울여야 한다는 말을 골드만삭스에 줄기차게 해대지 못할 것이다. 물론 골드만삭스가 내게 그런 자리를 줘야 그 자리에서 내가 무슨 생각을 하게 될지 더 잘 알 수 있겠지만 말이다.

전문가 의견의 진실

***

　　이익충돌이 얼마나 얽히고설켜서 복잡하게 발생하는지, 또 세상을 살면서 이런 것들을 온전하게 파악하는 게 얼마나 어려운 일인지를 깨닫자 나 역시 거기서 자유롭지 못하다는 생각이 들었다.

　대학교수들은 종종 자신이 가진 전문 지식 덕분에 컨설팅을 해주기도 하고 법정에서 증언을 하기도 한다. 나도 대학교수가 된 직후에 한 대형 로펌으로부터 법정에 나와 전문가 증언을 해달라는 요청을 받았다. 나보다 일찍 대학 강단에 자리를 잡은 동료들이 정기적으로 이런 일을 하면서 꽤 쏠쏠한 부수입을 올린다는 사실을 나는 알고 있었다. 그런데 이 사람들은 한결같이 돈 때문에 그런 일을 하는 건 아니라고 했다. 나는 갑자기 이들이 법정에서 진술한 내용의 원고를 보고 싶었다. 이는 물론 순전히 호기심 때문이었다.

　로펌에 부탁하자 전문가들이 진술한 내용을 보내줬다. 그것을 보고 나는 깜짝 놀랐다. 소위 전문가라는 사람들이 논문 결과를 지나치게 편견에 치우쳐 해석했기 때문이다. 또한 상대편 진영에서 내세운 전문가들이 하는 증언에 대해, 그들 역시 강단에서 존경받는 사람들임에도 불구하고 그들의 의견뿐 아니라 자격까지 심하게 깎아내리는 것을 보고 한 번 더 놀랐다.

　나는 경험삼아 실제로 전문가 증언을 해보기로 결정했다(물론 돈 때문은 아니었다). 그리고 전문가 의견을 진술하는 대가로 로펌으로부터 상당한 보수를 받았다. 나로서는 이것이 시간당 급여로 엄청난 금액을 받은 최초의 사건이었다. 나는 내가 내리는 결정을 내가 그 일에 투자

한 시간의 관점에서 생각하기 시작했다는 사실을 깨달았다. 이는 무척 흥미로운 경험이었다. 그 일에 한 시간을 투자하면 고급 식당에서 멋진 저녁식사를 할 수 있는 돈이 생기고, 몇 시간을 더 투자하면 훌륭한 자전거를 한 대 살 수 있는 여유가 생긴다는 생각이 들었던 것이다.

그런데 재판이 시작되고 얼마 지나지 않아 나는 내게 증언을 의뢰한 변호사들이 자신들의 주장을 뒷받침해줄 수 있는 의견을 내 머릿속에 심고자 한다는 사실을 깨달았다. 그렇다고 이 사람들이 결코 강압적으로 강요한 것은 아니었다. 내게 자기 의뢰인에게 유리하게 작용할 사항들을 얘기하지도 않았다. 대신 그들은 사건과 관련이 있는 모든 조사 결과들을 말해달라고 요청했다. 그리고 의뢰인에게 불리할 수 있는 사항들은 방법론적으로 문제가 있음을 암시하는 한편, 반대로 유리한 사항들은 매우 중요하며 또 오류가 없다고 강조했다.

이 사람들은 또 내가 자신들에게 유리한 어떤 전문가적 해석을 제시할 때마다 나를 대단한 학자로 추켜세웠다. 그렇게 몇 주가 지난 뒤 나는 스스로가 어느샌가 돈을 지급해주는 사람들의 관점에 동화돼 있음을 발견했다. 그런 경험을 통해 나는 진술의 대가로 누군가로부터 돈을 받는다면 과연 그 진술이 온전하게 객관적일 수 있을까 하는 의문이 생겼다(나는 지금 나 자신이 객관성이 부족하다는 내용의 글을 쓰고 있으므로 앞으로는 어떤 로펌도 내게 전문가 증언을 의뢰하지 않을 것이 분명하다).

심리학 실험실의 술 취한 남자

•••

내가 관심을 갖고 연구하는 이익충돌이 얼마나 위험한 것인지를 깨닫게 해준 사건이 있다. 당시 나는 하버드대학에 있던 친구들의 배려로 그 대학의 심리학 실험실을 사용했다. 그때 내가 그 실험실을 사용하고 싶었던 가장 큰 이유는, 그곳에서는 통상적으로 실험 대상을 학생에 국한시키지 않고 인근 지역 주민들 중에서 피실험자를 뽑는다는 점 때문이었다.

그때 나는 의사결정을 주제로 실험을 하고 있었고, 흔히 그렇듯 나는 어떤 조건의 집단이 보여주는 점수가 다른 조건의 집단이 보여주는 점수보다 훨씬 높을 것이라고 기대하고 있었다. 아니나 다를까 결과는 내 예상에서 벗어나지 않았다. 그런데 단 한 사람만이 예외였다. 이 사람은 내가 최상의 점수를 내리라 예상한 집단에 속해 있었다. 하지만 이 사람의 점수는 실험에 참가한 다른 사람들의 점수보다 한참 낮았다. 이는 매우 당혹스러운 결과였다. 실험이 끝나고 이 사람과 관련된 자료를 자세히 검토해보니 그는 다른 피실험자들에 비해 나이가 스무 살이나 많았다. 그제야 나는 나이가 많은 어떤 사람이 만취 상태로 실험실로 들어왔던 일이 떠올랐다.

이런 기억을 떠올리는 순간 고주망태로 취해 있던 이 남자와 관련된 자료는 처음부터 배제했어야 옳았다는 생각이 들었다. 그 사람은 의사결정 능력이 떨어져 있을 게 분명했기 때문이다. 나는 늦게나마 그와 관련된 자료를 결과에서 제외했다. 이렇게 하고 나니 실험 결과는 내가 기대했던 대로 정확하게 맞아떨어졌다.

하지만 며칠 뒤 나는 술 취한 남자의 점수를 제외하기로 했던 판단에 대해 재고했다. 나는 스스로에게 이런 질문을 던졌다. 만약 그가 다른 조건에 놓여 있었다면, 즉 낮은 성적을 낼 것이라 기대했던 집단에 속해 있었다면 어땠을까? 그랬다면 나는 아마 그가 술에 취해 실험에 임했다는 사실을 고려하지 않았을 것이다. 그리고 그가 낸 결과를 그대로 받아들였을 것이다.

그 실험에서 나는 술에 취한 남자의 자료를 배제할 핑곗거리를 찾았다. 하지만 만약 그 남자가 술에 취하지 않았더라면? 그가 술과 아무런 상관도 없는 다른 결함을 갖고 있었더라면? 그랬다면 나는 그가 낸 결과를 실험에서 배제하기 위해 또 다른 핑계나 논리적인 근거를 제시했을까? 7장에서 살펴보겠지만 사람들은 스스로를 여전히 정직한 사람으로 여기면서도 자신의 이기적인 동기를 합리화하는 데 창의성을 사용할 수 있다.

나는 두 가지 일을 하기로 결심했다. 우선 나는 그 실험의 결과를 다시 한 번 확인하기 위해 재실험을 실시했다. 다행스럽게도 재실험 결과는 훌륭했다. 또한 나는 피실험자 집단에서 제외해야 할 사람들의 기준을 마련할 필요가 있다고 생각했다(술에 취한 사람 혹은 실험 진행자의 지시를 제대로 알아듣지 못하는 사람은 피실험자 집단에 포함시키지 말아야 한다는 뜻이다). 이 배제의 원칙은 실험이 끝난 다음이 아니라 실험이 시작되기 전에 적용돼야 한다.

이 과정에서 나는 한 가지를 배웠다. 내가 술 취한 남자의 자료를 배제하기로 결정할 때 솔직히 나는 내가 과학의 엄정함이라는 명분으로 그렇게 하는 것이라 믿었다. 그 자료를 배제하는 것을 과학적인 진리를 바로잡기 위한 영웅적인 행위라고 생각했던 것이다. 나 자신의 이기적인 욕심을 위해 그렇게 한다는 생각은 손톱만큼도 하지 않았다. 하지만 사실 내게는 다른 동기가 있었다. 그것은 내가 기대하던 결과를 실험을 통해 확인하고 싶다는 것이었다.

이 경험을 통해 나는 이기적인 욕심을 채우려는 자기 자신으로부터 스스로를 안전하게 지켜줄 수 있는 원칙을 세우는 것이 얼마나 중요한지 깨달았다. 새삼스럽게 말이다.

완전한 공개가 만병통치약일까

그렇다면 이익충돌을 다스릴 최상의 방법은 무엇일까? 가장 먼저 머릿속에 떠오르는 것이 '완전한 공개', 즉 속내를 완전히 드러내는 것이다. 공개의 밑바탕에 깔려 있는 기본 전제는 사람들이 자신이 하는 일과 관련된 것을 모두 솔직하게 드러내 보이면 세상에서 문제가 될 것은 없다는 것이다. 만약 변호사든 회계사든 전문직 종사자들이 어떤 일을 의뢰받을 때 자신이 동기부여를 받은 내용을 투명하게 공개한다면, 이들을 찾아간 의뢰인들은 그 전문가들의 조언을 어느 정도 믿고 따를지 그리고 더 많은 정보를 토대로 어떤 결정을 내릴지 판단할 수 있을 것이다.

만약 완전한 공개가 세상 모든 사람들이 지키는 원칙이라면 의사는 환자들에게 자신이 어떤 의료 장비를 갖고 있는데 이 장비를 활용하기 위해 어떤 진료방법을 제시한다고 말할 것이고, 또 자신이 처방하고자 하는 약을 제공하는 제약회사나 영업사원으로부터 어떤 편의를 제공받는다고 말할 것이다. 재무상담사는 고객에게 어떤 금융상품을 소개하는 이유가 자신이 받는 수수료가 다른 상품에 비해 많기 때문이라고 털어놓을 것이다. 그리고 이런 전문가 집단으로부터 서비스를 제공받는 고객은 이런 편견에 사로잡힌 전문가들이 제시하는 의견을 적절히 평가절하해 받아들인 뒤 더 나은 판단을 내릴 것이다.

이론적으로 보면 속내를 드러내고 공개하는 것이야말로 환상적인 해법처럼 보인다. 그야말로 고전적인 원원 방법이다. 이런 해법은 전문가들로 하여금 자신이 가지고 있는 편견을 인정하게 함으로써 죄를 짓지 않게 해줄 뿐만 아니라, 고객들에게는 그 전문가 의견의 근원이 무엇인지 더 잘 알 수 있게 해주기 때문이다.

그러나 슬프게도 완전한 공개가 이익충돌을 언제나 효과적으로 치료하는 것은 아니다. 사실 공개는 때로 상황을 더 악화시키기도 한다. 데일리언 케인 Daylian Cain 예일대학 교수, 게오르게 뢰벤스타인 George Loewenstein 카네기멜론대학 교수 그리고 돈 무어 Don Moore UC버클리 교수가 했던 실험이 이런 사실을 말해준다.

이 실험에서 피실험자들은 두 집단으로 나뉘어 한 집단은 '추정자' 역할을 했고, 다른 한 집단은 '자문자' 역할을 했다. 추정자 역할을 맡은 사람에게 주어진 과제는 동전이 여러 개 들어 있는 유리 항아리를 보고 그 금액이 다 합쳐서 얼마인지 가능한 한 정확하게 추정하는 것이었다. 이 사람들은 실제 금액을 얼마나 정확히 맞췄는지에 따라 보수를 지급받았다. 정확하게 추정할수록 돈을 더 많이 받았으며, 실제 금액보다 더 많게 부르거나 더 적게 부르는 건 문제가 되지 않았다. 한편 자문자에게 주어진 과제는 추정자들이 정확한 금액을 추정할 수 있도록 자문을 해주는 일이었다(주식투자를 할 때 자문을 해주는 사람을 떠올리면 된다. 물론 이 자문자가 하는 일은 그에 비하면 훨씬 단순하다).

이 실험에서는 추정자와 자문자 사이에 두 가지 흥미로운 차이점을 두었다. 첫째는 추정자는 항아리를 아주 잠깐밖에 못 보지만, 자문자는 좀 더 오래 항아리를 보고 실험 진행자에게서 항아리에 든 돈이 10달러에서 30달러 사이라는 정보를 제공받는다(실제로는 16달러를 넣었다). 이런 차이점 덕분에 자문자는 항아리에 든 돈의 액수를 추정함에 있어서 상대적으로 전문가의 위치에 서게 된다. 따라서 추정자는 유리 항아리에 든 돈의 액수를 계산할 때 자문자의 의견에 의지하게 된다(사람들이 살아가면서 수많은 전문가들에게 의존하는 것도 바로 이런 까닭에서다).

둘째는 자문자들에게 보수를 지급하는 기준은 실험에서 설정한 여러 조건에 따라 달라진다. 통제조건에서 자문자들은 추정자들이 추정한 금액의 정확도에 따라 보수를 지급받았다. 따라서 이익충돌은 전혀 발생하지 않았다. 그러나 이익충돌 조건에서는 추정자들의 추정이 빗나간 폭이 크면 클수록 자문자들은 더 많은 보수를 지급받았다. 즉 추정자들의 추정 금액이 실제 금액보다 1달러라도 다르게 나타나면 자문자들에게 이익이었고, 3달러나 4달러의 차이가 나면 훨씬 더 이익이었던 것이다. 결국 추정 금액이 높으면 높을수록 추정자는 손해였고 자문자는 이익이었다.

자, 이렇게 했을 때 통제조건의 집단과 이익충돌 조건의 집단에서는 어떤 차이가 나타났을까? 결과는 예상대로였다. 통제조건에서는 자문자들이 추정자들에게 평균적으로 16.50달러를 권고했다. 그러나 이익충돌 조건에서 자문자들이 권고한 금액의 평균은 이보다 약 4달러 가까이 높은 20달러 남짓이었다. 이런 결과에 대해 긍정적인 측면에서는 이렇게 말할 수 있다.

"적어도 자문자가 제시한 권고 금액이 36달러나 혹은 그보다 많지는 않았으니까……."

그러나 여기서 우리는 두 가지 사실을 고려해야 한다. 첫째, 자문자가 터무니없는 권고를 할 수는 없었다는 사실이다. 추정자 역시 비록 아주 잠깐 동안이긴 했지만 항아리를 봤기 때문이다. 설령 자문자가 지나치게 높은 금액을 권고했다 해도 추정자가 그 의견을 묵살했을 것이다. 둘째, 사람들은 스스로 죄책감을 느끼지 않는 범위 안에서 부정행위를 한다는 사실이다. 이런 점에서 보면 '퍼지요인'의 범위는 4달러(즉 전체 금액의 25퍼센트)인 셈이었다.

이 실험의 중요성은 세 번째 조건의 집단에서 나타났다. 이 세 번째 조건은 '이익충돌 더하기 공개'라는 조건이었다. 여기서 자문자에 대한 보수 지급 규칙은 이익충돌 조건의 경우와 동일했지만 추정자의 추정이 크게 빗나갈수록 자신이 더 많은 보수를 지급받는다는 사실을 자문자가 추정자에게 털어놓도록 했다. 이 경우에 추정자는 편견에 사로잡힌 자문자의 동기를 고려해 자문자의 권고를 적절하게 평가절하할 수 있었다. 이것이 자문자에게는 어떤 영향을 줬을까? 공개라는 조건 때문에 퍼지요인의 크기가 더 커졌을까? 자문자는 권고 금액을 훨씬 더 부풀렸을까? 이 두 가지 효과 중 어느 것이 더 클까? 자문자가 추가로 부풀리는 규모는 추정자가 평가절하하는 규모보다 클까, 아니면 작을까?

 이익충돌에 공개라는 조건까지 더한 세 번째 조건에서 자문자들이 추정해 제시한 권고 금액은 두 번째 조건에서보다 다시 평균 4달러 늘어나 24.16달러가 됐다. 그렇다면 이때 추정자가 추정한 금액은 얼마였을까? 추정자들은 자문자의 권고 금액에서 2달러만 깎았다. 바꿔 말하면 추정자들은 항아리에 든 돈의 액수를 추정할 때 자문자가 공개한 내용을 고려하긴 하지만 충분히 평가절하하지는 않았다는 뜻이다. 누구나 다 그렇듯 추정자는 자문자의 이익충돌 범위와 힘을 충분히 고려하지 않았다.

 이런 결과가 시사하는 핵심은 공개는 조언에 대한 훨씬 더 큰 편견을 낳는다는 점이다. 공개로 인해 자문자는 더 많은 돈을 지급받았고, 추정자는 더 적은 돈을 지급받았다. 나는 공개가 고객에게 항상 불리하게 작용한다고 생각하지는 않지만 그렇다고 공개가 언제나 바람직한 것은 아닌 것만은 분명하다.

갈등 없는 보상

...

 이쯤에서 정리하자면, 이익충돌이 매우 심각한 문제라는 사실에는 당신도 동의할 것이다. 이는 도처에서 발생하며 그것이 어느 정도 사람들에게 영향을 미치는지 온전하게 파악할 수 없기 때문이다. 적어도 표면적으로는 말이다.

 이 문제에 대처하는 단순한 처방은 그를 지워버리고자 노력하라는 것이지만 이를 실천하기란 말처럼 쉽지 않다. 의료 분야를 보면 의사가 환자를 진료할 때 자기 병원이 보유하고 있는 의료 장비를 사용하지 못하도록 하자는 것이나 마찬가지다. 그리고 의사나 의료 장비 제조회사와 아무런 관련이 없는 어떤 독립적인 존재가 진료 과정을 맡아달라고 요구해야 한다. 그렇기 때문에 만약 우리가 의사들이 이익충돌을 염두에 두지 않기를 바란다면 그들의 수입이 그들이 추천하는 진료 유형이나 숫자에 따라 달라지지 않도록 할 필요가 있다.

마찬가지로 만약 우리가 재무상담사가 이익충돌에 좌우되지 않기를 바란다면 그들이 자기 고객의 이익과 일치되지 않는 어떤 동기를 갖는 것을 허락해서는 안 된다. 고객이 수익을 내지 못할 때는 수수료를 받지 못하도록 해야 하고, 성공 혹은 실패에 따라 차별적으로 보수를 받지 않도록 해야 하며, 불법적인 사례금 같은 것들도 없어야 한다.

이익충돌을 줄이려고 노력하는 것은 분명 매우 중요한 일이다. 그러나 이익충돌을 제거하기란 언제나 쉽지 않다. 변호사와 자동차 정비공을 예로 들어보자. 이러한 전문직 종사자들은 보수를 지급받는 방식 때문에 매우 큰 이익충돌에 사로잡힌다. 고객은 해당 분야에 대한 전문성이 전혀 없으므로 전적으로 이들에게 의존할 수밖에 없기 때문이다. 그러나 잠시 생각해보자. 이익충돌의 개입을 차단할 수 있는 보수 체계가 정말 없을까? 당신이 조금만 시간을 투자해 그 접근방법을 고민해본다면 그를 찾는 것은 매우 어려운 일이라는 데 동의하게 될 것이다. 또 이익충돌이 이런저런 문제를 일으키긴 하지만 때로 선의로 일어나기도 한다는 점을 알게 될 것이다.

자기 병원이 보유한 의료 장비를 활용해 진료를 하기로 결정한 의사

(혹은 치과의사)를 예로 들어보자. 잠재적으로는 위험한 행위지만 여기에는 장점들도 존재한다. 우선 전문직 종사자들은 자신이 가장 신뢰하는 장비를 구입하는 경향이 있다. 그리고 이 사람들은 그 장비를 조작하는 데 누구보다 전문성이 높을 가능성이 크다. 또 이들은 공부하고 연구해 그 장비의 성능을 개선하거나 운용방식을 개선할 수도 있다.

결론적으로 말하면 본질적으로 이익충돌이 내재돼 있지 않는 보수체계를 찾아내기란 쉽지 않다. 우리가 아무리 이익충돌을 제거한다 하더라도 유연성을 줄이는 데(다시 말해 퍼지요인을 줄이는 데) 들어가는 비용이 그 값을 충분히 다할 가능성은 낮다. 나는 엄격한 규칙을 정하는 데 동의하지 않는다. 의사는 제약회사의 주식을 보유해선 안 된다거나 제약회사 영업사원과 말을 섞지 말아야 한다거나 혹은 의료 장비를 보유하지 말아야 한다는 따위의 규제가 있어야 한다고 생각하지 않는다. 그럼에도 불구하고 나는 경제적인 동기가 사람을 눈멀게 할 수 있는 한도가 어디까지인지 우리가 알고 있어야 한다고 생각한다. 이는 매우 중요한 일이기 때문이다.

또 이익충돌을 내포하는 상황들이 고객에게는 매우 불리하게 작용한다는 것을 깨달을 필요가 있으며, 이익충돌에 들어가는 비용이 이것이 가져다주는 편익보다 클 경우 이익충돌을 사려 깊게 줄여나갈 필요가 있다.

이익충돌이 사라져야 할 부문들의 예는 무수히 많다. 부수입을 따로 챙기는 재무상담사가 그렇고, 같은 회사 안에서 회계 감사를 하는 감사관이 그렇고(대규모 회계 부정이 일어난 엔론 사건이 대표적이다), 고객이 돈을 벌 때는 두둑한 보너스를 지급받지만 돈을 잃을 때는 그 어떤 대가도 치르지 않는 금융 전문가들이 그렇고, 또 뒤를 봐주는 대가로 기업이나 로비스트로부터 돈과 편의를 제공받는 정치인이 그렇다. 이 모든 경우에서 이익충돌을 근절하기 위해 우리는 최선을 다해야 한다. 이를 위한 대책으로는 규제가 가장 가능성이 크지 않을까 싶다.

당신은 이런 종류의 규제가 과연 가능할지 모르겠다며 한숨을 쉴 수도 있다. 정부나 각종 기관의 규제가 구체화돼 있지 않을 때 소비자로서 우리는 이익충돌이 갖는 위험을 제대로 인식해야 한다. 그리고 이익충돌이 상대적으로 낮은 서비스 제공자를 찾고자 최대한 노력해야 한다. 소비자는 각자 가지고 있는 지갑의 힘을 바탕으로 스스로의 이익충돌을 줄이고자 하는 서비스 제공자를 얼마든지 찾아낼 수 있다.

마지막으로 한 가지 더 얘기한다면, 우리는 이미 우리에게 전문적인 조언을 해주는 사람이 편견에 사로잡혀 있을 수 있다는 사실을 알고 있다. 이런 상황에서 어떤 심각한 결정을 내려야 할 때 우리는 따로 시간과 에너지를 들여 자신이 내리는 결정과 아무런 이해관계가 없는 개인이나 집단에게서 또 다른 조언을 구해야 한다.

4장

힘들 때 자주 실수하는 진짜 이유

자아고갈

The (Honest) Truth About Dishonesty

이런 상상을 해보자. 당신은 오늘 하루가 무척 길고 힘들었다. 이유는 이사를 했기 때문이다. 당신은 완전히 녹초가 됐다. 머리카락 한 올 한 올까지도 피곤하다고 신음소리를 내는 것 같다. 저녁에 먹을 요리를 만든다? 꿈도 못 꿀 일이다. 프라이팬을 잡을 힘도 없다. 밖에 나가서 요깃거리를 사가지고 와야 할 것 같다.

당신이 새로 이사한 집 주변에는 식당이 세 군데 있다. 한 곳은 신선하고 맛있는 샐러드와 파니니 샌드위치를 파는 작은 가게다. 또 한 곳은 기름지고 짠 음식들을 파는 중국 음식점이다. 마지막 한 곳은 치즈를 듬뿍 얹은, 한 조각이 얼굴 크기의 두 배나 되는 피자를 파는 작고 깔끔한 피자가게다. 자, 당신은 지치고 욱신거리는 몸을 이끌고 이 세 군데 중 어디로 가겠는가? 세 군데의 음식 중 어떤 것을 새로 이사한 집으로 사가지고 와서 먹겠는가?

이런 상황과 비교해 다음과 같은 상상도 해보자. 오후 내내 뒷마당에 자리를 깔고 누워 느긋하게 책을 읽은 뒤 식사를 하려 한다. 당신은 어떤 음식을 선택하겠는가?

당신도 이미 알고 있겠지만 스트레스가 많은 날에는 쉽게 건강에 해로운 음식의 유혹에 빠진다. 실제로 이삿날 하면 무조건 중국 음식과 피자다. 이런 음식과 함께 떠오르는 이미지가 있다. 젊고 매력적이며 행복한, 그러나 피곤에 찌든 부부가 중국 음식점에서 음식과 젓가락이 든 종이상자를 가지고 나온다. 또 대학의 기숙사에서 이사를 마친 학생이 짐 나르는 일을 도와준 친구들에게 피자를 쏜다.

피곤함과 정크푸드 사이의 이 수수께끼 같은 연관성은 결코 상상 속의 허구가 아니다. 단단히 결심하고 시작한 다이어트를 스트레스 때문에 포기하고 만다든가, 어떤 위기를 겪은 뒤에 끊었던 담배를 다시 피는 것도 바로 이런 까닭에서다.

감정의 유혹에 저항하기

...

이 수수께끼의 열쇠는 인간의 내면에 존재하는 충동적인(혹은 감정적인) 부분과 신중한(혹은 이성적인) 부분이 벌이는 투쟁에서 찾을 수 있다. 물론 이런 발상은 전혀 새로운 것이 아니다. 역사 속에서 수많은 책과 논문이 욕망과 이성 사이에서 벌어지는 갈등을 논해왔다. 우선 에덴동산의 아담과 이브가 있다. 이브가 달콤한 즙과 금지된 지식의 유혹을 받을 때 이성의 목소리인 아담은 평소에 먹던 음식만 먹고 다른 욕심을 내지 말라고 이브를 설득했다.

또 오디세우스도 있다. 그는 바다의 요정 세이렌이 아름다운 노랫소리로 자기들을 유혹할 것임을 알고 부하들에게 자기를 돛대에 묶은 다음 세이렌의 노랫소리를 듣지 못하도록 각자 귓구멍을 밀랍으로 봉해 버리라고 지시했다. 이렇게 해서 오디세우스는 세이렌이 노래하는데도 불구하고 바다에 뛰어들지 않을 수 있었다.

감정과 이성 사이의 이 위대한 투쟁은 셰익스피어의 작품에서도 찾아볼 수 있다. 로렌스 수사가 길들지 않은 열정은 재앙을 초래할 뿐이라고 경고했음에도 불구하고, 로미오와 줄리엣은 서로에 대한 열정을 불태우다 결국 불행한 운명을 맞는다. 로렌스 수사의 말이 맞았던 것이다.

이성과 욕망 사이의 이 긴장을 흥미로운 방식으로 보여준 실험이 있었다. 바바 쉬브 Baba Shiv 스탠퍼드대학 교수와 사샤 페도리킨 Sasha Fedorikhin 인디애나대학 교수는 깊고 정교한 생각을 담당하는 뇌의 한 부분이 다른 일을 하느라 바빠서 효과적으로 생각하는 능력이 줄어든 상태일 때, 사람들이 더 쉽게 유혹에 빠진다는 통념이 과학적으로 근거가 있는 것인지 알아보기 위한 실험을 했다.

쉬브와 페도리킨은 동물을 실험 대상으로 삼는 과학자들처럼 피실험자들의 뇌 조직을 적출하는 일 같은 것은 하지 않았다. 또 자기장을 이용해 생각을 방해하는 기계 장치가 있음에도 불구하고 이런 장치의 도움을 받지도 않았다. 대신 이들은 심리학자들이 이른바 '인지부하 cognitive load'라 부르는 정신적인 부하를 가중하는 방법을 택했다. 간단히 말하면 두 사람은 '생각을 많이 하는 상황'에서는 유혹에 저항하는

데 필요한 인지 공간의 여유가 줄어드는지, 그래서 사람들이 유혹에 더 쉽게 굴복하는지 알아보고자 한 것이다.

쉬브와 페도리킨의 실험은 다음과 같은 방식으로 진행됐다. 우선 피실험자들을 두 집단으로 나눴다. 한 집단에 속한 사람들에게는 두 자리 숫자를 제시하고 다른 집단에게는 일곱 자리 숫자를 제시했다. 그런 다음 실험 참가자들 모두에게, 실험 참가비를 지급받으려면 복도 끝에 있는 두 번째 방으로 가서 또 다른 진행자에게 미리 일러줬던 숫자를 정확하게 말해야 한다고 지시했다. 이 숫자를 정확하게 기억하지 못하면 실험 참가비를 지급받을 수 없다는 말도 빼놓지 않았다.

피실험자들은 집단별로 두 자리 숫자(35)와 일곱 자리 숫자(7581280)를 아주 잠깐 본 뒤 복도를 지나 또 다른 진행자가 기다리고 있는 두 번째 방으로 갔다. 그런데 복도에는 피실험자들이 미리 정보를 제공받지 않은 실험 요소가 기다리고 있었다. 다양한 음식이 놓인 카트였다. 이 카트에는 유혹적인 초콜릿케이크와 덜 유혹적이지만 건강에 좋아 보이는 신선한 과일 샐러드가 놓여 있었다. 이 카트를 지키고 있던 진행자는 피실험자들에게 두 번째 방에 가서 제시받은 숫자를 정확하게 대는 사람에게는 카트에 놓인 음식 중 한 가지를 먹을 수 있는 자격이 주어진다고 말했다. 그러면서 자신이 먹고 싶은 음식을 선택하라고 했다. 피실험자들은 각자 먹고 싶은 음식을 말하고, 그 음식 이름이 적힌 쪽지를 받았다.

인지부하가 상대적으로 많고 적은 과업을 각각 수행하던 피실험자들은 어떤 선택을 했을까? 입맛 당기는 케이크를 선택했을까, 아니면 건강에 좋은 과일 샐러드를 선택했을까? 감정의 유혹을 이기지 못하고 충동적 선택을 했을까, 아니면 냉정한 이성적 선택을 했을까? 또 기억하기 쉬운 두 자리 숫자를 외운 사람과 기억하기 어려운 일곱 자리 숫자를 외운 사람 사이에 어떤 차이점이 나타났을까?

쉬브와 페도리킨이 예상한 대로 피실험자들의 선택은 부분적으로 각자 외우고 있던 숫자에 좌우되는 경향을 보였다. '35'를 기억해야 했던 사람들은 '7581280'을 기억해야 했던 사람들보다 과일 샐러드를 더 많이 선택했다. 일곱 자리 숫자를 기억해야 했던 사람들은 그 작업에 인지 기능을 더 많이 써야 했기 때문에 본능적인 욕구에 저항할 힘이 상대적으로 적었으며, 따라서 즉각적으로 만족을 주는 초콜릿케이크의 유혹에 더 많이 굴복했다.

가석방과 판사 컨디션의 관계

가석방 심리가 열리는 시간은 가능한 한 이른 오전이나 점심식사 직후로 잡는 게 유리하다. 왜 그럴까? 샤이 댄지거Shai Danziger 이스라엘의 텔아비브대학 교수, 조너선 레바브Jonathan Levav 스탠퍼드대학 교수 그리고 리오라 애브님 페소Liora Avnim-Pesso 이스라엘의 벤구리온대학 교수의 연구에 따르면 일반적으로 판사의 정신이 맑고 원기가 왕성한 시간대일수록 판결의 석방 허가율이 높다.

이스라엘 법정에서 이뤄진 가석방 판결 사례를 조사하면서 이 연구자들은 판사들이 그날 첫 번째 심리와 점심식사 직후의 심리에서 가석방을 허가할 가능성이 가장 높다는 사실을 발견했다. 판사들은 (이유야 어쨌든) 원기가 충전됐다고 느낄 때 자기감정을 거스르는 것이 가능해 가석방을 허가하지만, 인지부하가 쌓이고 쌓였을 경우에는 복잡하게 생각하지 않고 보수적으로 접근해 가석방을 허가하지 않는 현상 유지의 판결을 내리는 것 같다.

박사 과정의 학생들도 어떤 의미에서 보면 죄수나 마찬가지인데 이들은 가석방 심리 판사의 판결 메커니즘을 본능적으로 파악하고 있다. 논문의 주제와 구성을 제출할 때나 논문과 관련된 자기 의견을 제시할 때면 어김없이 도넛이나 쿠키를 들고 나타나기 때문이다. 이들의 운명을 결정하는 강단의 판사들은 도넛이나 쿠키를 먹고 원기가 회복되면 학생들에게 더 많이 학문적 가석방을 허락해 독립적인 삶을 살아갈 수 있게 해준다.

피곤에 지친 뇌

쉬브와 페도리킨의 실험은 의도적이고 정교한 이성 능력을 다른 과제가 점령했을 경우 충동이 사람의 행동을 더 크게 지배한다는 사실을 보여줬다. 그러나 이성적 추론 능력과 욕망 사이의 상호작용은 로이 바우마이스터 Roy Baumeister 플로리다주립대학 교수가 '자아고갈 ego depletion'이라 명명한 현상 덕분에 더욱 흥미진진하다.

자아고갈이 무엇인지 이해하려면 이런 상상을 해보자. 당신은 몸무게를 줄이려 한다. 어느 날 당신은 아침 회의 시간에 치즈대니쉬를 먹고 싶은 유혹을 느낀다. 그러나 당신은 스스로 한 약속을 지키려고 그 유혹에 저항하며 커피 한 모금을 마시는 것으로 대신한다. 점심때가 되자 페투치니 알프레도(버터, 치즈, 크림 등으로 버무려 맛을 낸 파스타 요리 – 옮긴이)를 먹고 싶다. 이번에도 당신은 간신히 충동을 억제하며 야채와 과일로 만든 샐러드를 주문한다. 한 시간 뒤에는 상사가 외근 나갔다는 사실을 확인하고는 일찍 퇴근하자는 생각이 든다. 하지만 오늘 해야 할 일을 끝내야 한다고 혼잣말을 하며 마음을 다잡는다.

이 모든 경우에 본능은 당신을 기분 좋은 만족을 느낄 수 있는 쪽으로 유혹한다. 그러나 흔히 '의지력'이라 하는 당신의 기특한 자제력은 이런 충동에 대항한다.

자아고갈이라는 발상의 기본 개념은 유혹에 저항하는 과정에는 노력과 에너지가 소모된다는 것이다. 의지력을 근육이라 생각해보자. 프라이드치킨이나 초콜릿 밀크셰이크를 볼 때 당신이 보이는 첫 번째 반응은 본능이다.

"아, 먹고 싶다!"

그런데 이 욕망을 이겨내는 데는 에너지가 소모된다. 우리가 유혹을 피하려고 내리는 모든 결정은 어느 정도의 수고를 필요로 한다. 역기를 한 번 들어 올릴 때 어느 정도 수고가 드는 것과 마찬가지다. 그런데 이런 수고를 반복함에 따라 의지력은 점점 더 소진된다. 역기를 반복해서 계속 들어 올릴 때와 마찬가지 결과가 빚어지는 것이다. 하루 종일 수많은 유혹에 '안 돼!'라고 말하다 보면 나중에는 저항하는 힘이 점점 약해져 결국 항복하고 만다. 그래서 치즈대니쉬며 과자며 프렌치프라이 등 욕망을 부추기는 것들을 먹어치우게 된다. 물론 이렇게 해서는 안 된다.

아무튼 우리는 하루하루 끊임없이 닥치는 유혹과 싸우고 그에 대해 어떤 식으로든 결정을 내리게 마련이다. 만약 유혹에 맞서 스스로 자제하기 위한 노력을 반복한 뒤 그런 힘이 모두 소진되고 나면 결국 우리는 쉽게 무너지고 만다. 그러니 사람들이 너무도 자주 그리고 쉽게 유혹에 굴복하는 것도 그리 놀라운 일은 아니다.

자아고갈의 이런 특성 때문에 사람들은 하루가 끝나가는 저녁에 특히 자제력을 잃기 쉽다. 하루 종일 이성적으로 행동하려 애쓰다가 저녁이 되면 뇌가 지친 나머지 욕망에 쉽게 굴복하고 마는 것이다. 하루 종일 유혹에 저항하다가 밤늦은 시각에 허겁지겁 야식을 먹는 사람의 모습을 떠올려보라.

"할머니가 돌아가셨어요"

여러 해 동안 강의를 하다 보니 학기가 끝날 무렵 학생들의 할머니들이 집중적으로 세상을 떠난다는 사실을 깨닫게 됐다. 주로 기말고사 직전이나 리포트 마감 기한 직전이었다. 평균적으로 한 학기에 수강생의 10퍼센트가 가족 중 누군가가 세상을 떠났다면서(보통은 할머니다) 시험 일자나 리포트 마감 기한을 미뤄달라고 한다. 그것은 물론 슬픈 일이다. 나는 언제나 학생들과 가족을 잃은 슬픔을 나눌 준비가 돼 있기에 대부분 학생들이 원하는 대로 해준다. 하지만 학생들의 가족에게 왜 하필 기말고사 직전의 한 주가 그토록 위험한 시기일까 하는 의문은 남는다.

나뿐 아니라 대부분의 교수가 이런 수수께끼 같은 현상을 목격한다.

기말고사와 할머니의 갑작스런 죽음 사이에 어떤 연관성이 있는 것은 아닌지 의심해볼 만하다. 그런데 한 용감한 연구자가 이 비밀을 밝혀냈다. 마이크 애덤스Mike Adams 이스턴코네티컷주립대학 생물학 교수는 여러 해에 걸쳐 자료를 수집한 뒤 학생들의 할머니들은 중간고사 때 평소보다 10배 더 많이 사망하고 기말고사 때 19배 더 많이 사망한다는 사실을 확인했다. 게다가 성적이 좋지 않은 학생들의 할머니들은 훨씬 더 위험했다. 낙제한 학생들이 할머니를 잃을 확률은 그렇지 않은 학생보다 50배나 높았던 것이다.

이 슬픈 연관성을 탐구한 논문에서 애덤스는 이 현상은 가족 내의 역학 때문이 아닐까 추정한다. 학생의 할머니가 손자가 받을 시험 결과를 너무나 걱정한 나머지 사망하지 않았을까 하는 것이다. 이런 추정은 기말고사 무렵의 높은 가족 사망률을 충분히 설명할 수 있다. 특히 한 학생의 학문적 장래가 위태로운 경우에는 더욱 그렇지 않겠는가. 이런 사실을 염두에 둔다면 노인 보건과 관련한 정책적 관점에서 성적이 나쁜 학생들의 할머니들을 기말고사 때나 그 직전 주에 특히 집중적으로 관찰해 갑작스런 사망을 예방할 필요가 있다. 아울러 성적이 나쁜 학생들은 자기 할머니에게 시험과 관련된 이야기를 일절 하지 않도록 주의를 줄 필요가 있다.

비록 가족 내의 역학이 이런 비극적인 일이 일어나도록 유도한다 할지라도 1년에 두 차례씩 기말고사 기간에 집중적으로 발생하는 할머니들의 죽음을 설명해줄 또 다른 가설도 고려해볼 수 있다. 할머니의 죽음이 학생들의 시험 및 리포트 준비 부족과 관련이 있을 수도 있다. 이 경우 학생들은 부족한 시간을 조금이라도 벌고자 최대한 노력할 것이다. 이런 가정이 옳다면 우리는 무슨 이유로 학생들이 학기 말에 할머니를 잃을 위험(혹은 할머니가 위독하거나 사망했다고 교수에게 이메일을 보내야 하는 상황)에 그처럼 많이 노출될까 하는 질문을 던질 수 있다.

어쩌면 학기 말이 되면 학생들은 몇 달 동안 날마다 새벽까지 공부하느라 너무 지쳐서 어느 정도 도덕성을 상실했을 수 있으며 또한 이 과정에서 자기 할머니의 건강 상태를 제대로 관찰하지 못했을 수도 있다. 일곱 자리 혹은 여덟 자리나 되는 큰 숫자를 온 정신을 집중해 외우고 기억해야 했던 사람들이 그 일이 끝나고 난 뒤 달달한 초콜릿케이크를 먹으러 달려가는 것처럼 몇 달 동안 여러 과목의 수업을 듣느라 지친 학생들이 학기 말의 시험 및 과제 제출의 압박감을 완화하려고 할머니가 돌아가셨다는 거짓말을 했다고 상상할 수 있다(그렇다고 해서 교수에게 거짓말을 해도 된다는 말은 아니다).

이 세상의 모든 할머니들에게 경고하노니 손자가 기말고사를 앞두고 있을 때 특히 건강에 유의하시길……

도덕성 근육 테스트

TV 드라마 〈섹스 앤 더 시티 Sex and the City〉에서 금발 미녀 사만다 존스는 바람기가 없는 건전한 생활을 한다. 그런데 어느 날부터 그녀는 음식을 충동적으로 마구 먹어대기 시작하더니 급기야 뚱뚱해진다. 흥미로운 점은 그녀가 왜 이렇게 됐는가 하는 점이다. 사만다는 잘생긴 남자가 옆집에 이사 온 뒤부터 폭식 습관이 생겼다는 사실을 깨닫는다. 그 남자는 그녀가 혼자였다면 정신없이 쫓아다녔을 그런 멋진 남자였던 것이다. 그녀는 자기가 이런 유혹을 막아내기 위한 한 가지 방법으로 폭식을 한다는 사실을 깨닫는다.

"나는 먹는다. 고로 나는 남자와 놀아나지 않는다."

그녀가 친구들에게 자기의 이런 행동에 대해 한 말이다. '허구의 인물 사만다'는 마치 실제 사람처럼 고갈되고 만다. 이제 유혹에 저항할 수 없는 그녀는 섹스 대신 음식에 탐닉하는 것으로 타협한다.

〈섹스 앤 더 시티〉는 영화적으로나 심리학적으로 걸작은 아니다. 그러나 이 드라마는 우리에게 흥미로운 질문을 던진다. 어떤 부분에서 스스로를 지나치게 몰아세우는 사람은 다른 부분들에서는 덜 도덕적이 될까? 자아고갈이 바람을 피우는 결과로 이어질까? 바로 이것이 니콜 미드Nicole Mead 포르투갈의 카톨리카대학 교수, 로이 바우마이스터, 프란체스카 지노, 모리스 슈바이처Maurice Schweitzer 펜실베이니아대학 교수 그리고 내가 확인하고자 했던 의문이다. 어떤 한 가지 과제 때문에 정신적인 에너지가 고갈된 상태에서 부정행위의 유혹이 뻗칠 경우 현실의 사만다들에게는 어떤 일이 일어날까? 부정행위를 더 많이 저지를까, 아니면 더 적게 저지를까? 그들은 자기가 유혹에 쉽게 굴복할 수밖에 없음을 알고는 그런 유혹적인 상황을 회피하려고 노력할까?

우리가 진행한 첫 번째 실험은 여러 단계로 구성됐다. 먼저 우리는 피실험자들을 두 집단으로 나눴다. 그러고는 한 집단에게는 전날 있었던 일을 소재로 짧은 글을 쓰되 철자 'x'와 'z'는 사용하지 말라고 했다. 어떤 내용을 써도 상관없지만 이 두 철자가 포함된 단어를 쓰는 것은 허락되지 않았다. 주의할 점은 이 철자가 들어간 단어에서 이 철자만 빼고 쓰는 것도 불가하다는 것이다. 'x'나 'z'가 들어가지 않은 단어, 즉 'bicycle'과 같은 단어들만 써야 한다.

우리는 이것을 '비고갈 조건non-depleted condition'이라 부른다. 그 이유는 'x'나 'z'라는 두 철자를 사용하지 않고 글을 쓰기란 어렵지 않기 때문이다.

다른 집단에게는 철자 'a'와 'n'을 사용하지 말고 동일한 내용으로 글을 쓰라고 했다. 이는 생각보다 매우 까다로운 작업이다. 만약 전날 본 영화의 줄거리를 요약한다면 영화 속 등장인물이 '공원에 산책하러 갔다went for a walk in the park'거나 '어떤 식당에서 우연히 마주쳤다ran into each other at a restaurant'와 같은 문구를 절대로 쓸 수 없는 것이다.

자기 머릿속에 떠오르는 단어들에 'a'와 'n'이라는 철자가 있는지 확인하고 끊임없이 억누르고 지우는 과정을 거치면서 피실험자들은 첫 번째 집단의 피실험자들이 경험하는 고갈보다 훨씬 큰 고갈을 경험했다.

우리는 또 피실험자들이 글을 쓰는 과제를 시작할 때 그들에게 별도의 과제를 뒤이어 수행하라고 지시했다. 그것은 매트릭스 과제였다.

결과는 어떻게 나왔을까? 두 가지 통제조건에서 고갈 집단과 비고갈 집단은 동일한 해법 능력을 나타냈다. 이것은 고갈 상태가 수학 문제를 푸는 기본적인 능력을 변화시키지는 않는다는 뜻이다. 그러나 파쇄기 조건, 즉 부정행위를 저지를 수 있는 조건에서는 전혀 다르게 나타났다. 'x'와 'z'를 쓰지 않고 글을 썼으며 이어서 매트릭스 과제를 마친 뒤 파쇄기로 답안지를 파기한 사람들은 정답을 맞힌 개수를 평균적으로 약 1개 추가해 밝힘으로써 약간의 부정행위를 했다. 그러나 'a'와 'n'을 쓰지 않고 글을 쓰는 시련을 거친 뒤 역시 파쇄기로 답안지를 파기한 사람들은 정답을 맞힌 개수를 평균적으로 약 3개나 부풀려 말했다. 우리는 과제가 힘들고 부담스러울수록 거기에 비례해 부정행위가 늘어난다는 사실을 알 수 있었다.

이런 발견이 의미하는 것은 무엇일까? 일반적으로 자제력이 소진될 경우 욕망을 통제하기가 훨씬 더 어려워지며, 따라서 정직성도 그만큼 줄어든다고 볼 수 있다.

빨강을 의미하는 초록 글씨 읽기

• • •

우리는 고갈이 사람의 추론 능력을 얼마간 떨어뜨리며 그에 따라 도덕적으로 행동할 수 있는 능력도 함께 사라진다는 사실을 확인했다. 그러나 실제 삶 속에서 우리는 우리 행동을 비도덕적인 쪽으로 이끄는 상황들을 선택적으로 제거할 수 있다. 만약 우리가 고갈 상태에서 정직하지 못한 행동을 유도하는 분위기를 적어도 의식이라도 한다면 이를 바탕으로 그러한 상황을 제거하려 할 수 있다. 이런 과정을 통해 우리는 유혹도 함께 피할 수 있다(예를 들어 다이어트를 할 때 음식의 유혹을 피하기 위해 배가 고픈 상태에서는 수퍼마켓에 가지 않는 것도 하나의 방법이 될 수 있다).

우리가 진행했던 다음 실험에서 피실험자들은 스스로를 부정행위를 하도록 유혹하는 어떤 상황에 방치할 수도 있고 그로부터 보호할 수도 있었다. 이 실험에서도 우리는 피실험자들을 두 집단, 즉 고갈 집단과 비고갈 집단으로 나눴다. 그런데 이번에는 다른 방식으로 피실험자들을 피곤한 상태로 만들었다.

우리는 피실험자들에게 일정하게 배열돼 있는 단어 리스트를 제시하고 이 단어들의 색깔을 큰 소리로 말하게 했다. 이 리스트는 가로 5칸, 세로 15줄로 이뤄져 모두 합해 총 75개의 단어로 구성돼 있었다. 여기에는 '빨강' '초록' 그리고 '파랑'이란 단어들이 무작위로 배열돼 있었다.

우리가 피실험자들에게 내린 지시는 간단했다. 만약 어떤 단어가 빨간색이면 그의 뜻이 무엇이든 '빨강!'이라 외치고 어떤 단어가 초록색이면 '초록!'이라 외친다. 어떤 단어가 파란색일 경우도 마찬가지다. 그것도 가능한 한 빠른 속도로 말이다. 또한 어떤 지점에서 실수를 하면 정확하게 맞출 때까지 그 단어를 반복해야 한다.

비고갈 조건의 집단에 속한 피실험자들에게 제시된 리스트에서는 각각의 단어가 그 단어의 색깔을 지시했다. 즉 '파랑'이라는 단어는 파란색이고, '빨강'이라는 단어는 빨간색이었으며, '초록'이라는 단어는 초록색이었다. 하지만 고갈 집단에게 제시된 리스트의 단어들은 그 단어의 뜻과 색깔이 달랐다. 예를 들어 '파랑'이라는 단어가 빨간색일 수도 있고 초록색일 수도 있었다.

평균적인 피실험자들의 경우 비고갈 조건의 리스트를 읽는 데 걸린 시간은 대략 60초쯤이었다. 그러나 단어의 뜻과 그 단어의 색깔이 일치하지 않는 리스트를 읽는 데는 비고갈 조건의 경우보다 서너 배나 더 걸렸다.

두 번째 리스트에 담긴 단어들의 색깔을 말하기가 훨씬 어려운 이유는 우리가 숙련된 독자이기 때문이다. 어떤 단어를 보는 순간 그 단어의 뜻이 자동적으로 머릿속에 떠오르는 것이다. 초록색 단어 '빨강'을 볼 때 우리는 '빨강!'이라고 외치고 싶어지는 것이다. 하지만 이는 우리가 이 과제를 낸 목적이 아니다. 여기서는 자동적으로 머릿속에 떠오른 내용을 의식적으로 억누르며 그 단어의 색깔을 말해야 한다. 이 과정을 직접 경험하면서 당신은 머릿속에 재빠르게 떠오르는 숙련된 반응을 의식적으로 억눌러야 하는 데서 오는 정신적인 피로를 느꼈을 것이다.

각각의 집단에 속한 피실험자들이 주어진 과제를 마친 뒤 우리는 이들에게 플로리다주립대학의 역사에 대한 객관식 퀴즈풀이에 참가할 기회를 제공했다. 피실험자들은 이 퀴즈의 정답을 맞힌 개수에 따라 상금을 받았다. 퀴즈의 내용은 '이 대학은 언제 설립됐나?' 그리고 '1993년부터 2001년까지 이 대학의 미식축구 팀은 내셔널챔피언십 대회에서 몇 차례나 경기를 했나?'와 같은 것들이었다. 문제는 모두 50개였고, 사지선다 방식이었다. 실험 진행자는 피실험자들에게 문제를 다 풀고 나면 OMR 카드를 나눠줄 테니, 여기에다 정답을 옮겨 적은 뒤 제출하면 정답 개수에 따라 상금을 지급할 것이라고 설명했다.

당신이 부정행위를 할 수 있는 기회가 제공되는 집단에 속한 학생이라고 상상해보자. 당신은 방금 단어들의 색깔을 큰 소리로 외치는 과제를 끝냈다(당신은 고갈 집단에 속한 사람일 수도 있고, 비고갈 집단에 속한 사람일 수도 있다). 그리고 당신은 몇 분에 걸쳐 실험 진행자가 내는 문제들을 풀었으며 퀴즈에 할당된 시간이 끝났다. 이제 당신은 시험관에게 OMR 카드를 받으러 간다. 그 카드를 받아서 자신이 생각하는 정답을 기입하면 된다. 그런데 그 순간 시험관이 당황해서 어쩔 줄 모르며 이렇게 말한다.

"아, 미안해서 어쩌죠. OMR 카드가 거의 다 떨어졌는데…… 두 장밖에 안 남았네요. 한 장은 아무 표기가 돼 있지 않은 새 거고, 다른 한 장은 정답을 표시했던 건데……."

시험관은 OMR 카드에 표시된 정답을 최대한 지우긴 했지만 희미하게 흔적이 보인다고 말한다. 그리고 당신 말고 한 사람 더 시험을 봐야 하는데 OMR 카드가 두 장밖에 남지 않았다면서 당신에게 이렇게 제안한다.

"남은 두 사람 중에 당신이 먼저 시험을 봤으니까 당신에게 선택권을 줄게요. 깨끗한 답안지를 쓰실래요, 아니면 흔적이 남아 있는 답안지를 쓰실래요?"

부정행위를 하기로 마음먹었다면 정답을 표시한 흔적이 남아 있는 OMR 카드를 사용하는 게 유리하다는 사실을 당신은 잘 알고 있다. 당신은 과연 그 답안지를 선택할까? 어쩌면 당신은 이타적 관점에서 정답을 표시한 흔적이 남은 답안지를 선택할 수도 있다. 그것을 선택하면 시험관이 더는 그 문제로 괴로워하지 않을 것이기 때문이다. 또 어쩌면 부정행위를 할 목적으로 그 답안지를 선택할 수도 있다. 아니면 정답을 표시한 흔적이 남은 답안지를 선택하면 부정행위의 유혹에 빠질 수 있으므로 정직하고 도덕적인 인간으로 남고 싶다는 생각에 아무런 표시가 돼 있지 않은 답안지를 선택할 수도 있다. 어떤 답안지를 선택하든 당신은 그 OMR 카드에 당신이 생각하는 정답을 기입한 뒤 시험지를 파기한 다음 시험관에게 답안지를 제출할 것이다. 그리고 시험관은 당신이 정답을 맞힌 개수에 따라 상금을 준다.

자, 그렇다면 과연 고갈 상태의 피실험자들은 유혹의 상황을 스스로 기피했을까, 아니면 그 상황을 적극적으로 받아들이고 활용했을까? 실험 결과 고갈 집단에 속한 사람들은 비고갈 집단에 속한 사람들에 비해 부정행위를 유혹하는 선택을 더 많이 했다. 즉 정답의 흔적이 남아 있는 답안지를 더 많이 선택했다. 고갈의 결과 그들은 이중적으로 부정행위를 했다. 정답이 표시된 답안지를 더 많이 선택했으며, (앞의 실험에서 확인했던 것과 마찬가지로) 부정행위가 가능한 상황에서는 비고갈 상태의 피실험자들에 비해 더 많이 부정행위를 했다. 그 결과 고갈 상태의 피실험자들은 비고갈 상태의 피실험자들에 비해 197퍼센트 더 많은 상금을 챙겼다.

다이어트와 자아고갈

...

단백질과 채소 위주의 식사를 한 당신이 저녁에 수퍼마켓에 장을 보러 간다고 상상해보자. 가게 문을 들어설 때 이미 약간 배가 고팠던 터라 당신은 빵을 파는 곳에서 나는 갓 구운 빵 냄새를 맡고 황홀해한다. 진열대에 놓인 신선한 파인애플도 눈에 띈다. 먹고 싶지만 접근 금지 대상이다. 당신은 카트를 끌고 고기를 파는 곳으로 가서 닭고기를 조금 산다. 크랩케이크(게살을 빵가루를 묻혀 튀긴 다음 샐러드 및 소스를 곁들인 것-옮긴이)가 맛있어 보이지만 탄수화물이 너무 많이 들어 있기 때문에 그냥 지나쳐야 한다. 샐러드를 만들어 먹을 양상추와 토마토를 카트에 담는다. 이때 마늘 크루통의 유혹을 또 한 번 참아낸다. 그런 다음 당신은 카트를 끌고 계산대로 가서 돈을 치른다.

당신은 이 모든 유혹을 이겨낸 자기 자신이 자랑스럽다. 그런데 수퍼마켓에서 나와 학생들이 빵을 만들어 파는 행사를 하는 곳을 지나는데 어리고 귀여운 여학생 한 명이 당신에게 초콜릿케이크를 시식하라면서 작은 조각 하나를 내민다. 자, 당신이라면 이 상황에서 어떻게 할까?

당신은 이미 고갈이란 것에 대해 알고 있기 때문에 유혹에 저항하는 자신의 모든 영웅적인 시도들이 결국에는 어떤 결과를 가져올지 예측할 수 있다. 당신은 두 손을 들고 항복하며 그 케이크 조각을 받아먹는다. 혀에서 살살 녹는 달콤한 초콜릿의 느낌에 당신은 어쩌면 걸음도 제대로 걷지 못할 수 있다. 좀 더 먹고 싶어 안절부절못하던 당신은 결국 유혹을 이기지 못하고 가족 여덟 명이 모두 먹고도 남을 만큼 많이 초콜릿케이크를 산다. 그리고 끝내 엄청난 양의 초콜릿케이크를 먹어치운다.

자, 그럼 이제는 쇼핑을 하는 당신의 모습을 상상해보자. 워킹화를 한 켤레 사야 하는 당신은 니먼마커스에서 시어스백화점까지 가는 동안 온갖 화려한 상품들의 유혹을 받는다. 지금 당장 필요하지는 않지만 갖고 싶은 온갖 상품들이 눈에 들어온다. 늘 하나 있으면 좋겠다고 생각했던 그릴세트도 있고, 겨울에 입으면 안성맞춤일 양털코트도 있다. 그리고 아직 장소나 참가자도 확정되지 않은 송년 파티에 하고 나가면 좋을 금목걸이도 있다. 하나같이 갖고 싶은 물건들이다. 하지만 당신은 보기만 하고 지나친다. 그런데 사고 싶은 충동이 서서히 당신의 자제력을 약화시키기 시작한다. 당장이라도 유혹에 무너질 것만 같다.

사람은 누구나 유혹에 약하다. 그렇기 때문에 우리는 모두 날마다 복잡하고 어려운 결정을 내릴 때(사실 우리가 일상생활 속에서 내리는 대부분의 결정은 앞서 본 것과 같은, 색깔과 뜻이 일치하지 않는 단어를 큰 소리로 외치는 것보다 훨씬 더 복잡하고 부담스럽다) 우리의 도덕성을 위험에 빠뜨리는 상황으로 끊임없이 내몰린다. 세금 납부나 결혼 등과 같이 중요한 일과 관련해 우리는 충동적인 욕구와 냉정한 이성 사이에서 격렬한 전쟁이 벌어지는 것을 경험한다. 그런데 역설적이게도 일상의 사소한 영역들에서는 그렇지 않다. 충동을 억제하려는 모든 시도가 오히려 자제력을 약화시키고, 그 결과 우리는 유혹에 더욱 취약해진다.

당신은 고갈이 어떤 효과를 발휘하는지 이미 알고 있다. 그렇다면 어떻게 해야 생활 속에서 받게 되는 수많은 자극에 효과적으로 대응할 수 있을까? 내 친구이자 미시간대학 경제학 교수인 댄 실버맨Dan Silverman은 유혹과 관련된 주제를 연구하다가 한 가지 가설을 제시했다.

댄과 나는 프린스턴대학 고등연구소에서 한 해 동안 동료로 일한 바 있다. 이 연구소는 연구자들에게는 최상의 낙원이었다. 그곳에서 일하는 한 해 동안 우리는 사고하고 숲길을 산책하고 잘 먹는 것 외에 거의 아무것도 하지 않았다. 날마다 우리는 인생과 과학과 예술과 연구를 주제로 대화를 나누며 오전 시간을 보냈다. 또 멋지고 유쾌한 점심 식사를 했다. 점심 메뉴로는 폴렌타(옥수수나 보리, 밤가루 따위로 만든 죽—옮긴이)와 기름이 번들거리는 버섯을 곁들인 오리가슴살 같은 것이 있었다. 점심 식사 후에는 늘 멋진 디저트가 나왔다. 아이스크림, 크렘브릴레('불에 태운 크림'이란 뜻으로 겉은 바삭하고 속은 부드럽다—옮긴이), 뉴욕 치즈케이크, 라즈베리 크림을 채운 3단 초콜릿케이크 등이었다.

그런데 이런 디저트가 가여운 댄에게는 오히려 시련과도 같았다. 그는 충치를 심하게 앓았기 때문이다. 똑똑하고 이성적이며 콜레스테롤 수치가 높은 그는 날마다 이런 디저트를 먹는 게 건강에 좋지 않다는 사실을 잘 알고 있었다.

댄은 자기가 안고 있는 문제를 놓고 곰곰이 생각한 뒤 이성적인 사람이라 하더라도 이따금씩은 유혹에 굴복해야 한다는 결론을 내렸다. 그의 이런 생각에 대해 나는 이렇게 물었다.

"무슨 근거로?"

댄의 대답은 이랬다.

"그래야만 이성적인 사람이 지나치게 고갈되는 상태가 되는 것을 방지할 수 있고, 앞으로 닥쳐올 그 어떤 유혹 앞에서도 굳건하게 자기를 지킬 수 있을 테니까."

언제나 조심스럽고 또 미래에 닥칠 여러 유혹들을 염려하던 댄에게 디저트는 늘 '카르페 디엠 carpe diem'(지금 살고 있는 현재 이 순간에 충실하라는 뜻의 라틴어-옮긴이)이었다. 그리고 역시나 그는 이런 자기의 접근 방법이 옳음을 주장하는 논문을 엠레 오즈데노렌 Emre Ozdenoren 및 스티브 살란트 Steve Salant 와 함께 썼다.

결론적으로 말하면 고갈과 관련해 우리가 했던 여러 실험 결과로 볼 때, 일반적으로 우리는 끊임없이 쏟아지는 유혹을 받으며 하루 온종일을 보내는데 유혹에 맞서 싸울 힘은 시간이 흐를수록 그리고 유혹이 축적될수록 약해진다. 만약 우리가 정말 몸무게를 걱정한다면 달고 짜고 기름이 흐르는 온갖 가공식품들을 부엌의 선반과 냉장고에서 꺼내 모두 버리고 입맛을 신선한 음식에 길들여야 한다. 그 이유는 점심 식사로 프라이드치킨과 케이크를 먹는 것이 몸에 나쁘기 때문만은 아니다. 이는 스스로를 그런 유혹에 하루 종일(그리고 냉장고 문을 열 때마다) 노출시킬 때 그 유혹 혹은 그날이 다 가기 전에 계속해서 나타날 온갖 유혹들에 맞서 싸우기가 힘들어지기 때문이다.

고갈을 이해한다는 것은 또한 우리가 자제력을 요구하는 상황들에 맞닥뜨려야 함을 의미하기도 한다. 물론 자제력을 발휘해야 한다는 조언을 따르는 것은 쉬운 일이 아니다. 술집, 온라인 쇼핑, 이메일, 페이스북, 유튜브, 온라인 게임 등과 같이 우리 주변을 둘러싼 상품 경제의 군단이 온 세상에 유혹의 손길을 마구 뻗치며(이런 것들은 제 세상을 만난 듯 활개를 치며 승리의 노래를 부른다) 우리를 고갈시키려 들기 때문이다.

우리의 자제력을 위협하는 이런 유혹들에 노출되는 상황을 피할 수 없다는 건 자명한 사실이다. 그렇다면 우리에게는 어떤 희망이 남아 있을까? 한 가지 제안을 하자면, 어떤 유혹에 맞닥뜨렸을 때 거기서 등을 돌리기란 매우 어려우므로 그 열정의 불길 속으로 빨려들기 전에 그를 피하는 것이 현명하다. 이런 조언을 실천에 옮기는 것이 쉽지는 않겠지만 현실적으로 유혹에 맞서 싸우는 것보다는 아예 유혹을 피하는 것이 한결 쉽다.

유혹에 맞서 싸우는 능력을 키우는 것도 해결책 가운데 하나다. 팔짱을 낀 채 아무것도 하지 않으면서 100까지 숫자를 세거나 노래를 부르거나 구체적인 행동 계획을 세우고 그를 밀고나가는 방법을 익히는 것이 이를 위한 방법이 될 수 있다. 이런 해결책을 익히고 동원하는 것은 유혹을 이기는 데 필요한 무기고를 만들고 또 이 무기고를 무기로 가득 채우는 일이다. 그때 우리는 비로소 미래에 그 어떤 충동이 우리를 덮치더라도 더 효과적으로 대처할 수 있다.

마지막으로 때로 고갈은 약이 될 수도 있다. 이는 매우 중요한 의미를 갖는다. 우리는 우리가 지나치게 많은 통제와 구속 아래 놓여 있는 나머지 스스로가 느끼는 온갖 충동들을 자유롭게 따르지 못한다고 생각할 수 있다. 한편으로 우리는 자기 행동에 책임을 져야 하는 성인이라는 굴레에서 벗어나 스스로를 느슨하게 풀어놓고 싶은 마음이 들기도 한다.

나는 당신에게 한 가지 팁을 제시한다. 다음번에 당신이 정말 어떤 동물적인 충동에 몸을 맡기고 싶다면 철자 'a'와 'n'을 사용하지 않고 자기 이야기를 길게 써봄으로써 스스로를 고갈시켜라. 그런 다음 쇼핑몰에 가서 물건들을 구경하되 절대로 사지는 마라. 이후에는 당신을 짓누르는 이런 고갈 상태를 유지한 채로 자신을 스스로가 선택한 유혹 상황에 방치해둔다. 모든 것을 내려놓고 말이다. 주의할 점은, 이 방법을 너무 자주 사용해서는 안 된다.

만약 당신에게 어떤 유혹에 굴복하기 위한 좀 더 공식적인 핑계가 정말 필요하다면 댄이 구사했던 이른바 '적당한 수준의 합리화'를 활용하라.

5장

짝퉁 상품이 부정행위를 조장한다?
자기신호화

The (Honest) Truth About Dishonesty

내가 패션계에 첫발을 들여놓던 때의 이야기를 들려주고 싶다. 대학원 시절부터 친구였던 제니퍼 그린은 뉴욕 시에 자리를 잡았고, 거기서 패션계 인사들을 많이 알게 됐다. 덕분에 나는 제니퍼를 통해 패션업계의 상징이자 표준이라 할 수 있는 패션잡지 〈하퍼스 바자_Harper's Bazaar_〉에서 일하는 프리다 파라를 알게 됐다. 그로부터 몇 년 뒤 프리다는 자신의 잡지사 사람들에게 강연을 해달라며 나를 초청했다. 나로서는 이런 자리가 흔치 않았기에 초청에 응했다.

강연을 하기 전에 나와 프리다는 〈하퍼스 바자〉가 입주해 있는 맨해튼 시내 대형 빌딩의 에스컬레이터가 올려다 보이는 발코니 카페에 마주 앉았다. 그 자리에서 프리다는 패션업계에 대해 짧게 설명해줬다. 프리다는 우리 주변을 지나가는 여자들의 패션을 분석하면서 각각의 패션이 그 사람과 얼마나 잘 어울리는지 평가했다. 또 각각의 여자들이 착용한 옷과 신발을 보고 그들이 어떤 직장에서 일하는지 파악하는 방법도 가르쳐줬다. 프리다의 관심은 시시콜콜한 세부사항들에까지 미쳤다. 그녀가 보여준 능력은 정말이지 황홀할 정도였다. 마치 비슷비슷하게 생겼지만 종이 다른 여러 새들에게서 미묘한 차이를 찾아내는 놀라운 식견을 가진 조류학 박사를 보는 것 같았다.

그렇게 30분 정도가 지난 뒤 나는 패션업계의 전문가들로 가득 찬 홀의 연단에 섰다. 그렇게나 많은 매력적이고 옷 잘 입은 여자들이 내 말에 집중하고 있다는 사실은 온몸에 전율이 흐를 만큼 짜릿했다. 온갖 종류의 향수가 코를 자극했다. 여자들은 화려한 보석과 화장 그리고 (당연히) 기절할 만큼 예쁘고 독특하게 생긴 신발 등으로 인해 한 사람 한 사람이 모두 대형 박물관에 전시된 전시품처럼 보였다. 프리다에게 강의를 들은 덕분에 나는 그 여자들의 옷과 소품의 유명 브랜드들을 알아봤다. 심지어 나는 그 여자들의 스타일을 바탕으로 그들의 패션 감각을 평가할 수도 있었다.

나는 패션업계의 전문가들이 왜 나더러 강연을 해달라고 했는지, 내게서 무슨 말을 듣고 싶어하는지 도무지 알 수 없었다. 하지만 어쨌거나 나는 그 사람들과 얘기가 잘 통하는 것 같았다. 나는 사람들이 의사결정을 내리는 과정에 대해, 어떤 것이 어느 정도의 값어치를 갖는지 궁금할 때 사람들이 가격을 비교하는 방법에 대해 그리고 사람들이 자신을 다른 사람과 비교하는 방식에 대해 얘기했다. 그들은 내가 예상한 대로 반응했다. 웃음을 터뜨릴 것이라고 예상한 부분에서는 웃음을 터뜨렸고, 질문을 할 것이라 예상한 부분에서는 질문을 했다. 이들은 흥미로운 발상들을 많이 들려줬다. 강연이 끝나자 이 잡지의 발행인인 발레리 살렘비어 Valerie Salembier가 연단에 올라왔다. 그는 나를 포옹하고는 고맙다고 말했다. 그리고 한눈에 봐도 비싸 보이는 검은색의 프라다 여행 가방을 선물로 줬다.

그들과 작별하고 나는 프라다 가방을 들고 거리로 나섰다. 또 다른 약속이 맨해튼에서 있었지만 시간이 남아 좀 걷기로 했다. 그런데 시간을 때우려고 그렇게 걷는 동안 나는 프라다 로고가 박힌 검은색의 커다란 가죽 가방을 의식하지 않을 수 없었다. 그 순간 나는 나 자신과 토론을 했다. 프라다 로고가 찍힌 면이 바깥을 향하도록 들어야 하는 것 아닐까? 그러면 사람들이 그 로고를 보고 나를 우러러보겠지. 어쩌면 질투할 수도 있고, 또 어쩌면 청바지에 빨간색 스니커즈를 신은 남자가 어떻게 프라다 가방을 들고 있는지 의아해할 수도 있겠지. 아니야, 내가 프라다 가방을 들고 있다는 사실을 아무도 알아보지 못하게 프라다 로고가 안쪽을 향하도록 드는 게 좋지 않을까? 결국 나는 프라다 로고가 보이지 않게 가방을 돌려 들었다.

프라다 로고가 보이지 않으므로 아무도 그것이 프라다 가방임을 알아보지 못할 것이라 확신했지만 어쩐지 자꾸만 신경이 쓰였다. 프라다 가방의 로고에 대한 생각이 뇌리에서 떠나지 않았다. 나는 프라다 가방을 들고 있다! 확실히 느낌이 달랐다. 덕분에 자세까지도 달라졌다. 고개를 빳빳하게 치켜들었고, 걸음걸이에는 힘이 들어갔다. 만약 페라리 속옷까지 입었다면 어떨지 생각했다. 더 활기가 넘칠까? 더 자신감이 생길까? 발걸음은 더 경쾌할까?

계속 걷다 보니 어느새 차이나타운까지 갔다. 차이나타운은 활기와 음식 냄새로 가득 차 있었고 부산한 분위기였다. 노점들이 줄지어 장사를 하고 있었다. 내가 있던 자리에서 그다지 멀지 않은 곳에는 20대로 보이는 한 쌍의 젊은 연인이 있었다. 중국인 한 사람이 두 사람에게 다가갔다.

"핸드백 있어요, 핸드백!"

호객을 하는 이 중국인은 가게 쪽을 가리키면서 두 사람을 자기 가게로 데려가려 했다. 두 사람은 처음에는 별다른 반응을 보이지 않다가 곧 여자가 중국인에게 물었다.

"프라다 있어요?"

호객꾼이 고개를 끄덕였다. 그러자 여자는 남자를 바라봤고, 남자는 싱긋 웃는 것으로 대답을 대신했다. 두 사람은 호객꾼을 따라 가게로 갔다.

이 사람들이 말한 프라다는 물론 진품이 아니었다. 매장의 매대에 놓여 있는 5달러짜리 선글라스도 진짜 돌체앤가바나가 아니었다. 길거리 음식 바로 옆에 진열된 아르마니 향수들도 모두 가짜였다(짝퉁 시장은 차이나타운이나 뉴욕 외에도 많이 있다. 40년 이상 계속 커진 짝퉁 시장의 규모는 실로 엄청나다. 짝퉁 상품은 전 세계 거의 모든 곳에서 불법이지만 그에 대한 처벌 수준은 나라마다 다르다. 짝퉁 상품을 사는 사람들의 도덕관이 나라마다 제각각이기 때문이다).[5]

옷이 보내는 신호

∴

여기서 잠깐 의상의 역사, 특히 사회과학자들이 '외부신호화

external signaling'라고 부르는 현상에 대해 생각해보자. 외부신호화란 자신이 입고 있는 어떤 것을 통해 자신이 누구인지 다른 사람에게 알리는 것을 말한다. 고대 로마에 있었던 사치금지법은 수백 년 동안 거의 모든 유럽 국가들로 확산됐다. 이런 법들은 특정한 계급이나 지위에 속한 사람들만이 특정한 어떤 옷을 입을 수 있다고 규정했다.

게다가 이런 법들은 놀랄 만큼 세부적인 내용까지 까다롭게 정했다. 예를 들어 르네상스 시대의 잉글랜드에서는 오로지 귀족 계급만이 특정한 종류의 모피와 레이스를 입거나 달 수 있었고 귀족보다 한 단계 낮은 젠트리 계급은 덜 화려하고 덜 매력적인 옷만 입을 수 있었다. 심지어 단위면적당의 장식용 구슬의 개수도 계급에 따라 정해져 있었다. 가장 가난한 계급은 이런 법들의 적용에서 상대적으로 자유로웠다. 더럽고 거친 질감의 옷에는 규제할 만한 게 별로 없었기 때문이다.

어떤 집단은 '존경받아 마땅한' 사람들과 혼동되지 않도록 확실한 차별성을 드러내야 했다. 매춘부는 줄무늬 두건을 써서 자기가 순결한 사람이 아님을 표시해야 했으며, 이교도는 언제든 화형을 당할 수도 있음을 표시하기 위해 때로 옷에다 나무 다발을 달고 다녀야 했다. 어떤 면에서 매춘부가 줄무늬 두건을 쓰지 않는 것은 일종의 기만 행위였다. 현대인이 짝퉁 구찌 선글라스를 쓰고 다니는 것과 마찬가지인 셈이었다. 매춘부가 줄무늬가 없는 두건을 쓰는 것은 사람들에게 그 여자의 생활환경과 경제적인 지위에 대한 허위 신호를 보내는 일이었다. 자기 신분으로는 입을 수 없는 옷을 입은 사람은 주변 사람들에게 말없이 그러나 직접적으로 거짓말을 하는 것이었다. 이처럼 자기 신분이나 지위에 맞지 않는 옷을 입는 것은 비록 중대한 범죄는 아니더라도 죄임에는 분명했기에 발각된 사람은 벌금 등의 처벌을 받았다.

어떻게 보면 이런 법률은 지배집단의 터무니없는 강박적인 집착의 일종이라 할 수 있지만, 실제로는 사람들이 각자 옷으로 표현되는 자기 신분과 지위에 걸맞게 행동하도록 하기 위한 장치였다. 일종의 무질서와 혼란을 방지하기 위한 제도였던 것이다(자기를 드러내 보이는 신호라는 점에서 이 제도는 분명 여러 가지 장점을 갖고 있다. 그렇다고 해서 내가 이런 제도를 도입해야 한다고 주장하는 것은 아니다).

비록 옷차림과 관련된 현대의 제도가 과거처럼 엄격하지는 않지만 성공과 개성을 표시하기 위한 인간의 욕망은 과거와 마찬가지로 강렬하다. 오늘날 특권을 가진 사람들은 과거에 왕족이나 귀족이 입었던 담비 가죽 대신 아르마니를 입는다. 그리고 프리다가 비아 스피가Via Spiga 플랫폼 힐은 모든 사람을 위한 신발이 아니라 소수의 부유한 사람들을 위한 것임을 알고 있었던 것처럼 우리들 각자가 끊임없이 주변 사람들에게 보내는 신호들은 그들에게 유용한 정보가 될 수 있다.

싸구려 모조품을 사는 사람들은 모조품이 모방한 원 제품의 제조업자에게 별다른 손해를 입히지 않는다고 생각할 수 있다. 이런 생각을 하는 근거는 이 사람들은 그 비싼 원 제품을 살 일이 결코 없다는 데 있다. 하지만 바로 이 지점에서 외부신호화 효과가 개입한다. 많은 사람이 짝퉁 버버리 스카프를 10달러에 산다면 이보다 20배나 많은 돈을 들여 진품 버버리 스카프를 사고자 하는 사람은 많지 않을 것이다. 버버리의 체크무늬나 루이뷔통의 독특한 무늬가 들어 있는 가방을 든 사람을 볼 때마다 사람들은 그 가방이 과연 진짜일까 의심하게 되는 것이다. 만약 사람들이 이런 상품들이 가짜라고 생각한다면 진품에 녹아 있는 외부신호화의 가치는 파괴된다. 짝퉁 상품을 사는 사람들은 외부신호화의 효과를 희석하고 진품의 (그리고 그 제품을 가지고 있는 사람의) 신빙성을 훼손한다. 패션업계의 유통업자들과 패션 리더들이 짝퉁에 그토록 신경을 쓰는 이유도 바로 여기 있다.

진품 프라다 가방을 들고 걸어본 경험을 돌이켜보면서 나는 모조품을 사는 것에 외부신호화를 넘어서는 어떤 다른 심리적 요인들이 있는지 생각했다. 프라다 가방을 들고 차이나타운에 들어섰을 때 한 여자가 짝퉁 가방을 들고 어떤 가게에서 나오는 것을 봤다. 내가 그 프라다 가방을 직접 고르지도 않았고 또 돈을 주고 산 것도 아니었음에도 불구하고, 내가 내 가방과 맺고 있는 관계와 그 여자가 자기 짝퉁 가방과 맺고 있는 관계는 확연히 다르다는 느낌이 들었다.

나는 우리가 입거나 들고 있는 것과 우리가 행동하는 방식 사이의 관계에 대해 곰곰이 생각하기 시작했다. 그리고 행동경제학자들이 '자기신호화 self-signaling'라고 부르는 개념을 떠올리게 됐다. 자기신호화의 바탕에 깔려 있는 기본 발상은 알려진 상식과 달리 사람들은 자기가 누구인지 명확한 개념을 갖고 있지 않다는 것이다. 우리는 일반적으로 우리가 각자의 취향과 개성이 반영된 독특한 견해를 가진다고 믿고 있지만 실제로는 그렇지 않다. 사람들은 실제로 자기 자신을 그렇게 잘 알지 못한다(적어도 자신이 생각하는 것만큼 그렇게 잘 알지는 못한다). 그러나 다른 사람의 행동을 바라볼 때는 그것을 그 사람의 정체성 및 그 사람이 좋아하는 것 등으로 파악한다. 또한 자기 자신의 행동도 자신의 정체성 및 자신이 좋아하는 것을 나타내는 것으로 파악한다.

당신이 길을 가다 거지를 봤다고 치자. 당신은 그 거지를 못 본 체하고 그냥 지나치거나 혹은 돈을 주는 대신 샌드위치를 사주기로 마음먹는다. 이 행동이 그 자체로 당신의 정체성이나 당신이 가지고 있는 도덕성과 성격을 바꿔놓지는 않는다. 그러나 당신은 말보다 행동의 소리가 더 크다고 믿기 때문에 좀 전에 거지에게 한 자신의 행동을 자신이 동정심이 넘치는 자상한 사람이라는 증거로 해석한다. 그리고 '새로운' 정보로 무장한 당신은 자신의 훌륭함을 과대포장하고 그것을 믿는다. 이것이 바로 자기신호화다.

이와 동일한 일반 법칙이 패션 소품에도 적용될 수 있다. 진품 프라다 가방을 들고 있으면(설령 아무도 그 사실을 모른다 할지라도) 짝퉁 프라다 가방을 들거나 짝퉁 페라리 속옷을 입고 있을 때와 조금은 다른 방식으로 생각하고 또 행동하게 된다. 그렇다면 어떤 사람이 짝퉁 상품을 가지고 있을 때 이 사람은 그렇지 않을 때에 비해 준법의식이 흐려질까? 짝퉁 상품은 그것을 가지고 있는 사람들에게 예상치도 못했던 부정적인 영향을 미칠까? 이제부터 이 점을 살펴보자.

짝퉁 가진 사람을 조심하라

•••   나는 프리다에게 전화를 걸었다. 그 즈음에 나는 하이패션에 대해 관심을 갖고 있었는데, 그것을 주제로 대화를 나누고 싶었다(내가 보인 관심에 프리다는 나보다 더 크게 놀랐다). 한참 동안 대화한 뒤 프리다는 내게 한 패션 디자이너를 설득해 몇 가지 실험용 제품을 빌려주겠다고 했다. 그리고 몇 주 뒤 나는 클로에라는 디자이너가 보낸 소포 꾸러

미를 받았다. 이 꾸러미 안에는 핸드백 20개와 선글라스 20개가 들어 있었다. 거기에는 핸드백의 가격을 모두 합하면 약 4만 달러이고 선글라스의 가격을 모두 합치면 7,000달러라는 내용의 쪽지도 들어 있었다 (이런 물품을 배달받았다는 소문은 내가 있는 듀크대학에 빠르게 퍼져나갔고, 나는 패션에 관심 많은 사람들 사이에서 갑자기 인기가 치솟았다).

이 물품들을 가지고 나는 프란체스카 지노, 마이크 노턴 Mike Norton 하버드대학 교수와 함께 짝퉁 상품을 소지한 사람들이 진품을 소지한 사람들과 정말 다른 느낌을 갖고 또 다르게 행동하는지 실험했다. 우리가 세운 가설은 이랬다. 짝퉁 상품은 피실험자들로 하여금 진정성을 덜 느끼게 만들고, 또 이런 감정 때문에 부정행위를 더 많이 저지르게 된다는 것이었다. 피실험자들이 짝퉁 상품을 소지하는 행위가 자기 이미지를 손상한다고 느낄 경우 자기 자신을 보다 덜 정직한 존재로 생각하기 시작할 것이라는 게 우리의 추측이었다. 그리고 이렇게 부정적으로 물든 마음을 가진 사람들은 부정행위의 길로 더 많이 그리고 더 빠르게 걸어가지 않을까?

우리는 MBA 과정을 밟던 여학생 다수를 실험 대상으로 삼았다(우리가 여자에 초점을 맞춘 것은 여자가 도덕적인 면에서 남자와 다르다고 생각했기 때문이 아니다. 도덕적인 면에서 여자와 남자 간에 어떤 차이도 없다는 사실은 이미 예전에 했던 여러 차례의 실험에서 확인했었다. 이유는 단 하나, 클로에가 보내준 소품이 여성용이었기 때문이다). 처음에 우리는 가방과 선글라스 중 어느 것을 실험 도구로 사용하면 좋을지 고민했다. 하지만 곧 피실험자들에게 우리가 왜 그들에게 우리가 준비한 가방을 들고 학교 안을 돌아다니게 하는지 그 이유를 설명하기가 상대적으로 어려울 것 같다고 판단하고 실험에 동원할 도구를 선글라스로 정했다.

우리는 피실험자들을 세 집단으로 나눴다. 선글라스가 정품이라고 믿는 집단, 선글라스가 짝퉁이라고 믿는 집단 그리고 아무런 정보도 제공받지 않은 집단이었다. 정품 집단 피실험자들에게는 디자이너 클로에가 직접 디자인한 진품 선글라스를 쓰게 될 것이라 말했고, 짝퉁 집단 피실험자들에게는 클로에가 디자인한 것과 똑같은 짝퉁 선글라스를 쓰게 될 것이라 말했다(하지만 우리가 이들에게 지급한 것은 진품 선글라스였다). 마지막 집단의 피실험자들에게는 선글라스에 대해 일체 언급하지 않았다.

피실험자들에게 선글라스를 쓰게 한 다음 우리는 이들을 강의실 복도로 데려가 여러 가지 포스터들과 창밖의 풍경을 바라보게 했다. 나중에 이들이 선글라스를 쓰고 사물을 바라본 경험을 어떻게 평가하는지 살피기 위해서였다. 얼마 뒤 우리는 이들을 다른 방으로 데려가 매트릭스 과제를 풀게 했다.

자, 당신이 이 실험에 피실험자로 참가했다고 상상해보자. 당신은 실험실에서 임의로 짝퉁 집단으로 분류된다. 진행자는 당신에게 선글라스를 한 개 주면서 그것이 짝퉁이라 한다. 그리고 당신이 무슨 생각을 하는지 알아보려 한다며 이 선글라스를 쓰고 테스트를 해보라고 한다. 그런데 당신이 받은 선글라스는 정말 진짜와 똑같다(로고가 말이다!).

당신은 선글라스를 여기저기 살펴본 뒤 쓴다. 그러고는 복도를 걸어가며 여러 가지 포스터들을 보고 또 창밖의 풍경을 바라본다. 이런 행동을 할 때 당신의 머릿속에서는 어떤 일이 일어날까? 그 선글라스를 당신의 자동차 안에 있는 혹은 예전에 실수로 망가뜨린 진품 선글라스와 비교하는가? 혹은 혼잣말로 '히야, 이거 진짜 멋진데? 아무도 이게 짝퉁이라고 하지 않겠는걸?'이라 생각하지는 않는가? 어쩌면 선글라스의 착용감이 어쩐지 부자연스럽다거나 플라스틱 테가 싸구려처럼 보인다고 생각할 수도 있다. 그리고 그 선글라스가 진품이 아니라 짝퉁이라 생각할 때, 이런 생각 때문에 당신은 매트릭스 과제에서 평소보다 부정행위를 더 많이 저지르게 되지 않을까? 반대로 더 적게 저지르지 않을까? 그것도 아니면 이런 생각은 부정행위에 아무런 영향도 미치지 않을까?

결과는 이랬다. 평소의 다른 실험들과 마찬가지로 이번 실험에서도 많은 사람이 조금씩 부정행위를 저질렀다. 그러나 진품 집단에서는 '단지' 피실험자의 30퍼센트만이 정답의 개수를 실제보다 부풀린 반면, 짝퉁 집단에서는 '무려' 피실험자의 74퍼센트가 부정행위를 저질렀다.

이런 실험 결과는 또 다른 흥미로운 의문을 제기했다. 그 선글라스가 짝퉁이라는 조건이 과연 피실험자들로 하여금 평소보다 부정행위를 더 많이 저지르게 했을까? 아니면 그 선글라스가 진짜 명품이라는 조건이 피실험자들로 하여금 평소보다 더 높은 도덕성을 유지하도록 했을까? 짝퉁 조건의 부정적인 자기신호화와 진품 조건의 긍정적인 자기신호화 중 어느 것이 더 강력한 효과를 발휘했을까?

이런 의문을 풀고자 우리는 피실험자들이 선글라스의 진품 여부와 관련해 아무런 정보도 제공받지 않는 집단을 따로 설정했었다. 짝퉁 선글라스를 쓴 여자가 아무런 정보도 제공받지 않는 집단의 여자와 동일한 규모로 부정행위를 저질렀다고 치자. 만약 그렇다면 짝퉁이라는 조건 때문에 피실험자가 평소보다 부정행위를 더 많이 저지른 것은 아니고, 진품이라는 조건이 피실험자들로 하여금 평소보다 더 높은 도덕성을 발휘하게끔 했다고 볼 수 있다. 반대로 진품 선글라스를 쓴 집단의 여자가 아무런 정보도 제공받지 않는 집단의 여자와 동일한 규모로 부정행위를 저질렀다면 진품 조건 때문에 피실험자가 평소보다 더 높은 도덕성을 발휘했다고 볼 수 없고, 짝퉁 조건이 부정행위와 도덕성의 규모를 좌우하는 유일한 인자라고 결론을 내릴 수 있다.

그렇다면 과연 실제 결과는 어땠을까? 진품 조건과 짝퉁 조건에서 각각 피실험자의 30퍼센트와 73퍼센트가 부정행위를 저지른 데 반해, 제3의 조건, 즉 선글라스의 진품 여부와 관련해 아무런 정보도 제공받지 않은 집단에서는 피실험자의 42퍼센트가 부정행위를 저질렀다. 이 집단의 부정행위 수준은 진품 집단의 부정행위 수준에 더 가까웠다(실제로 이 두 조건 집단의 결과는 통계적인 의미에서 별 차이가 없었다). 이런 결과는 다음의 가설을 지지했다. 진품 조건이 사람들의 정직성을 (적어도 크게는) 증가시키지 않지만 짝퉁 상품을 쓰면 사람들의 도덕적인 자제력이 해이해지고, 따라서 사람들은 부정행위의 어두운 길로 더 많이 접어들게 된다.

우리가 이 실험에서 얻을 수 있는 교훈은 무엇일까? 만약 당신이나 당신 친구 혹은 당신과 데이트를 하는 어떤 사람이 짝퉁을 입거나 쓰고 있다면 조심할 필요가 있다. 부정행위를 할 가능성이 당신이 예상하는 것보다 더 클 것이기 때문이다.

"어차피 이렇게 된 거" 효과

...

　자, 이런 경우를 생각해보자. 당신은 현재 다이어트 중이다. 다이어트를 시작할 때 당신은 여러 가지 어려운 규칙들을 지키려 애쓴다. 아침 메뉴로는 포도 반 송이와 통밀 토스트 한 쪽 그리고 스크램블에그가 전부다. 점심으로는 무칼로리 드레싱을 곁들인 칠면조 고기 몇 조각을 먹는다. 그리고 저녁에는 생선구이와 찐 브로콜리를 먹는다. 4장에서 확인한 사실에 비춰보면 당신은 지금 정신적으로 상당히 고갈된 상태다. 그런데 이런 당신에게 누군가 초콜릿 트뤼프를 내민다. 유혹에 굴복해 그 트뤼프를 한 입 먹는 순간 당신이 굳건하게 지켜온 규칙은 무너진다. 당신은 스스로에게 이렇게 말한다.

　"빌어먹을! 규칙을 깨버렸잖아. 이제 트뤼프를 몇 개 더 먹으나 안 먹으나 별 차이가 없겠군. 어차피 이렇게 된 거, 한 주 내내 참고 먹지 않았던 거나 실컷 먹어보자. 치즈버거, 패티 2개 들어간 걸로. 다이어트는 내일부터 새로 시작하면 되니까. 아니면 다음 주 월요일부터 새로 하든가. 그때는 진짜 제대로 할 거야."

　다른 말로 하면 당신은 스스로 약속했던 다이어트 규칙에 이미 흠을 내고 말았으니 아예 전체 계획을 완전히 깨버리고 자유를 최대한 만끽하려 한다. 물론 당신은 이런 일이 그다음 날 혹은 그다음 주에도 얼마든지 다시 일어날 수 있다는 사실은 고려하지 않는다.

　사람들이 가진 이런 결점을 보다 세부적으로 살펴보기 위해 나는 지노 그리고 노턴과 함께 사람들이 어떤 시도를 하는 과정에서 아주 사소한 실패(예를 들어 다이어트 도중에 프렌치프라이 한 조각을 먹는 행위)를 했을 때, 이 실패가 그 시도 전체를 포기하게 하는 과정을 살펴보기로 했다.

자, 이런 상상을 해보자. 당신은 선글라스를 쓰고 있다. 이 선글라스는 진품일 수도 있고, 짝퉁일 수도 있다. 혹은 진품 여부에 대해 당신은 아무런 정보를 갖고 있지 않을 수 있다. 당신은 이 선글라스를 쓰고 컴퓨터 모니터 앞에 앉아 있다. 모니터 화면에는 사각형 이미지가 나타나 있고, 그 안에 대각선이 하나 그어져 있다. 다시 말해 사각형은 두 개의 삼각형으로 나뉘어 있다.

시험이 시작되면 20개의 점이 이 두 개의 삼각형 안에 나타났다가 1초 만에 사라진다. 그리고 당신은 이 두 개의 삼각형 중 어느 쪽에 점이 더 많이 있었는지 답해야 한다. '오른쪽'과 '왼쪽'이라는 두 개의 버튼을 사용해 한쪽을 선택하면 된다. 당신은 이 일을 100회 반복한다. 어떤 때는 오른쪽이든 왼쪽이든 점이 많은 쪽을 확실하게 알 수 있다. 그러나 어떤 때는 양쪽에 분포된 점의 개수가 비슷해 쉽게 알 수 없다. 이런 시험을 100회 하고 나면 어느 정도 이 과제에 익숙해진다. 이 과정에서 우리는 당신이 이런 유형의 판단을 얼마나 정확하게 하는지 알 수 있다.

여기서 컴퓨터는 당신에게 동일한 과제를 200회 더 하라고 말한다. 그런데 이번에는 조건이 조금 다르다. 당신이 내린 판단에 따라 당신은 다른 보수를 받는다. 이 보수는 당신의 판단이 옳은지 그른지에 상관없이 지급되는데 왼쪽을 선택할 때마다 0.5센트를 받고 오른쪽을 선택할 때마다 5센트를 받는다. 즉 오른쪽을 선택하면 왼쪽을 선택할 때보다 열 배나 많은 보수를 받는다.

표 4 | 도트 과제

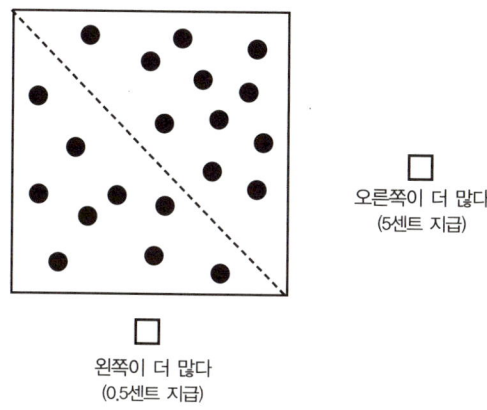

이런 인센티브 구조에서 당신은 이따금씩 기본적인 이익충돌에 직면하게 된다. 오른쪽에 점이 더 많이 있을 때는 윤리적으로 아무런 문제가 없다. 정직한 대답을 하는 것이고, 또한 이럴 때는 0.5센트가 아니라 5센트를 받기 때문이다. 하지만 왼쪽에 점이 더 많을 때 당신은 '왼쪽'이라고 정직한 대답을 할 것인지, 아니면 오른쪽을 선택해 보수를 많이 받을 것인지 결정해야 한다.

이런 편향된 보수 지급 체계를 제시함으로써 우리는 피실험자들이 실제 현실을 약간 다른 방식으로 바라보게 해 오른쪽 버튼을 지나치게 많이 누르는 부정행위를 유도했다. 즉 왼쪽에 점이 더 많이 있는 경우 피실험자들로 하여금 정직성(정확한 답을 선택하는 것)과 이익의 극대화

('오른쪽'을 선택하는 것) 사이에서 선택을 하도록 한 것이다. 부정행위를 할 것인가 말 것인가, 그것이 문제였다. 한 가지 기억해야 할 것은, 이 과제를 진행하는 동안 피실험자는 계속 선글라스를 쓰고 있었다.

    이 실험에서도 우리가 평소에 했던 매트릭스 과제와 전반적으로 일치하는 결과가 나왔다. 많은 사람이 부정행위를 하지만 그 규모는 그다지 크지 않았다. 그런데 흥미롭게도 짝퉁 선글라스를 쓴 집단에서 부정행위의 규모가 특히 컸다. 게다가 이 사람들은 어느 쪽이 더 많은지 모호할 때 오른쪽을 더 많이 선택했을 뿐만 아니라 왼쪽이 명백하게 더 많을 때조차 보수가 적은 왼쪽이 아니라 보수가 많은 오른쪽을 선택한 경우가 더 많았다.

    이것이 전반적인 경향이었는데 우리가 처음 이 '도트 과제dot task'를 만든 목적은 부정행위의 기회가 매우 많은 상황에서 부정행위 양상이 시간이 지남에 따라 어떻게 변화하는지 살펴보기 위함이었다. 우리가 알아보고자 한 것은 피실험자들이 처음에는 아주 이따금씩만 부정행위를 저지르다가(즉 자기가 정직한 사람이라는 믿음을 유지하려고 노력하다가) 특정 시점에 이르면 이런 정직성과 부정행위의 균형을 무너뜨리며 자기가 설정했던 어떤 기준, 즉 '정직성과 부정행위를 가르는 문지방'을 넘어서지 않을까 하는 점이었다. 그리고 이 기준을 넘어서고 나면 '어차피 이렇게 사기꾼이 된 거 돈이나 더 많이 받아야지'라는 생각을 하게 될 것이며 그때부터 사람들은 초반보다 더 많이 부정행위를 저지를 것이라고, 즉 기회가 주어질 때마다 부정행위를 저지를 것이라고 예상했다.

    실험 결과가 드러낸 첫 번째 사실은 실험이 진행됨에 따라 부정행위의 규모가 점점 더 커진다는 점이었다. 그러나 우리는 좀 더 흥미로운 사실을 확인했는데 많은 피실험자에게서 이런 전이轉移가 어떤 시점에 매우 급작스럽게 일어난다는 점이었다.

어떤 시점에서부터 이들은 부정행위를 조금씩 하던 태도를 버리고 기회가 주어질 때마다 부정행위를 저지르기 시작했다. 이런 일반적인 행동 양상은 '어차피 이렇게 된 거 What-the-Hell'라는 태도로 인한 것임을 충분히 예상할 수 있다. 또 이런 현상은 짝퉁 집단이든 진품 집단이든 가리지 않고 분명하게 나타났다. 그러나 도덕성의 구속을 훨씬 큰 규모로 포기하며 최대한 부정행위를 저지른 것은 짝퉁 선글라스를 쓴 피실험자들이었다.

여기서 당신은 짝퉁 상품을 선물로 받는 것과 자신이 직접 짝퉁 상품을 구입하는 경우에 도덕성 포기라는 결과가 어떻게 달라질지 궁금할 것이다. 우리도 이런 사실이 궁금해 또 다른 실험을 통해 이런 의문을 풀려 했다. 그런데 자신이 직접 짝퉁 상품을 선택하든 혹은 짝퉁 상품을 선물로 받았든 결과는 아무런 차이가 없는 것으로 나타났다. 과정에 상관없이 사람들은 짝퉁 상품을 착용할 때 부정행위를 더 많이 저질렀다.

'어차피 이렇게 된 거' 효과의 맥락에서, 우리는 사람들이 도덕적 영역에서도 다이어트를 할 때와 매우 유사한 행동 양상을 보인다는 사실을 확인했다. 사람들은 자신이 정한 기준을 한 번 깨고 나면 더 이상 자기 행동을 통제하려 들지 않는다. 그리고 그때부터는 부정행위의 유혹에 이전보다 훨씬 쉽게 넘어간다. 예를 들어 다이어트를 하다가 프렌치프라이를 하나 먹거나 금전적인 보상을 바라고 정직하지 못한 선택을 한 번 하고 난 이후처럼 말이다.

정리하자면 옷이 사람의 행동을 결정하는 것 같다. 싸구려 복제품은 이것을 착용한 사람의 도덕적 판단에 영향을 주는 것처럼 보인다. 사회과학 분야의 연구가 많은 것을 밝혀냈듯 이런 정보는 긍정적으로든 부정적으로든 다양한 방법으로 활용할 수 있다. 부정적으로는, 어떤 기업이 이런 기본 원리를 활용해 직원들의 도덕성이 해이해지게 해 언제 어디서나 고객, 협력업체, 정부 당국자 그리고 경쟁기업을 교활하게 속이도록 만들 수 있다. 반면 긍정적으로는, 도덕성의 규제를 벗어던지는 과정이 어떻게 진행되는지 이해함으로써 우리는 '어차피 이렇게 된 거'라는 태도가 작동하는 초기 단계의 범죄에 좀 더 관심을 기울여 늦기 전에 도덕성의 붕괴에 제동을 걸 수 있다.

짝퉁 선글라스의 부정적인 효과

***

지노와 노턴 그리고 나는 이런 실험들을 마친 뒤 사람들이 짝퉁 상품을 쓰거나 입거나 혹은 갖는 행위가 자기 자신을 바라보는 관점에 영향을 미치며, 또 일단 스스로를 사기꾼으로 보고 나면 부정직한 행동을 더 많이 하기 시작한다는 증거를 발견했다. 그러자 또 다른 의문이 생겼다. 짝퉁 상품이 자기 자신을 바라보는 눈을 바꿔놓는다면 다른 사람의 정직성과 도덕성에 대한 의심도 그만큼 더 커지지 않을까 하는 의문이었다.

이 의문에 대한 해답을 얻으려고 또 다른 실험을 준비했다. 우리는 피실험자들에게 각각 진품 클로에 선글라스와 짝퉁 선글라스를 쓰게 하고, 복도를 걸으면서 여러 가지 포스터들을 보게 하고 또 창밖의 풍경을 보게 했다. 하지만 이번에는 이들에게 매트릭스 과제나 도트 과제 대신 제법 긴 설문지를 주고 선글라스를 쓴 채로 그에 답하게 했다. 이 설문지에서 우리는 진짜 의도를 감추려고 실험 취지와 아무런 상관없는 여러 가지 질문들을 했다.

이런 위장 질문들과 함께 우리는 피실험자들이 다른 사람의 도덕성을 어떻게 해석하고 평가하는지 측정하기 위한 세 항목(A, B, C)의 질문을 심어놓았다.

먼저 A 항목의 질문들은 자기가 알고 있는 사람들이 윤리적으로 문제가 될 수 있는 행동들을 얼마나 자주 한다고 생각하는지 물었다. B 항목의 질문들은 특정한 상황에서 그들이 과연 거짓말을 할 것인지 물었다. 마지막 C 항목의 질문들은 어떤 사람에게 부정한 행동을 할 수 있는 기회가 주어졌을 때, 이 사람이 행동할 수 있는 두 가지 시나리오를 제시한 다음 시나리오 속의 인물이 부정행위를 할 가능성이 얼마나 된다고 추정하는지 물었다.

이 세 항목의 질문들을 구체적으로 소개하면 다음과 같다.

A 항목: 당신이 알고 있는 사람들은 다음과 같은 행동을 얼마나 자주 하는가?
- 마트에서 물건을 엄청나게 많이 사고서도 구매 물품이 적은 사람들을 위해 따로 마련된 계산대에 줄을 선다.
- 자기 좌석 클래스의 차례가 아닌데도 먼저 비행기에 탑승한다.

- 업무 추진비를 과다하게 부풀려 보고한다.
- 어떤 프로젝트와 관련해 아무런 작업도 하지 않았으면서 상사에게 어느 정도의 진척이 있다고 보고한다.
- 회사의 사무용품을 집으로 가져가 개인적인 용도로 쓴다.
- 보험사에 보험금을 청구할 때 피해 금액을 부풀려 말한다.
- 옷을 사서 몇 번 입은 뒤 환불한다.
- 부인이나 애인에게 과거에 잠자리를 함께했던 이성의 수를 속인다.

B 항목: 당신이 아는 사람들이 다음과 같이 말할 때 이 말이 거짓말일 가능성은 얼마나 되는가?

- 지각해서 죄송합니다, 길이 워낙 막혀서요.
- 제 평균 학점은 4.0입니다.
- 물론이지요, 오늘 밤부터 당장 시작하겠습니다.
- 네, 존은 어젯밤에 나와 같이 있었습니다.
- 그 이메일을 분명히 보냈는데, 틀림없이…….

C 항목: 다음 사람들이 아래와 같이 행동할 가능성은 얼마나 되는가?

- 스티브는 잔디 및 정원용 농약과 비료를 생산하는 회사의 운영책임자다. 1년 뒤부터 어떤 유해한 화학제품이 당국의 규제에 따라 판매 금지될 예정이며, 이런 이유로 지금은 매우 싼 가격에 매매된다. 만약 스티브가 이 화학제품을 지금 구입한 다음 농약이나 비료로 만들어 최대한 빠르게 소비시킨다면 상당한 수익을 올릴 수 있다. 스티브가 비록 아직은 합법적이지만 조만간 판매가 금지될 이 유해한 화학

제품을 사용해 제품을 만들 가능성이 얼마나 될지 추정하시오.
- 데일은 건강식품을 생산하는 회사의 운영책임자다. 이 회사에서 생산하는 유기농 음료의 1회 음용당 섭취 칼로리는 109칼로리다. 그런데 100칼로리라는 임계점을 넘는 것에 소비자가 민감하게 반응한다는 사실을 데일은 잘 알고 있다. 만약 이 음료의 1회 음용량을 10퍼센트 줄이면 1회 음용당 섭취 칼로리는 98칼로리가 된다. 이 경우 제품 설명서에는 '한 병당 2.2회 음용'이라 적으면 된다. 이런 상황에서 데일이 1회 음용당 100칼로리라는 임계점을 피하기 위해 1회 음용량을 줄일 가능성이 얼마나 될지 추정하시오.

결과가 어떻게 나왔을까? 물론 당신이 예상한 대로다. 자기가 아는 사람들의 행동을 추정할 때 짝퉁 조건의 피실험자들은 진품 조건의 피실험자들에 비해 부정행위를 더 많이 추정했다. 이들은 또한 B 항목에서 예시한 일상적인 변명들이 거짓말이라고 해석하는 경향이 더 높았으며, C 항목의 등장인물들이 정직하지 못한 행동을 할 것이라는 추정을 더 많이 내놓았다.

이런 결과를 놓고 우리는 짝퉁 상품은 사람들로 하여금 부정행위를 더 많이 하도록 유도할 뿐 아니라, 다른 사람의 도덕성을 낮게 평가하도록 유도한다는 결론을 내렸다.

가짜 학위와 이력서 조작

●●●
그렇다면 우리는 어떻게 해야 할까?

우선 오랫동안 짝퉁 상품 때문에 골머리를 앓고 있는 하이패션 기업들에 대해 생각해보자. 당신은 이런 기업들을 동정하지 않을 것이다. 이런 기업들의 직접적인 이해당사자가 아니라면 돈을 긁어모으는 최고 디자이너의 '고뇌'를 진정으로 공감하는 사람이 많지 않을 것이라 생각할 것이다. 당신은 가짜 프라다 가방을 사고 싶은 유혹을 느낄 때마다 스스로에게 이렇게 말할 것이다.

"그래, 유명 디자이너의 제품은 비싸도 너무 비싸. 실제 가치에 비해 말이야. 그렇게 많은 돈을 주고 진품을 사는 건 바보짓이야."

또 이렇게 말할 수도 있다.

"아무튼 난 정품을 살 생각은 없어. 그렇다고 디자이너가 받는 돈이 줄어들거나 하지는 않을 테니까."

혹은 이런 말을 할 수도 있다.

"그런 명품 회사들은 돈을 워낙 많이 벌기 때문에 몇몇 사람들이 짝퉁 상품을 산다고 해도 별 차이가 없을 거야."

값싼 짝퉁 상품을 사는 경제적 편안함에 대해 우리 스스로 찾아내는 핑계가 무엇이든 명품 회사들이 느끼는 불안과 공포가 정당하다고 느끼는 사람은 많지 않다.

그러나 우리가 실험을 통해 확인한 결과는 거기에 또 다른 음험한 이야기가 숨어 있음을 보여준다. 짝퉁의 대가를 치르는 것은 명품 회사들만이 아니라는 점이다. 한 차례의 부정행위는 자기신호화와 '어차피 이렇게 된 거' 효과로 인해 부정행위를 저지른 그 시점부터 그 사람의 행동을 영속적으로 바꿔놓을 수 있다. 게다가 만약 그 행동이 예를 들어 커다란 '구찌' 로고가 박힌 짝퉁 선글라스를 습관적으로 구매해 사용함으로써 늘 스스로의 도덕성이 낮다는 사실을 무의식적으로 상기하게 되는 사람들이 하는 부정한 행동이라면 그 영향은 아주 오래 가며 파괴력 또한 엄청날 수 있다.

궁극적으로 우리는 짝퉁에 대한 대가를 도덕성이라는 화폐로 치르는 것이나 마찬가지다. 즉 짝퉁을 사용하는 것은 우리의 행동을 바꾸고 우리의 자아 이미지를 바꾸며, 나아가 우리가 주변 사람들을 바라보는 눈을 바꿔놓는다(짝퉁이 주는 영향을 당사자들이 인식하는지 궁금해할 수 있다. 우리는 이 점 역시 시험해봤다. 그리고 사람들이 이런 효과를 인식하지 못한다는 점을 확인했다).

전 세계 어느 곳에서나 기업의 대표가 업무를 보는 사무실의 벽에는 그 사람의 대학 졸업장이 자랑스럽게 걸려 있다. 이 졸업장을 한 번 보자. 꽤 오래전의 일이지만 〈월스트리트저널 The Wall Street Journal〉은 학력을 잘못 표기한 기업의 중역들에 대한 기사를 실으면서 케네스 카이저Kenneth Keiser와 같은 최고 거물들을 예로 들었다. 당시 카이저는 펩시아메리카스PepsiAmericas Inc.의 사장 겸 최고운영책임자였는데 그는 미시간주립대학을 다니긴 했지만 졸업은 하지 않았다. 그러나 오랫동안 그는 이 대학을 졸업했다고 주장했다(물론 단순한 오해에서 비롯된 해프닝일 수도 있다).[6]

《스트레스를 줄이면 더 크게 성공한다 Less Stress, More Success》의 저자인 매릴리 존스Marilee Jones도 예로 들 수 있다. 이 책에서 그녀는 좋은 대학에 입학하고 좋은 일자리를 찾으려면 무엇보다도 '있는 그대로의 자기 자신이 돼야 한다'고 주장했다. 그녀는 MIT의 인기 있는 학장이었고 입학처장이었으며 25년 동안 맡은 바 직무를 성실하게 수행했다. 그런데 한 가지 문제가 있었다. 처음 MIT에 일자리를 얻을 때 이력서에 몇 가지 허위 사실을 기재했던 것이다. 그것은 분명 부정행위였다. 이것은 누가 봐도 명백한 사실이었다. 결국 그녀는 영광으로부터의 추락이라는 쓴맛을 봐야 했다. 취직 욕심에 이력서에 허위 사실을 기재한 '실수'를 바로잡을 '용기를 내지 않았던' 점을 사과해야 했다. '있는 그대로의 자기 자신이 돼야 한다'고 가장 큰 소리로 말하고 또 그 얘기 덕분에 찬사를 받았던 사람도 이력서에 허위 사실을 기재한 대가를 톡톡히 치르고 무너지는데 하물며 보통 사람들은 어떻겠는가.

'어차피 이렇게 된 거' 효과라는 맥락에서 이런 유형의 부정행위를 설명한다면 가짜 졸업장은 처음에는 어디까지나 순수하게 시작됐을 것이다. '실제로 그렇게 될 때까지 그런 체하라 Fake it till you make it'라는 속담 차원에서 말이다. 그러나 한 번 부정행위를 저지르고 나면 이후에는 도덕적 기준이 느슨해지면서 또 다른 부정행위를 저지를 수 있는 가능성이 한층 농후해진다. 만약 가짜 박사 학위를 가진 어떤 중역이 이 가짜 학위를 편지지 윗부분의 인쇄 문구나 명함, 이력서, 웹사이트 등에 계속 사용함으로써 이런 사실을 스스로 끊임없이 상기하게 된다면 이 사람은 업무 추진비를 과다하게 보고하거나, 근무시간을 부풀리거나, 기업 자금을 엉뚱한 데다 쓰는 따위의 부정행위 역시 별다른 갈등 없이 저지를 것이다. '어차피 이렇게 된 거' 효과를 놓고 따진다면 최초의 그 부정행위가 이 중역이 가진 자기신호화된 부정직함의 수준을 한 단계 높이고, 이것이 다시 또 다른 기만적인 행위를 계속하도록 유도하기 때문이다.

결론은 이렇다. 우리는 단 한 차례의 부정행위도 사소하게 봐 넘겨서는 안 된다. 사람들은 흔히 누군가가 처음 어떤 잘못을 저질렀을 때는 용서한다. 처음 저지른 실수이고 또 사람은 누구나 실수를 한다고 생각하기 때문이다. 하지만 최초의 부정행위가 어떤 사람이 자기 자신 및 그 시점 이후의 자기 행동을 바라보는 방식을 결정하는 데 결정적인 역할을 한다. 이 점을 명심하고 최초의 정직하지 못한 행동이 가능한 한 일어나지 않도록 최선을 다해야 한다. 겉으로 보기에 악의가 없는 행동들이라 하더라도 이를 줄여야 하는 가장 큰 이유가 여기 있다. 사소한 부정행위를 줄일 경우 우리가 사는 사회는 더 정직해지고 그 결과 부정부패는 점점 설 곳을 잃게 될 것이다.

무단 전재를 금합니다

마지막으로 불법 다운로드를 잠시 살펴보자. 짝퉁과 관련된 논의에 마침표를 찍으려면 짝퉁의 사촌이라 할 수 있는 불법 다운로드에 대한 논의를 빼놓을 수 없다. 짝퉁 선글라스 실험과 비슷하되 선글라스 대신 불법으로 다운로드한 음악이나 영화를 동원한 실험을 상상하면 된다. 우선 불법 다운로드와 관련해 내가 들은 재미있는 이야기부터 하나 소개하겠다. 이 이야기에서 피해자는 바로 나다. 《상식 밖의 경제학》이 출간되고 몇 달 뒤 나는 다음과 같은 이메일을 받았다.

안녕하십니까, 애리얼리 씨

저는 오늘 아침에 불법으로 다운로드받은 선생님의 오디오북을 다 들었습니다. 제가 이 책을 얼마나 높이 평가하는지 꼭 말씀드리고 싶어 이렇게 메일을 보냅니다.

저는 아프리카계 미국인이고 나이는 서른 살이며 시카고 도심에 살고 있습니다. 지난 5년 동안 저는 불법 CD와 DVD를 팔아 생계를 꾸려왔습니다. 제 가족 중에 노숙자가 아니거나 감옥에 있지 않은 사람은 제가 유일합니다. 미국의 가치에 어긋나는 모든 것을 대표하는 한 가족 중 마지막 남은 사람으로서 그리고 또 현재 미국의 법을 어기고 있는 한 사람으로서 저는 저 역시 언젠가는 감옥에 있는 가족들과 합류할 것임을 잘 알고 있습니다.

얼마 전에는 저도 오전 9시부터 오후 5시까지 일하는 합법적인 직장을 갖고 있었고, 남에게 손가락질을 받지 않는 생활을 한다는 사실이 행복했습니다. 하지만 얼마 뒤 저는 그 일을 그만두고 다시 불법적인 일자리로 돌아갔습니다. 제가 5년 동안이나 만들고 키워왔던 사업을 포기하는 것이 고통스러웠기 때문입니다. 저는 그 사업의 소유주였기에 오너십을 느낄 수 있었습니다. 그런데 사업을 할 때와 같은 오너십을 느낄 수 있는 일자리를 도저히 찾을 수 없었습니다. 선생님이 오너십에 대해 했던 연구의 진정한 표본이 바로 저였습니다.

하지만 오너십 말고 다른 어떤 것이 그처럼 강력한 힘으로 나를 다시 불법 영업의 현장으로 떠밀었습니다. 제가 일하던 합법적인 소매점에서 사람들은 고객에 대한 충성심과 배려에 대해 말했습니다. 하지만 불법 사업에서 고객에 대한 충성심이나 배려는 제가 합법적인 일을 하면서 지켜본 것보다 훨씬 더 강력하고 열렬했습니다. 불법 영업을 하면서 저는 약 100명의 단골고객을 관리했습니다. 우리는 서로를 깊이 염려하는 진정한 친구였습니다. 고객과 맺었던 이런 끈끈한 우정과 인간관계 때문에 저는 그 사업을 포기하기가 힘들었습니다.

선생님의 책 잘 들었고, 덕분에 행복하고 고맙습니다.

엘리야 드림

이 이메일을 받은 뒤 나는 인터넷을 뒤져 불법 다운로드가 가능한 내 오디오북 버전을 몇 개 찾아냈다. 그리고 스캐닝을 한 버전도 몇 개 찾았다(그런데 솔직히 표지나 참고문헌, 심지어 저작권을 명시하는 부분까지 모두 해상도가 높았음을 인정하지 않을 수 없다).

'정보는 자유롭기를 원한다'라는 주장에 얼마나 동의하든 자기 저작물이 자신의 허락도 받지 않은 상태에서 불법으로 복제돼 배포되는 것을 지켜보는 경험은 매우 특별할 수밖에 없다. 불법 다운로드라는 전체적인 쟁점이 좀 더 개인적이고, 덜 추상적이며, 좀 더 복잡한 느낌으로 다가오기 때문이다.

어떻게 보면 나는 무척 행복한 사람이다. 사람들이 내가 한 연구 결과를 읽고 있으며, 또 거기서 어떤 유익한 경험을 할 것이기 때문이다. 그러므로 이런 일은 많으면 많을수록 더 좋다. 사실 내가 글을 쓰는 이유도 바로 여기 있다.

한편으로 자기 저작물이 불법으로 복사되고 팔린다는 사실에 저자는 불쾌하고 짜증날 수밖에 없다. 고맙게도 나는 저작이 본업이 아니다. 만약 내가 저작을 본업으로 삼고 거의 모든 수입을 인세에 의존한다면 불법 다운로드가 내 지적 호기심의 대상이 되기 어려울 것이며 또한 참고 넘기기에는 너무 큰 아픔일 것이다.

나는 엘리야와 나 우리 두 사람이 공정한 교환을 했다고 생각한다. 그가 내 책을 불법으로 복사한 것은(그리고 이 과정에서 돈을 벌었다는 것은) 분명한 사실이다. 하지만 나는 불법적인 사업에서 나타나는 고객의 충성심과 관련자들의 고객에 대한 배려와 관련한 흥미로운 사실을 배웠으며, 더 나아가 연구 과제와 관련된 아이디어까지 얻었다.

우리는 '어차피 이렇게 된 거' 효과라는 도덕적 타락에 맞서, 또 한 번의 부정행위가 이후 오랫동안 우리의 제한된 도덕성에 미칠 잠재적이고 부정적인 효과의 가능성에 맞서 어떻게 싸워야 할까? 패션에서든 혹은 일상생활의 또 다른 영역에서든 단 한 번의 부도덕한 행동이 또 다른 부도덕한 행동을 유발할 수 있다는 사실, 또 어떤 한 영역에서 일어난 부도덕한 행동들이 다른 영역에서 우리의 도덕성에 영향을 미칠 수 있다는 사실을 명심해야 한다. 우리는 정직하지 못한 행동들의 초기 징후에 초점을 맞추고 그를 주시해야 하며, 부정행위가 습관적인 것으로 자리 잡기 전, 즉 아직 시작 단계에 있을 때 이런 행위들을 예방하거나 혹은 적어도 그 수를 줄이도록 최선을 다해야 한다.

마지막으로 이 모든 연구의 출발점이 됐던 프라다 가방에 대해 얘기하고 싶다. 이 가방을 놓고 나는 유일하게 가능한 합리적 판단을 했다. 그게 뭐냐고? 바로 어머니에게 선물로 드리는 것이었다.

6장

자기 자신을 속이는 사람들

자기기만

The (Honest) Truth About Dishonesty

당신이 지금 바닷가 부드러운 모래사장을 걷고 있다고 상상해보자. 썰물 때라 바닷물이 빠져나가는 중이고, 물에 젖은 모래밭이 점점 넓게 드러나고 있다. 당신은 지금 여자 친구를 새로 만나기 위해 자주 가던 장소로 가고 있다. 아 참, 잊을 뻔했는데 당신은 사람이 아닌 게의 모습을 하고 있다. 당신은 곧 암게의 사랑을 차지하기 위해 다른 수게들과 싸워야 한다.

저 앞에 귀엽고 붉은 발을 가진 예쁜 암게와 함께 경쟁자가 보인다. 이 경쟁자는 빠르게 암게에게 다가가고 있다. 이 상황에서 당신에게 가장 좋은 방법은 싸우지 않고 겁을 줘 경쟁자가 도망치게 만드는 것이다. 그러면 물리적인 전투를 벌임으로써 상처를 입거나 최악의 경우 싸움에 지는 상황을 피할 수 있다. 이를 위해 당신은 다른 게들에게 당신이 그들보다 더 크다는 사실을 알려줘야 한다. 하지만 까치발로 서서

건성으로 발톱을 흔들어대며 상대보다 큰 척한다면 상대는 당신의 본모습을 쉽게 간파할 것이다. 그렇다면 어떻게 해야 할까?

당신에게 정말 필요한 것은 스스로를 향한 응원의 말이다. 그리고 자신이 본모습보다 더 크고 강하다고 철석같이 믿는 것이다. 당신이 이 해변에서 가장 덩치가 큰 게라고 진심으로 믿으며 뒷발로 땅을 디디고 몸을 최대한 늘여 팔을 넓게 그리고 높게 벌려야 한다(사슴이 자기 뿔이 크다고, 공작이 자기 꼬리가 크다고 다른 수컷에게 시위하는 경우도 마찬가지다. 이는 동물의 세계에서 흔히 볼 수 있는 일이다). 자신의 거짓말이 진실이라 믿는다면 당신은 아무리 무서운 상대를 만나도 겁먹지 않을 수 있다. 당신의 이런 (과장된) 자신감에 경쟁자는 꽁무니를 빼고 달아나고 만다.

하지만 우리는 사람이다. 우리는 까치발을 하고 팔을 흔들어대거나 털을 곧추세우거나 혹은 낮은 목소리로 으르렁거리는 것보다 훨씬 더 정교하게 자기 자신을 과장하는 여러 가지 수단을 갖고 있다. 우리는 거짓말을 하는 능력을 갖고 있다. 그것도 남에게뿐 아니라 자기 자신에게도 거짓말을 할 수 있는 능력이다. 자기기만self-deception은 자기 자신에게 하는 여러 가지 이야기를 믿게 해주는 매우 유용한 방법이다. 자기기만이 성공적으로 이뤄질수록 스스로 어떤 일에서 꽁무니를 빼거나, 자신의 본모습이 자신이 드러내고 싶어 하는 모습보다 형편없다는 사실이 밝혀질 가능성은 그만큼 줄어든다.

이번 장에서는 다른 사람뿐 아니라 자기 자신을 성공적으로 속이는 다양한 방법들을 살펴볼 것이다. 그렇다고 결혼을 하거나 취직을 하거나 혹은 다른 어떤 일을 하는 데 거짓말이 최고의 수단이라고 주장할 생각은 없다.

우리는 자기가 하는 거짓말을 모두 즉각적으로 믿을 수는 없다. 당신이 남녀 미팅 자리에 나갔다고 하자. 이 자리에서 당신은 어떤 매력적인 여자에게 강한 인상을 심어주려 노력한다. 그 순간 갑자기 한 가지 황당한 생각이 떠오른다. 당신은 그 여자에게 자신이 비행기 조종사 면허증을 갖고 있다고 거짓말해야겠다는 생각이 들었다. 이런 경우에는 자기 자신조차도 스스로가 조종사 면허증을 소지하고 있으며 다른 조종사들에게 착륙방법을 개선할 신기술을 가르쳐줄 참이라는 거짓말에 설득되기 어렵다.

자, 이번에는 당신이 친구와 함께 운동 삼아 운동장을 달리고 있다고 상상해보자. 달리기 기록에 관해 얘기하던 중 당신은 갑자기 친구에게 약 1.5킬로미터를 6분대에 달린 기록을 보유하고 있다고 말한다. 하지만 당신의 진짜 최고 기록은 7분이 조금 넘는다. 당신은 친구에게 거짓말을 한 것이다. 며칠 뒤 당신은 다른 사람에게도 똑같은 거짓말을 한다. 이렇게 과장된 주장을 반복하게 되면 어느새 당신은 자신이 7분 벽을 깨지 못했다는 사실을 잊고 만다. 그리하여 자신이 1.5킬로미터를 6분대에 달릴 수 있다고 믿고 그런 사실에 돈을 걸고 내기를 할 수도 있다.

장애인 행세하기

내가 경험한 자기기만의 사례를 소개하겠다. 1989년 여름이었다. 병원에서 퇴원하고 2년 남짓 지났을 무렵이다. 친구인 켄과 나는 또 다른 친구를 만나기 위해 뉴욕에서 런던으로 날아갔다. 당시 우리는 요금이 가장 싼 에어인디아 소속 비행기를 선택했다. 택시를 타고 공항에 도착한 우리는 터미널 바깥까지 길게 늘어선 줄을 보고 깜짝 놀랐다. 비행기를 타려면 그 긴 줄 맨 끝에 서서 기다려야 한다는 뜻이었다.

그 순간 재빠르게 머리를 굴린 켄이 한 가지 제안을 했다. 그것은 나를 휠체어에 태우겠다는 것이었다. 그는 내가 휠체어에 편안하게 앉아 있기만 하면 줄을 서지 않아도 되고 남보다 훨씬 빨리 모든 탑승 절차를 마칠 수 있을 것이라고 말했다(솔직히 나는 차례를 기다리며 오랜 시간 서 있기 힘들었다. 두 다리의 혈액순환이 원활하지 못했기 때문이다. 그렇다고 휠체어 신세를 져야 할 정도는 아니었다).

우리는 그것이 매우 좋은 생각이라는 데 동의했고, 켄이 어디론가 가더니 휠체어를 구해왔다. 덕분에 우리는 출국심사 과정을 빠르게 마쳤고, 그러고도 두 시간이나 남아 여유롭게 커피를 곁들여 샌드위치를 먹을 수 있었다. 그 순간 내게 생리 현상이 찾아왔다. 켄은 휠체어를 밀어 나를 화장실로 데려갔다. 그런데 문제는 화장실이었다. 휠체어가 들어갈 수 있도록 설계돼 있지 않았다. 잠시 고민하다가 나는 내 역할에 충실하기로 했다. 나는 휠체어를 최대한 변기 가까이 붙였고, 정상적인 거리보다 조금 먼 거리에서 볼일을 봤다. 물론 완벽한 성공이라 할 수 없었지만 그래도 꽤 괜찮았다.

장애물은 또 있었다. 이번에는 비행기에 탑승할 때였다. 우리 자리는 30열에 있었는데 통로에 비해 휠체어 폭이 너무 넓었다. 이번에도 우리는 우리의 새로운 역할이 명령하는 대로 충실했다. 나는 계속 걷지 못하는 사람을 흉내 냈고, 켄은 이런 나를 부축해 거의 질질 끌다시피

해서 자리에 앉혔다.

우여곡절을 거듭하며 자리에 앉은 나는 비행기가 이륙하기를 기다렸다. 나는 공항에서 화장실 때문에 불편했던 것처럼 비행기에서도 그 문제로 불편을 겪어야 한다는 사실에 짜증이 났다. 휠체어에 의지해야 하는 사람이 비행기 안에서 화장실에 가려면 어떻게 해야 한단 말인가? 이런 경우를 대비해 항공사는 좁은 통로에서 사용할 수 있는 휠체어를 제공해야 하는 것이 아닌가? 나는 화장실에 가야 하는 불편함을 감수하지 않으려면 여섯 시간이나 되는 비행시간 동안 물을 마시지 말아야 한다는 사실에 화가 치밀었다. 휠체어 없이는 이동하지 못하는 나로서는 화장실을 사용하기가 여간 번거롭지 않았기 때문이다.

그것이 전부가 아니었다. 런던에 도착했을 때 또 다른 문제가 나를 기다렸다. 켄이 다시 나를 업고 비행기에서 내렸으며, 이후에는 에어인디아 직원이 휠체어를 꺼내줄 때까지 마냥 기다려야 했다.

이 작은 모험 덕분에 나는 휠체어를 타야 하는 장애인이 일상생활에서 얼마나 불편한지 알았다. 사실 어찌나 힘들고 짜증나던지 에어인디아 런던 지점장을 만나 조목조목 따져야겠다고 마음먹었다. 마침내 휠체어가 왔고, 켄은 나를 에어인디아 런던 지점장 사무실로 데려다줬다. 나는 비행기를 타면서 겪었던 어려움과 굴욕에 대해 장황하게 설명했고, 장애인에 대한 항공사 측의 배려가 형편없다는 점을 지적했다. 물론 지점장은 내게 정중하게 사과했다.

이상한 점은, 이런 소동을 벌이는 동안 내내 나는 내가 걸을 수 있다는 사실을 잊지 않았지만 두 다리를 쓰지 못한다는 내 역할을 **빠르고 정확하게** 소화했다는 것이다. 그래서 그 모욕감이 너무도 생생한 나머지 마치 내가 정말로 장애인이고 또 부당한 대우에 화가 난 것 같았다.

에이인디아 런던 지점장의 사과를 받고 난 뒤 우리는 수하물 찾는 곳으로 갔다. 나는 내 배낭을 찾아 등에 메고 두 발로 뚜벅뚜벅 걸어 공항을 빠져나왔다. 마치 영화 〈유주얼 서스펙트 The Usual Suspects〉의 범죄 조직의 두목 카이저 소제처럼 말이다.

자기기만 현상을 좀 더 면밀히 살펴보기 위해 나는 조에 챈스 Zoe Chance 하버드대학 박사 과정 학생, 마이크 노턴, 프란체스카 지노와 함께 실제로 사람들이 자기 자신에게 거짓말을 언제 어떻게 하는지 그리고 이것을 막을 방법은 없는지 등을 파악할 수 있는 실험을 진행했다.

이 실험은 여러 단계로 구성됐다. 1단계에서 피실험자들은 여덟 문제로 구성된 질문지를 받았다. IQ 테스트와 비슷한 시험이었으며, 질문 중 하나를 소개하면 '400의 10분의 1의 4분의 1의 2분의 1은?'이 있었다. 통제집단에 속한 피실험자들은 시험을 마친 뒤 자신이 쓴 답을 실험 진행자에게 제출하면 진행자가 그것을 확인했다. 이를 통해 우리는 피실험자들의 평균 점수를 파악했다. 피실험자들이 좀 더 자연스럽게 '나는 모든 것을 알고 있다'라고 느끼면서 쉽게 자기기만에 빠져들도록 유도하기 위해, 우리는 평소와 달리 매트릭스 과제 대신 SAT 시험과 유사한 테스트 방식을 동원했다.

부정행위가 가능한 조건의 피실험자들의 시험지에는 하단에 정답이 적혀 있었다. 우리는 피실험자들에게 문제를 푼 다음 자신이 직접 정답을 확인하고 점수를 매기고, 이런 유형의 문제를 자신이 얼마나 잘 푸는지 파악하는 데 도움을 주기 위해 시험지에 정답을 적어놨다고 말했다. 하지만 반드시 문제를 먼저 푼 다음 정답을 보라고 당부했다. 피실험자들은 자기가 맞힌 정답의 개수를 확인한 뒤 자기 점수를 진행자에게 보고해야 했다.

실험의 1단계에서 나타난 결과는 우리가 예상한 대로였다. 정답을 미리 볼 수 있었던 집단의 평균 점수는 그렇지 않은 집단의 평균 점수보다 몇 점 더 높았다. 이것은 시험지 하단에 적혀 있던 정답을 채점 과정에서뿐 아니라 문제를 풀 때도 사용했다는 뜻이었다. 다른 실험들에서와 마찬가지로 이 실험에도 우리는 기회가 주어지면 사람들은 부정행위를 하지만 그 규모가 그다지 크지 않다는 사실을 확인할 수 있었다.

멘사퀴즈에서 높은 점수 얻기

...

비행기나 기차 좌석에는 잡지가 비치돼 있다. 이 실험에 대한 아이디어는 이런 잡지들 중 하나에서 나왔다. 한 번은 비행기를 타고 가면서 좌석에 비치된 잡지를 별 생각 없이 뒤적이다가 멘사퀴즈를 발견했다(멘사퀴즈는 지능지수를 측정하기 위해 고안된 것이다). 나는 매우 호승심이 강한 터라 그 문제들을 푸는 데 필사적으로 매달렸다. 첫 문제를 푼 뒤 나는 정답 페이지를 펴 정답을 확인했다. 그런데 문제를 풀 때마다 이렇게 하다 보니 어느새 나는 방금 푼 문제의 정답뿐 아니라 아직 풀지 않은 다음 문제의 정답까지도 훔쳐보고 있었다. 아직 풀지 않은 문제의 정답을 알고 나니 문제 풀이가 훨씬 쉬웠다.

문제를 모두 푼 뒤 확인해보니 나는 꽤 많은 문제를 맞혔다. 물론 나는 나 자신이 천재라고 외치고 싶었고, 그런 나를 흐뭇하게 바라보고 싶었다. 그러나 그 순간 나는 내가 문제를 많이 푼 게 정말 머리가 좋기 때문인지 아니면 정답을 미리 봤기 때문인지 잘 모르겠다는 생각이 들었다. 물론 마음속으로는 이미 내 머리가 좋기 때문이라는 쪽으로 결론이 나 있었지만 말이다.

고등학생들이 SAT 시험을 준비할 때도 내가 멘사퀴즈를 풀었을 때와 같은 행동 양상을 보인다. 이 방식도 물론 공부에 도움이 되고 충분히 일리가 있다. 그러나 이 과정에서 학생들은 사전에 정답을 확인한 것이 문제를 푸는 데 도움이 됐다는 사실을 잊고 자기 실력을 과대평가한다.

이런 현상은 정답을 확인할 수 있는 모든 문제에서 발생할 수 있다. 우리는 흔히 어떤 연습문제를 풀 때 정답지를 활용하곤 한다. 이는 자신이 충분히 똑똑하다는 사실을 확인하거나 혹은 실제 시험에서는 절대 저지르지 않을 어리석은 실수를 해서 정답을 맞히지 못했을 뿐이라는 사실을 확인하기 위함이다. 어느 쪽이든 우리는 자기 실력을 과대평가하고 그것이 실제 자기 능력인 양 믿는다. 행복한 마음으로!

앞서 실험의 1단계는 피실험자들이 자기 성적을 높이기 위한 방편으로 정답을 미리 보는 경향이 있음을 보여줬다. 그러나 이런 사실만으로는 그들이 부정행위를 한다거나 혹은 스스로를 속인다고 말할 수 없다. 다시 말해 아직은 피실험자들이 자기가 정답을 모두 알고 있었다고 스스로를 속였는지 확인할 수 없다. 이를 확인하기 위해 우리는 또 다른 요소를 덧붙여 다음 단계의 실험을 했다.

자, 당신이 우리가 마련한 실험에 참가한다고 상상해보자. 당신은 여덟 문제로 구성된 질문지를 받고 이 중 네 문제를 맞혔다. 당신의 정답률은 50퍼센트다. 하지만 당신은 실험 진행자에게 여섯 문제를 맞혔다고, 즉 정답률이 75퍼센트라고 보고했다. 이 경우 당신은 자신의 실력이 50퍼센트 영역에 속한다고 생각하는가, 아니면 75퍼센트 영역에 속한다고 생각하는가? 당신은 정답을 미리 보고 점수를 부풀렸다는 사실을 기억하기에 실제 자기 실력이 50퍼센트 영역에 가깝다고 인지한다. 한편으로 당신은 실제로 여섯 문제를 푼 것처럼 여섯 문제에 대한 보수를 지급받았다는 사실을 기억하기에, 자기 실력이 실제보다 훨씬 높은 75퍼센트 수준이라고 스스로를 설득할 수 있다.

여기서 2단계 실험이 시작된다. 수학 문제를 푸는 과제를 마친 뒤 실험 진행자는 당신에게 먼젓번과 비슷한 유형의 문제 100개로 구성된 다음 시험에서는 자신이 몇 문제나 풀 수 있으리라 예상하는지 묻는다. 그런데 이번에는 시험지 하단에 정답이 적혀 있지 않기 때문에 성적을 부풀릴 수 없다. 두 번째 시험에서 당신은 몇 점을 받을 것이라고 예측하는가? 당신은 본래의 자기 실력을 바탕으로 점수를 50퍼센트로 예상하겠는가, 아니면 부풀려진 실력을 바탕으로 점수를 75퍼센트로 예상하겠는가?

여기서 작용하는 논리는 이렇다. 만약 당신이 먼젓번 시험에서 정답을 미리 보는 방법으로 인위적으로 정답 개수를 2개 늘렸다는 사실을 기억한다면, 당신은 새로 볼 시험의 정답률을 50퍼센트로 예상할 것이다. 그러나 만약 당신이 먼젓번 시험에서 여섯 문제를 푼 것을 실제로 자기 힘으로 풀었다고 굳게 믿고 정답을 미리 봄으로써 도움을 받았다고 생각하지 않는다면 당신은 이번 시험의 정답률을 75퍼센트로 예상할 것이다. 실제로 두 번째 시험에서 당신은 50퍼센트의 정답률을 기록할 수 있다. 하지만 당신의 자기기만은 마치 썰물 때 바닷가의 수게처럼 자기 능력을 부풀려 정답률을 실제보다 높게 예상한다.

실험 결과는 피실험자들이 자기기만을 경험한다는 사실을 보여줬다. 두 번째 시험에서 자기가 기록할 성적에 대한 예상 결과를 보면 피실험자들은 1단계에서 자기 점수를 부풀리려고 문제 푸는 데 정답을 활용했을 뿐 아니라 자기는 실제보다 부풀려진 점수를 낼 수 있다고 스스로를 빠르게 설득시켰음을 알 수 있다. 1단계 실험에서 정답을 확인할 기회가 주어졌던 사람들이 부정행위로 부풀린 자기 점수가 실제 자기 능력을 반영한 결과라고 믿기 시작했던 것이다.

만약 피실험자들에게 좀 더 정확하게 대답할 경우 따로 보수를 지급한다고 하면 어떻게 될까? 돈이라는 요소를 동원해 피실험자들이 자신의 정확한 실력을 기억하도록 돕는다면 피실험자들은 성적을 부풀리기 위해 정답을 활용했다는 사실을 공공연하게 무시하지는 못하지 않을까? 이를 확인하기 우리는 동일한 실험을 새로운 피실험자 집단을 대상으로 실시했다.

이번에는 피실험자들이 두 번째 시험의 정답률을 정확하게 예측할 경우 최대 20달러까지 지급하겠다는 조건을 내걸었다. 결과가 어땠을까? 피실험자들은 여전히 먼젓번 시험에서 받은 자기 점수를 온전하게 신뢰하며 두 번째 시험의 예상 정답률을 과대평가하는 경향을 보였다. 돈이라는 명확한 인센티브가 있었음에도 불구하고 자기기만 심리가 피실험자들을 지배했던 것이다.

"나는 처음부터 다 알고 있었다"

나는 내가 연구한 내용을 활용해 다양한 집단에게 강의를 한다. 강의실이나 강연장에서 보통 나는 실험과 실험의 결과 그리고 그 실험에서 우리가 배울 점 등을 설명하곤 한다. 때로 사람들은 내가 설명하는 실험들의 결과에 크게 놀라지 않았으며 그런 사실을 아무렇지도 않게 내게 말했다. 나는 사람들의 이런 반응이 매우 당황스러웠다. 그 실험과 연구를 진행한 사람으로서 나는 거기서 나온 결과를 보고 놀라는 경우가 많기 때문이었다. 그때마다 나는 이런 생각이 들었다. 내 강의를 듣는 사람들은 모두 통찰력이 뛰어난 사람들인가? 이 사람들은 어떻게 그 결과를 처음부터 다 알고 있었던 것일까? 그렇지 않다면 모든 것을 다 알고 있었다는 그 느낌은 진실을 듣고 난 뒤에야 비로소 생긴 것일까?

어느 날 나는 '나는 처음부터 다 알고 있었다'는 이 느낌 혹은 발상을 깨트릴 방법을 발견했다. 그것은 사람들에게 실험 결과가 어떻게 나올지 미리 예측해 보라고 하는 것이었다. 그 후 나는 강의실이나 강연장에서 사람들에게 이렇게 묻기 시작했다. 질문을 던지고 잠시 생각할 여유를 준 다음 각자 예상하는 결과에 투표하거나 종이에 적으라고 했다. 그리고 나서 나는 내가 한 실험의 결과를 사람들에게 알려줬다. 이 방법은 유효했으며, 이후 '나는 처음부터 다 알고 있었다'는 반응이 현저하게 줄어들었다.

사람은 천성적으로 자신이 정답을 처음부터 알고 있었다고 스스로를 설득하는 경향이 있다. 사람이 가진 이런 천성적인 경향에 경의를 표하는 의미에서 나는 듀크대학 안에 세운 심리학 연구센터에 '고급통찰센터 The Center for

> **Advanced Hindsight**'라는 이름을 붙였다.

과장과 허풍을 사랑하는 사람들

∴∴∴

1990년대 초반의 일이다. 유명한 영화감독인 스탠리 큐브릭 Stanley Kubrick은 조감독에게서 자기 행세를 하는 어떤 남자 이야기를 들었다. 큐브릭 행세를 하는 이 사람의 본명은 앨런 콘웨이Alan Conway였는데, 그는 수염 자국이 시커먼 큐브릭 감독과 전혀 다른 외모를 지니고 있었다. 이 남자는 런던 시내를 돌아다니면서 사람들에게 자기가 얼마나 유명한 사람인지 떠들어댔다.

진짜 스탠리 큐브릭 감독은 사생활이 드러나는 것을 극도로 싫어해 파파라치를 피해 다녔으므로 실제로 그가 어떻게 생겼는지 아는 사람은 많지 않았다. 그 때문에 유명 감독을 개인적으로 알고 싶은 마음에 많은 사람이 이 사기꾼의 미끼를 물었다. 특히 소호의 젊은 호모들이 이런 경향이 두드러졌는데, 이들이 바로 콘웨이가 집중적으로 노리는 사냥감이었다. 큐브릭의 영화를 제작하고 배급하던 영화사 워너브러더스Warner Brothers 사무실로 날마다 이들의 전화가 걸려왔다. 이들은 큐브릭 감독에게 음식과 술을 대접하고 택시비까지 지불했으며, 감독이 자기에게 다음에 찍을 영화에 출연시켜주겠다고 약속했는데 왜 연락이 없는지 모르겠다고 하소연했다.

어느 날 〈뉴욕타임스〉에 영화 비평을 연재했던 영화평론가 프랭크 리치Frank Rich가 아내와 함께 런던 시내의 한 레스토랑에서 열린 부부 동반 모임에서 저녁을 먹고 있었다. 그런데 우연히도 가짜 큐브릭이 옆 테이블에 기사 작위를 받은 하원의원을 포함한 몇몇 청년들과 동석하고 있었다. 가짜 큐브릭은 동석자들에게 영화를 찍으면서 벌어졌던 에피소드를 들려주고 있었다. 한참 얘기하다가 이 사기꾼은 옆 테이블에 앉아 있는 리치를 봤다. 그는 리치의 테이블로 다가오더니, 리치가 자기를 두고 '창의성이 겨울잠을 잔다'고 평했던 사실을 지적하며 잡지사를 명예훼손죄로 고소할 생각이라 말했다. 은둔 생활을 하는 큐브릭 감독을 만나 흥분한 리치는 인터뷰를 하고 싶다고 했고, 사기꾼은 리치에게 자신의 집 전화번호를 알려주고는 사라졌다.

이 일이 있은 직후 큐브릭 감독을 사칭한 사기꾼이 벌인 사기 행각의 전모가 밝혀지기 시작했다. 리치를 비롯한 몇몇 사람들이 이 사실을 알게 된 것이다. 그러다가 마침내 콘웨이가 자기 이야기를 기자들에게 팔면서 숨겨진 진실이 밝혀졌다. 콘웨이는 자신이 정신장애를 극복하는 과정에 있다고 주장했다. 그는 "정말 소름이 끼칠 정도로 무서운 일입니다. 큐브릭이 내 안에 들어와버린 겁니다. 나는 내가 큐브릭이라고 정말로 믿었습니다!"라고 말했다.

이런 소동을 지켜보는 큐브릭은 오히려 긍정적인 태도를 보였다. 그는 조감독에게 이렇게 말했다.

"좋아, 나는 그 친구에게 복수를 해야겠어. 이제 나는 내가 그 친구인 양 행세하고 돌아다닐 거야."

앨런 콘웨이는 스탠리 큐브릭이 죽기 넉 달 전에 무일푼의 알콜중

독으로 세상을 떠났다(이 이야기는 큐브릭의 조감독이던 앤서니 프레윈 Anthony Frewin이 〈스탑 스마일링 Stop Smiling〉이란 잡지에 기고한 내용의 일부다. 이 기사를 바탕으로 존 말코비치 John Malkovich가 콘웨이로 출연한 영화 〈컬러 미 큐브릭 Colour Me Kubrick〉이 만들어졌다).

비록 극단적인 사례이긴 하지만 콘웨이는 사람들에게 거짓말을 할 때 자신이 큐브릭이라고 진심으로 믿었을 것이다. 이런 사례는, 사람들에게는 자신이 만들어낸 거짓말을 다른 사람보다 자기 자신이 더 확고하게 믿는 경향이 있는 게 아닐까 하는 의문을 불러일으킨다.

이런 가능성을 확인하기 위해 우리는 한 가지 실험을 준비했다. 우리는 기존의 기본적인 자기기만 과제를 사용하되 피실험자들이 자기가 저지른 실수를 외면하고 모른 체하는 경향성의 정도를 수치로 측정하는 부분을 추가했다. 우리는 자기기만 경향성의 정도를 측정하기 위해 피실험자들에게 몇 가지 진술에 대해 동의하는지 여부를 물었다. 피실험자들의 성향을 엿볼 수 있는 이런 진술에는 예를 들면 '처음 만난 사람들에게 내가 받은 인상은 보통 정확하다' '나는 단 한 번도 내가 저지른 실수를 덮으려 한 적이 없다' 등이 있었다. 우리는 이런 진술에 '그렇다'라는 대답을 평균보다 많이 한 사람들이 과연 실험에서도 자기기만의 경향성이 높은지 확인하고 싶었다.

결과는 앞서 했던 실험들에서와 마찬가지로 정답을 확인할 수 있는 조건의 집단에 속한 피실험자들이 상대적으로 부정행위를 더 많이 저질렀고 점수도 더 높게 받았다. 그리고 다음 시험에서도 정답을 더 많이 맞힐 것이라 예상했다. 이들은 자기 점수를 과장하고 자기 능력을 과신한 바람에 더 많은 보수를 받을 수 있는 기회를 놓쳤다. 자기 자신의 성향에 대한 진술에 '그렇다'는 대답을 더 많이 한 사람들은 어땠을까? 이들 중 상당수가 다음 시험에서 더 많은 정답을 맞힐 것이라고 자기 능력을 과대평가했다.

전쟁 영웅의 진짜 얼굴

미국 남북전쟁 참전자 중 최후 생존자이던 월터 윌리엄스Walter Williams가 1959년에 사망했다. 그의 장례식은 장엄하게 치러졌다. 수만 명의 인파가 장례 행렬을 지켜봤으며, 공식적인 조문 주간까지 마련됐다. 그러나 오랜 세월이 지난 뒤 윌리엄 마블William Marvel이라는 기자가 남북전쟁 발발 당시 윌리엄스는 겨우 다섯 살이었다는 사실을 밝혀냈다. 그는 이런 사실로 볼 때 윌리엄스가 남북전쟁에 군인으로 참전할 수 없었을 것이라고 주장했다. 남북전쟁의 최후 생존자라는 타이틀은 윌리엄스에게 넘어오기 전에 존 살링John Salling이 가지고 있었는데, 이 사람의 주장이 거짓이라는 것도 마블이 밝혀낸 바 있었다. 마블은 수십 명의 이른바 '남북전쟁의 최후 생존자'들은 모두 가짜였다고 주장한다.

이런 이야기는 셀 수 없이 많다. 심지어 최근에 있었던 전쟁을 두고도 이런 일이 있었다. 가까운 과거이므로 허위로 꾸며내거나 과장하기 어려울 것이라는 통념은 여지없이 깨진다. 한 가지 사례를 보자. 토머스 라레즈Thomas Larez 하사는 아프가니스탄에서 부상병을 돕다가 탈레반이 쏜 총에 맞아 여러 군데 총상을 입었다. 라레즈는 전우의 목숨을 구했을 뿐만 아니라 총상을 당한 몸으로 탈레반 병사를 일곱 명이나 사살했다. 라레즈의 이런 영웅적인 활약은

댈러스에 있는 한 방송국의 보도로 세상 사람들에게 알려졌다. 그러나 나중에 라레즈가 해병대 소속 군인이긴 하지만 아프가니스탄 근처에도 가지 않았다는 사실이 드러나면서 그 보도를 한 방송국은 정정 보도를 내고 사과했다.

이처럼 기자들은 흔히 거짓 주장의 진실을 밝혀내지만 때로 기자들이 거짓말을 하기도 한다. 오랜 세월 기자 생활을 했던 미국 CBS 방송국의 앵커 댄 래더 Dan Rather 는 눈물을 흘리면서 떨리는 목소리로 자기가 해병대에 복무했었다고 말했지만, 사실 그는 해병대의 기초훈련조차 받아본 적 없는 사람이었다.[7]

사람들이 자신의 군 복무 기록이나 경험을 과장하는 데는 여러 가지 이유가 있다. 그런데 사람들이 이력서에 군 복무 경력 및 학력과 관련해 거짓말을 자주 한다는 사실은 흥미로운 의문을 제기한다. 우리가 공식적으로 거짓말을 할 때 이력서에 기록된 거짓말이 우리로 하여금 그 사실을 더 강력하게 믿게 하는 하나의 업적 표시 기능을 할까? 우리가 성적이나 자격증, 졸업장을 허위로 기재하거나 혹은 이력서에 경력을 부풀려 기재해 이런 거짓 기록을 공식화할 때, 그 허위 사실은 우리 삶 속에서 마치 예전부터 진실이었던 것처럼 강력하게 달라붙어 쉽게 떨어지지 않을까? 위조된 가짜 졸업장이나 자격증 혹은 트로피가 사람들이 자기 능력에 대해 갖고 있는 그릇된 믿음을 계속 유지하도록 도울까? 자기기만의 소양과 능력을 더욱 강화할까?

이런 의문을 풀기 위한 실험을 소개하기 전에 먼저 나는 내 연구실에

2개의 졸업장을 자랑스럽게 걸어두고 있다는 사실을 말해두고 싶다. 하나는 MIT 참스쿨 charm school(사교술, 화술, 미용, 교양 등을 가르치는 학교를 말함-옮긴이) 학사 수료증이고, 다른 하나는 역시 MIT의 참스쿨 박사 수료증이다. 나는 이 2개의 수료증을 받으려고 1월의 추운 날씨와 싸워가며 사교댄스, 시詩, 넥타이 매기 등 여러 가지 강의를 들었다. 흥미로운 것은, 이 수료증들을 연구실 벽에 오래 걸어둘수록 나 자신이 정말로 매력적인 charming 인물이라는 믿음이 점점 더 강해진다는 점이다.

우리는 피실험자들에게 첫 번째 수학 시험에서 부정행위를 저지를 기회를 제공함으로써, 즉 시험지 하단에 정답을 적어두고 피실험자들이 볼 수 있도록 함으로써 증명서의 효과를 시험했다. 피실험자들이 자기 성적을 부풀려 높은 성적을 받았을 때 우리는 이들이 기록한 높은 성적을 강조하는 증명서를 나눠줬다. 증명서도 아무렇게나 만들지 않고 공식적인 문서처럼 정교하게 만들었다. 여기에 그들의 이름과 성적을 적었다. 물론 일부 피실험자들에게는 이 증명서를 나눠주지 않았다. 부정행위를 한 피실험자들의 부풀려진 업적 표시물이 과연 그들에게 부풀려진 성적이 진짜 자기 능력을 반영한다는 그릇된 자신감을 높여줄까?

결과는 우리가 예상한 대로였다. 벽에 걸어둔 수료증의 영향을 받는 사람은 나 혼자만이 아니었다. 높은 점수를 기록했다는 증명서를 받은 피실험자들은 두 번째 시험에서도 높은 점수를 받을 것이라고 예상했다. 우리가 나눠준 증명서는 일종의 초등학교 교사가 찍어주는 '참 잘했어요!' 도장과 같았다. 이것이 피실험자들에게 부정행위로 얻은 높은 점수를 자기 능력의 결과라고 쉽게 믿도록 만들었다.

스포츠 영웅의 거짓말

운동선수는 누구나 스테로이드 복용이 규칙을 위반하는 행위임을 알고 있다. 그들은 스테로이드를 복용했다가 나중에 발각되면(혹은 몇몇 경우에서처럼 의회 청문회에서 인정하게 되면) 해당 스포츠의 명예뿐만 아니라 자기 자신의 명예와 기록도 먹칠을 당한다는 사실을 잘 알고 있다. 그러나 (스테로이드를 복용해서라도) 신기록을 세우고 싶은 그들의 바람은 몹시 간절하다. 언론의 관심을 받고 팬의 사랑을 받고 싶은 나머지 많은 운동선수가 스테로이드 복용이라는 부정행위를 저지른다.

이 문제는 종목과 장소를 가리지 않고 비일비재하게 일어난다. 사이클 선수 플로이드 랜디스Floyd Landis는 2006년에 스테로이드를 복용해 투르 드 프랑스 우승 자격을 박탈당했다. 캐나다의 워털루대학은 소속 축구팀의 선수 여덟 명이 근육 강화제인 단백동화스테로이드 검사에서 양성 반응이 나오자 이 축구팀의 활동을 1년 동안 정지시켰다. 또 불가리아의 한 축구 감독은 2010년에 경기를 앞두고 선수들에게 스테로이드 약물을 복용시켜 4년간 감독 자격을 박탈당했다.

이처럼 스테로이드를 복용해 경기에 이기거나 메달을 따는 사람들은 과연 무슨 생각을 할까? 자기가 승리를 한 것이 순전히 자기 기량과 능력 덕분만은 아니라고 생각할까, 아니면 자기가 거둔 성적이 순전히 자기 기량과 능력 덕분이라고 진심으로 믿을까?

> 물론 야구라는 종목도 예외는 아니다. 마크 맥과이어 Mark McGwire가 스테로이드를 복용하지 않았다면 과연 명예의 전당에 이름을 올릴 수 있었을까? 그는 과연 자신이 거둔 성적이 순전히 자기 능력과 기술 덕분이라 믿었을까? 스테로이드 복용 사실을 인정한 뒤 맥과이어는 이렇게 말했다.
>
> "사람들은 제가 스테로이드를 복용하지 않았더라면 그렇게나 많은 홈런을 칠 수 있었을까 하고 궁금해할 것입니다. 스테로이드를 전혀 복용하지 않고도 좋은 성적을 낸 시즌들이 있었습니다. 그리고 스테로이드를 전혀 복용하지 않고서 좋은 성적을 내지 못한 시즌들도 있었습니다. 스테로이드를 복용하고 좋은 성적을 낸 시즌들도 있었고, 스테로이드를 복용했지만 좋은 성적을 내지 못한 시즌들도 있었습니다. 어쨌거나 저는 스테로이드를 복용하지 말았어야 했습니다. 이 점에 대해 진심으로 죄송하게 생각합니다."[8]
>
> 그는 죄송하다고 말하지만, 맥과이어나 그를 좋아한 팬들 모두 그의 진짜 실력이 어디까지인지 정확하게 알 수 없다.

사람들은 자기 자신이 부풀리고 과장한 것을 믿는 성향이 있다. 그렇다면 이런 행동을 중단하거나 혹은 적어도 자제하는 일이 가능할까? 우리가 했던 실험에서도 확인했듯 자기 성적을 정확하게 판단하고 예측하는 대가로 돈을 준다고 약속해도 사람들은 자기기만을 그만두지 못했다. 그래서 우리는 피실험자들이 부정행위의 유혹을 받는 그 순간에 우리가 개입하는 방식을 써보기로 결정했다(이는 앞서 설명했던 십계명 사용 방식과 비슷하다).

피실험자들은 시험지 하단에 적혀 있는 정답이 자기 점수에 영향을 미친다는 사실을 무시할 게 분명하므로 우리는 피실험자들이 정답에 의존한다는 사실을 좀 더 명백히 드러내면 어떤 일이 일어날지 실험해 보기로 했다. 만약 피실험자들이 정답을 활용해 자기 성적을 부풀린다는 사실을 더욱 분명히 드러낸다면 정답을 확인하기 전에 이미 정답을 알고 있었다고 스스로를 설득시키는 경향성이 줄어들지 않을까?

시험지라는 형태를 동원한 초기의 여러 실험들에서는 피실험자들의 시선이 언제 정답이 있는 부분으로 옮겨가는지 명확하지 않았고 또 정답의 도움을 받아 문제를 푼다는 사실을 본인이 어느 정도로 인식하는지도 분명하지 않았다. 그래서 새로운 실험에서는 피실험자들로 하여금 컴퓨터 화면상에서 문제를 풀도록 했다. 이때는 정답을 처음부터 보여주지 않고 마우스를 화면 하단으로 움직여야 볼 수 있게 했다. 마우스가 화면 하단에 머무는 동안 정답이 드러나고, 마우스가 다른 곳으로 옮겨가면 보이지 않도록 한 것이다. 이러한 설정을 통해 우리는 피실험자들이 정확하게 자기가 언제 그리고 얼마나 오랫동안 정답을 보는지 분명하게 인식하도록 했다. 이는 마우스를 화면 하단으로 가져가는 자기 행동을 쉽게 무시하지 못하도록 하는 장치인 셈이었다.

이번 실험의 결과는 이전과 다르게 나타났다. 비록 거의 모든 피실험자들이 적어도 한 번은 정답을 확인했지만, 시험지라는 형태를 동원했던 지난 번 실험들과 달리 피실험자들은 두 번째 시험에서 자기 성적을 예측할 때 과장하지 않았다. 두 번째 시험에서도 얼마든지 정답을 확인할 수 있었음에도 불구하고, 마우스를 화면 하단으로 가져가 정답을 활성화시키도록 한 설정이 피실험자들로 하여금 부정행위를 덜 하게 했던 것이다. 이런 결과를 보면 사람들은 자신이 부정행위를 하는 것을 분명하게 인식할 때 그런 사실을 인식하지 못할 때보다 부정행위를 덜 하는 것 같다.

자기기만과 자립

...
　　　그렇다면 과연 우리는 자기기만을 어느 정도까지 허용해야 할까? 자기기만을 계속 유지해야 할까, 아니면 제거해야 할까? 나는 자기기만이 사촌 관계라고 할 수 있는 '과신 overconfidence' 혹은 '낙천주의 optimism'와 비슷하지 않을까 생각한다. 나아가 사촌들과 마찬가지로 자기기만에도 장단점이 있다고 생각한다.

　긍정적인 면에서, 사람들의 자기 자신에 대한 터무니없이 강한 믿음은 아무리 지루한 작업이라도 끝까지 매달릴 수 있는 힘을 주며, 새롭거나 전혀 다른 방식으로 시도할 수 있도록 동기부여를 해준다. 사람들은 그것이 자기 이미지를 긍정적으로 유지하기 위한 방법의 하나라고 스스로를 줄기차게 속인다. 자신이 저지른 실수와 실패는 그럴듯하게 둘러대고, 자신이 거둔 성공은 큰 소리로 외쳐댄다(심지어 그 성공이 온전하게 자기만의 몫이 아닐 때조차도).

　자신이 실패한 사실을 부정할 수 없을 때 사람들은 거의 언제나 다른 사람이나 환경을 탓한다. 앞서 예로 든 바닷가 모래사장의 게와 마찬가지로 사람들은 다소 무모해 보일 수 있는 자신감을 자기기만으로 드높인다. 그런 자기 자신이 실제 자신보다 더 낫다고 스스로를 속임으로써 이성과의 데이트에 성공하거나 중요한 사업을 훌륭하게 완수하거나 혹은 원하는 일자리를 얻는다. 그렇다고 허위 사실을 기재하는 식으로 이력서를 부풀리라는 의미는 아니다. 나는 다만 때로 조금 지나치다 싶을 정도의 자신감이 일하는 데 도움이 된다는 사실을 말하고 싶을 뿐이다.

한편 부정적인 면에서, 사람들의 자기 자신에 대한 지나치게 낙관적인 믿음은 명백하게 불가능한 일임에도 언젠가는 잘될 것이라는 그릇된 확신을 갖게 하며, 그에 따른 결과는 최상의 결과와 동떨어질 수밖에 없다. 자기기만을 통해 사람들은 자신에 대한 이야기를 그럴듯하게 부풀린다. 다니지도 않은 명문대학에 다녔다는 식의 자기기만이 그 예가 될 수 있다. 이런 과장이나 허풍이 나중에 발각될 경우 엄청난 고통이 뒤따른다. 그리고 자기기만에는 당연히 일반비용(상품을 생산하는 데 드는 생산비는 일반비용과 특수비용으로 나눌 수 있다. 일반비용이란 생산물의 특정 부분 생산 유무에 관계없이 생산이 이뤄지는 한 필요한 비용이다—옮긴이)이 뒤따른다. 우리 자신과 주변 사람들이 정직하지 않을 때 우리는 모든 사람을 의심하게 되고, 신뢰가 없는 사회에서 살아야 하는 우리 삶은 거의 모든 면에서 한층 더 힘들어질 수밖에 없다.

삶의 모든 측면들이 그렇듯 여기서도 행복과(그리고 자기기만과) 우리의 미래를 위한(그리고 자기 자신에 대한 보다 현실적인 관점을 위한) 적정한 판단 사이의 균형이 중요하다. 사슴에게 자동차 불빛에 눈이 머는 경험은 확실히 즐거운 것이다. 미래에 대한 멋진 백일몽을 꿀 수 있기 때문이다. 하지만 그 꿈을 꾸는 시간은 그야말로 몇 초에 불과하며 바로 다음 순간 로드킬을 당하거나 사냥꾼에게 잡히고 만다.

하얀 거짓말이 필요한 순간

...

다른 사람이 이득을 얻기를 바라는 마음에서 하는 거짓말을 우리는 '하얀 거짓말'이라 부른다. 하얀 거짓말을 하는 것은 퍼지요인을 확장시킨다. 이때 우리는 이기적인 이유로 거짓말을 하는 것이 아니다. 예를 들어 칭찬, 특히 상대가 어떤 것을 잘해서 하는 칭찬이 아니라 잘하지도 않는데 하는 칭찬이 얼마나 중요한지 살펴보자.

하얀 거짓말의 고전적인 사례가 있다. 코끼리처럼 뚱뚱한 여자가 섹시한 새 드레스를 입고 남편에게 묻는다.

"나 뚱뚱해 보여?"

남편은 빠른 속도로 비용편익분석을 한다. 있는 그대로 진실을 얘기할 경우 벌어질 일들이 눈앞에 파노라마처럼 펼쳐진다. 행복한 결혼 생활을 이어가기 위해서는 선택의 여지가 없다. 그래서 남편은 이렇게 대답한다.

"자기 정말 아름답다!"

하얀 거짓말은 사람들 사이의 관계를 매끄럽게 해주는 예절과 같은 것이지만 때로 사람들이 매우 힘든 상황을 이겨나가는 데 도움이 되기도 한다. 나는 열여덟 살 때 화상 사고를 당한 뒤 이를 경험했다.

그 사고로 나는 하마터면 목숨을 잃을 뻔했다. 다행히 목숨을 건지긴 했지만 몸의 70퍼센트에 3도 화상을 입었다. 병원에 입원한 첫날부터 모든 의사와 간호사는 '괜찮아, 다 잘 될 거야'라고 말했고, 나는 그 말을 믿고 싶었다. 어린 마음에 나는 '다 잘 될 거야'라는 말을 수없이 많이 한 피부이식 수술로 생긴 흉터 자국이 언젠가는 모두 말끔하게 사라질 것이라는 뜻으로 해석했다. 모닥불에 팝콘을 튀기거나 마시멜로를 구워 먹다 화상을 입은 사람들이 말끔하게 회복하듯 내 몸의 모든 흉측한 피부도 예전의 말끔한 상태로 돌아갈 것이라 믿었다.

그러던 어느 날이었다. 병원에 입원한 지 1년이 다 돼갈 무렵이었다. 작업요법(가벼운 일을 함으로써 장애의 회복을 꾀하는 요법-옮긴이)을 해주던 치료사가 나와 비슷한 경험을 한 사람을 소개시켜주겠다고 했다. 10년 전에 심한 화상을 입었지만 꾸준히 치료받은 끝에 회복한 사람이라 했다. 이 치료사는 나도 꾸준히 치료를 받으면 일상으로 돌아가 하던 일을 계속할 수 있다는 점, 즉 '다 잘 될 것'이라는 사실을 내게 알려주고 싶었던 것이다. 나는 그 사람을 소개시켜달라고 했다.

며칠 후 그 사람이 정말 나를 찾아왔다. 나는 깜짝 놀랐다. 끔찍했다. 그 남자의 얼굴에는 흉측한 화상 자국이 그대로 남아 있었다. 흉터가 얼마나 흉측하든지 마치 기형인간을 보는 느낌이었다. 그는 두 손을 움직일 수 있었지만 그것은 원래 기능의 극히 일부에 불과할 뿐이었다. 그런 모습은 내가 상상하던 회복과는 거리가 멀었다. 나는 병원에서 퇴원한 뒤 나도 그런 모습으로 살아야 한다는 사실에 경악했다. 그 일이 있은 뒤 나는 심각한 우울증에 시달렸다. 내 몸에 난 흉터와 내 신체 기능의 상태가 내가 생각하던 것보다 훨씬 심각한 게 분명했다.

의사와 간호사 역시 치료 과정에서 내가 겪을 고통에 대해 하얀 거짓말을 했다. 한 번은 두 손에 피부이식을 하는 길고도 긴 수술을 받았는데 이때 의사들이 긴 바늘을 손가락마다 하나씩 손가락 끝에서부터 손가락 관절들을 통과하도록 박아 넣었다. 이렇게 해야 이식한 피부가 제대로 접합된다고 했다. 그리고 바늘마다 끝에 코르크를 달아뒀다. 무의식적으로 손가락에 박힌 바늘로 얼굴을 긁거나 눈을 찌를 수 있기 때문이었다. 나는 이런 기괴한 모습으로 두 달을 보냈다. 어느 날 나는 이식한 피부가 예정대로 잘 접합된 시점에 손가락에 박혀 있는 그 바늘을 마취도 하지 않은 채 뽑아낼 것이라는 사실을 알았다. 나는 이만저만 걱정스럽지 않았다. 끔찍한 고통에 비명을 지르는 상상이 머릿속을 가득 채웠기 때문이다. 하지만 간호사들은 내게 이렇게 말했다.

"걱정 안 해도 돼요. 그건 아주 간단한 절차니까요. 그리고 아프지도 않아요."

간호사들의 그 말을 듣고 한동안 나는 바늘을 빼는 과정에 대해 예전보다 훨씬 덜 긴장했고 덜 걱정했다. 그리고 마침내 바늘들을 빼야 할 시간이 다가왔다. 간호사 한 명이 내 팔꿈치를 잡았고 다른 간호사가 집게로 바늘들을 하나씩 천천히 뽑았다. 참을 수 없을 정도로 고통스러웠음은 말할 것도 없다. 이 고통은 그 모든 과정이 끝나고도 며칠간 이어졌다. 걱정하지 않아도 되고 아프지도 않다던 말은 모두 거짓말이었다.

하지만 돌이켜보면 그 사람들이 내게 거짓말을 해줘서 얼마나 고마운지 모른다. 만약 내게 닥칠 고통을 있는 그대로 얘기해줬더라면 나는 끔찍한 걱정과 스트레스 속에서 하루하루를 보내야 했을 것이다. 그로 인해 환자인 내게 절대적으로 중요했던 면역체계 회복에도 문제가 생겼을 것이다. 이 일을 겪고 나서 나는 하얀 거짓말이 꼭 필요한 경우가 있다는 사실을 믿게 됐다.

7장

우리는 모두 '타고난 이야기꾼'

창의성과 부정직함

The (Honest) Truth About Dishonesty

　리처드 니스벳Richard Nisbett 미시간주립대학 교수와 팀 윌슨Tim Wilson 버지니아주립대학 교수가 흥미로운 조사를 한 적이 있다. 그들은 동네 시장에 텐트를 치고 탁자 위에 양말 네 켤레를 진열한 뒤 지나가는 여자들에게 그 중 어느 것이 가장 마음에 드는지 물었다.

　조사 결과 여자들은 대체로 맨 오른쪽에 있는 양말을 선택했다. 왜 그랬을까? 어떤 여자는 소재가 좋아서라고 했고, 어떤 여자는 질감이 좋아서라고 했으며, 어떤 여자는 색깔이 마음에 들어서라고 했다. 또 어떤 여자는 자기가 선택한 양말의 품질이 가장 좋기 때문이라고 했다. 이런 반응이 매우 흥미로울 수밖에 없었던 이유는 사실 그 네 켤레의 양말이 모두 같은 제품이었기 때문이다. 니스벳과 윌슨은 잠옷을 놓고도 동일한 실험을 했는데 결과는 같았다.

　니스벳과 윌슨이 피실험자들에게 그런 선택을 한 이유를 물었을 때 피실험자들 중 양말이 놓인 위치를 언급한 사람은 아무도 없었다. 심지어 모든 양말은 동일한 제품이며, 대다수 사람들이 맨 오른쪽에 있는 양말을 선택했다고 말해줘도 여자들은 손사래를 치며 그 사실을 부정했다. 이들은 보통 난처하거나 딱하다는 표정으로 실험 진행자를 바라봤다. 자신이 질문을 잘못 이해했었다거나 실험 진행자를 미친 사람이라 생각하는 듯했다.

이 연구에서 우리는 어떤 교훈을 얻을 수 있을까? 우리가 어떤 일을 할 때 그 일을 하는 정확한 이유 혹은 어떤 것을 선택하는 이유를 때로 정확히 알지 못할 수 있다. 그러나 진짜 동기가 모호하다고 해서 우리가 하는 행동과 내리는 결정 그리고 느끼는 감정에 대해 우리가 완벽하게 논리적인 근거나 이유를 만들어내지 못하는 것은 아니다.

허구의 어떤 이야기를 지어내는 이 놀라운 능력과 관련해 우리는 좌뇌에 고마워해야 한다(물론 같은 이유로 좌뇌를 비난할 수도 있다). 인지신경과학자인 마이클 가자니가 Michael Gazzaniga 캘리포니아대학 교수의 표현을 빌자면 인간의 좌뇌는 '해석자 interpreter'다. 좌뇌는 우리 앞에 일어나는 일과 우리가 바라보는 일에 대해 그럴듯한 이야기를 지어내는 역할을 한다.

가자니가는 뇌의 좌반구와 우반구를 연결하는 섬유다발인 뇌량 腦梁, corpus callosum 이 끊어진 상태에 있는 이른바 '분할뇌 分割腦 환자'들을 여러 해 동안 연구한 끝에(이런 작업은 대개 심각한 간질 질환을 치료하기 위한 목적으로 진행됐다) 이런 결론을 내렸다. 흥미롭게도 이런 유형의 뇌 이상 상태에서는 환자가 뇌의 한쪽 반구에서 어떤 자극을 받아도 다른 쪽의 반구가 전혀 의식하지 못한다.

가자니가는 분할뇌 여성 환자를 연구하면서 우뇌에 어떤 행동을 하라고 지시를 하는 한편 (우뇌에서 진행되는 것에 대해 아무런 정보도 갖고 있지 않은) 좌뇌에게 그 행동에 대한 어떤 근거를 제시하라고 요구할 때 어떤 일이 일어나는지 확인하고자 했다.

가자니가는 환자에게 '웃음'이라는 단어가 적힌 카드를 보여줌으로써(이때 가자니가는 그 카드가 환자의 우뇌에만 보이도록 하는 장치를 사용했다) 환자의 우뇌가 환자에게 웃으라고 지시하도록 했다. 환자가 웃자, 가자니가는 왜 웃는지 물었다. 그러자 환자는 자기가 왜 웃는지 전혀 알지 못하면서도 '모르겠는데요'라고 대답하지 않고 한 가지 이야기를 지어냈다.

"당신들이 한 달에 한 번씩 우리를 찾아와 이런저런 검사를 하잖아요. 얼마나 재미있어요?"

그녀는 신경과학자들을 매우 재미있는 사람들이라고 판단한 게 분명했다.

이 연구는 인간이 가진 어떤 성향의 극단적인 사례를 보여준다. 우리는 누구나 어떤 일을 할 때 우리가 그런 행동을 하는 이유를 그리고 우리를 둘러싼 세상이 돌아가는 방식을 설명하고 싶어 한다. 무엇이 우리가 그런 행동을 하도록 혹은 세상이 그렇게 돌아가도록 만드는지 전혀 알지 못할 때조차도 그렇다. 심지어 우리가 제시하는 부족한 설명이 실제 현실과 거의 아무런 관련이 없을 때도 마찬가지다.

사람은 천성적으로 이야기를 지어내는 동물이다. 충분히 믿을 만하다고 할 수 있을 정도로 이치에 맞는 설명을 찾을 때까지 우리는 끊임없이 스스로에게 어떤 이야기를 한다. 그 이야기가 자기 자신을 긍정적으로 묘사한다면 더더욱 좋다.

왜 자기 자신을 속이는 걸까

...

  물리학자인 리처드 파인먼 Richard Feynman은 1974년에 캘리포니아공과대학의 졸업식 연설에서 이런 말을 했다.
  "첫 번째 원칙은 스스로를 속이지 말아야 한다는 점이다. 사실 자기 자신은 가장 손쉽게 속일 수 있는 대상이다."
  이제까지 줄곧 봐왔듯, 사람들은 자기 자신이나 다른 사람에게 거짓말을 하는 경향이 있으며 이런 가능성은 매우 높다. 그러나 동시에 사람들은 자기 자신을 선하고 정직한 사람으로 여기고 싶어 한다. 이로 인해 우리는 엄청난 분열을 경험한다. 우리는 자기가 한 행동이 왜 용인될 수 있는지 그리고 심지어 찬양의 대상이 돼야 하는지를 설명하는 온갖 이야기들을 스스로에게 함으로써 자신의 부정직함과 자신이 저지른 부정행위를 합리화한다. 사실 우리는 모두 자기 자신을 속이는 데 도사들이다. 무엇이 우리에게 이런 능력을 줄까? 왜 우리는 스스로를 속이는 데 도사가 됐을까?
  이 질문들에 답하는 실험을 소개하기 전에 먼저 내 경험을 이야기하겠다. 나 자신을 멋지게 그리고 매우 행복하게 속여먹었던 얘기다. 내가 서른 살 때였으니까 꽤 오래전의 일이다. 나는 오토바이를 그만 타고 자동차를 구입하기로 마음먹었다. 이를 위해서는 우선 내게 어떤 자동차가 적당한지 결정해야 했다. 당시는 인터넷이 이른바 '의사결정의 보조자'로 막 각광을 받기 시작하던 때였고, 마침 나는 인터넷에서 자동차 구매에 관한 도움말을 주는 어떤 웹사이트를 발견했다. 이 웹사이트는 문답 형식을 거친 뒤 최종적인 도움말을 제공하는 방식으로 구성돼 있었는데, 가격이나 안정성에 대한 선호에서부터 마음에 드는 헤드라이트의 형태에 이르기까지 온갖 질문들을 내게 던졌다.

이 모든 질문에 답하는 데는 약 20분이 걸렸다. 질문을 담은 화면이 바뀔 때마다 진행 바 progress bar 는 내가 꿈꾸던 자동차가 공개되는 시점이 조금씩 가까워짐을 표시했다. 그리고 마침내 모든 질문이 끝났다. 나는 이 웹사이트가 어떤 자동차를 추천해줄지 몹시 궁금했다. 드디어 마지막 화면에서 나는 '최종 확인' 버튼을 클릭했고, 몇 초 뒤 추천 자동차가 떴다. 이 끝내주는 웹사이트의 충고에 따르면 내게 맞는 차는, 두구두구두구두구 기대하시라…… 제발……포드 타우루스!

솔직히 말해 나는 자동차에 대해 아는 게 많지 않다. 아니, 거의 아는 게 없다는 게 옳다. 하지만 그때 나는 내가 원하는 차가 포드 타우루스가 아닌 것만은 분명히 알고 있었다(그렇다고 포드 타우루스가 나쁜 차라는 말은 아니다. 그것은 분명히 좋은 차다. 하지만 당시 내가 운전석에 앉아 멋지게 운전하는 모습을 상상하던 차가 아니었다).

이런 상황에서 다른 사람은 어떻게 할지 나는 모른다. 그러나 나는 창의적인 사람이라면 누구나 함직한 행동을 했다. 그것은 바로 처음으로 돌아가 질문에 다시 답하는 것이었다. 물론 나는 첫 번째 시도 때 하지 않은 답을 하며 내가 꿈꾸는 자동차를 다시 기다렸다. 이 과정을 몇 차례 반복하면서 내 대답이 달라지는 데 따라 이 웹사이트가 추천하는 자동차가 얼마나 많이 달라지는지 확인했다. 마침내 웹사이트가 친절하게도 내가 원하는 소형 컨버터블을 추천하자 비로소 나는 그 일을 멈췄다. 그리고 그 웹사이트의 현명한 조언을 따랐다(이 차는 그 뒤 몇 년 동안 나의 애마로 충성을 다했다).

이 일을 통해 나는 사람들은 가끔(어쩌면 자주) 자기 취향에 따라 어떤 선택을 하는 게 아니라는 사실을 깨달았다. 대신 사람들은 자신이 원하는 것이 무엇인지를 선택할 때 직감에 의존한다. 우리는 자기 논리를 조작하거나 어떤 판단을 할 때 적용하는 기준을 날조하기 위해 모든 종류의 합리화 justifications 를 하는 정신적인 체조 과정을 거친다. 이런 방식으로 우리는 자신이 진정으로 원하는 것을 얻을 수 있다. 동시에 우리는 자기 자신과 다른 사람에게 자신이 이성적이며 타당한 근거가 있는 선호도에 따라 행동하는 것처럼 보이도록 노력한다.

동전 던지기

만약 우리가 흔히 이런 식으로 판단을 내린다는 사실을 받아들인다면 우리는 이 과정을 시간을 덜 들이면서도 좀 더 효율적으로 만들 수 있을 것이다. 예를 들면 이렇게 하면 된다. 당신이 지금 디지털 카메라 두 대 중 하나를 선택하려 한다고 치자. A 카메라는 줌렌즈가 훌륭하지만 무겁다. 이에 비해 B 카메라는 가볍고 모양새가 좋다. 둘 중 어느 것을 선택해야 할지 확신이 서지 않는다. A 카메라가 성능은 더 좋지만 당신은 외양을 더 중시하므로 B 카메라를 선택하면 더 행복할 것 같다. 자, 당신이라면 어느 카메라를 선택하겠는가? 여전히 확신이 서지 않는다면 주머니에서 동전 1개를 꺼내 이렇게 말하라.

"동전을 던져 앞면이 나오면 A 카메라, 뒷면이 나오면 B 카메라를 선택한다."

그런 다음 동전을 던져라. 만약 앞면이 나오면 A 카메라가 당신이 원하는 카메라다. 그걸 사면 된다. 그러나 만약 이 결과에 만족하지 않는다면 다시 한 번 동전을 던지면 된다, 이렇게 말하면서.

"이번에는 진짜다. 이번에는 진짜 동전이 가리키는 대로 선택한다."

이렇게 해서 당신은 사실상 마음속으로 은밀하게 원하던 B 카메라를 갖게 될 뿐만 아니라, 동전의 충고를 따랐기 때문에 B 카메라를 선택한 자기 행동을 합리화할 수 있다.

이런 식의 합리화가 앞서 소개한 자동차 추천 웹사이트의 진짜 기능이지 않을까 싶다. 그 웹사이트는 사용자들이 더 나은 선택을 하도록 해줄 뿐만 아니라 사용자가 진심으로 원하는 결정을 합리화하는 데 도움을 주도록 설계됐던 게 아닐까? 정말 그렇다면 삶의 더 많은 영역에 이를 응용한다면 매우 유용할 것이다.

거짓말쟁이의 뇌

사람들은 대부분 속임수에 특별히 능하거나 미숙한 사람이 따로 있다고 생각한다. 만약 그렇다면 이런 사람들은 다른 사람들과 구별되는 어떤 특성을 갖고 있을까? UCLA에서 박사 학위를 받은 야링 양Yaling Yang은 닥치는 대로 거짓말을 하는 병적인 거짓말쟁이들을 연구 대상으로 삼아 이 의문에 대한 답을 찾으려 했다.

양과 그녀의 동료들은 피실험자들을 모집하기 위해 로스앤젤레스에 있는 어떤 임시직 직업소개소로 찾아갔다. 한 자리에 붙박여 오래 일하지 않는 사람들 가운데 적어도 상당수는 병적인 거짓말쟁이라서 그럴 것이라고 추정했기 때문이다(물론 이런 추정을 모든 임시직 근로자에게 일률적으로 적용할 수는 없다).

연구자들은 108명의 구직자들 및 그들의 친구와 가족을 대상으로 종합 심리테스트를 했고, 또 여러 차례 일대일 면담을 했다. 그들에게서 병적인 거짓말쟁이로 규정할 수 있는, 다른 사람들과 구별되는 어떤 특성을 찾아내기 위해서였다. 이 거대한 표본 집단에서 그들은 직업, 학력, 범죄 경력 그리고 집안 배경 등에 대해 스스로 여러 차례 한 이야기들 중 일치하지 않는 내용이 특히 많이 발견된 12명을 선별했다. 이들은 남을 자주 비방하거나 혹은 아프지도 않으면서 아프다고 거짓말해 어떤 이득을 취한 사람들이기도 했다.

다음으로 연구자들은 이 병적인 거짓말쟁이 12명과 이들과 같은 구직자 집단에 속하긴 하지만 병적인 거짓말쟁이가 아닌 사람 21명을 대상으로 MRI로 뇌를 촬영했다. 피실험자 각각의 뇌 구조를 파악하기 위해서였다. 연구자들은 피실험자들의 전두엽에 초점을 맞췄다. 전두엽은 머리 앞쪽에 있으며, 하루 일과를 계획하거나 유혹에 대처하는 방식을 결정하는 따위의 고차원적 사고를 관장하는 뇌 부위로 알려져 있다. 이 전두엽은 또한 사람이 도덕적 판단을 할 때 의존하는 뇌 부위이기도 하다. 한마디로 전두엽은 생각과 추론 그리고 도덕성을 관장하는 지휘소인 셈이다.

사람의 뇌는 일반적으로 회백질과 백질의 두 종류의 물질로 이뤄져 있다. 회백질은 뇌세포의 다른 이름이며, 사람이 하는 생각의 동력이 되는 물질이다. 한편 백질은 회백질 사이를 연결하는 조직이며 정보를 전달하는 통로다. 사람의 뇌에는 회백질과 백질이 함께 있다.

양과 그녀의 동료들은 피실험자들의 전두엽에 이 두 종류의 물질이 정상인과 비교해 상대적으로 얼마나 많은지 집중적으로 살폈다. 그 결과 통제집단에서 병적인 거짓말쟁이들은 정상인에 비해 회백질의 양이 14.2퍼센트 적다는 사실을 확인했다. 이것은 무엇을 의미할까? 우선 한 가지 가능성은 병적인 거짓말쟁이들의 뇌에는 옳고 그름을 구분하는 데 결정적 역할을 하는 영역인 전두엽에 연료를 공급하는 뇌세포(회백질)가 적기 때문에 어떤 판단을 할 때 도덕성을 고려하기 어려우며, 따라서 정상인에 비해 상대적으로 거짓말을 쉽게 할 수 있다는 점이다.

하지만 이것으로 모든 설명이 끝나지는 않는다. 의문은 여전히 남아 있다. 병적인 거짓말쟁이들의 뇌 속에 회백질이 적게 들어 있다면 그만큼 남는 공간에는 무엇이 들어 있을까? 양과 그녀의 동료들이 이 의문을 풀어줬다. 병적인 거짓말쟁이들은 전두엽에 정상인보다 백질을 22~26퍼센트나 더 많이 가지고 있다는 사실을 확인한 것이다. 백질을 더 많이 갖고 있음으로 해서 병적인 거짓말쟁이들은 서로 다른 기억들과 생각들 사이의 연관성을 더 많이 조작해낼 수 있다. 보다 많은 이 연결성 및 연상 능력(다시 말해 회백질에 저장된 연상 세계에 대한 접근 능력)이야말로 병적인 거짓말쟁이들이 스스로의 부정직함을 더 잘 합리화할 수 있도록 해주는 비밀 요인이다. 그래서 이들은 자신이 저지르는 부도덕한 행위가 실제로 나쁜 행위가 아닐 수 있다는 온갖 그럴듯한 이야기를 조작해 스스로를 설득한다.

이런 사실을 전체 개체군에 대입해보면 더 높은 뇌 연결성이 사람들로 하여금 더 쉽게 거짓말하게 만드는 동시에 스스로를 정직하고 존경받아 마땅한 인물로 여기게끔 만든다고 추정할 수 있다. 의심스러운 일들을 해석하거나 설명하는 문제와 관련해 연결성이 높은 뇌일수록 더 많은 탐구거리를 담고 있다. 그리고 연결성이 높은 뇌야말로 우리가 자신의 정직하지 못한 행동들을 합리화하는 데 필요한 결정적 요소일지도 모른다.

창의적일수록 거짓말을 더 잘한다?

∴

양과 그녀의 동료들의 이런 발견들을 접한 뒤 나는 뇌에 백질이 더 많은 사람, 즉 뇌의 서로 다른 부분들 사이의 연결성이 높고 연상을 더 잘할 수 있는 사람, 따라서 보다 창의적이라 할 수 있는 사람들은 창의적이지 않은 사람들에 비해 더 부정직하다고 결론을 내려야 할지 궁금했다. 이런 의문을 풀기 위해 나는 프란체스카 지노와 함께 일련의 연구 작업을 수행했다.

창의성의 기본 특성에 맞게 우리는 다양한 각도에서 이 의문에 접근했는데 우선 상대적으로 간편한 접근방법부터 시도했다. 실험실에 찾아와 검사 준비를 마친 피실험자들에게 우리는 컴퓨터를 이용해 우리가 제시하는 몇 가지 질문에 답하면 된다고 설명했다. 이런 일련의 질문들에는 피실험자들의 경험 및 개인적 습관과 관련된 다소 황당해 보이는 여러 질문들(이 질문들은 우리의 실험 의도를 피실험자들에게 노출시키지 않기 위한 장치였다)과 우리가 중점적으로 살피고자 했던 세 가지 질문들이 포함돼 있었다.

우리는 먼저 피실험자들에게 창의성과 관련이 있는 몇몇 형용사들, 예를 들어 '통찰력 있다' '독창적이다' '꾀바르다' '관습에 얽매이지 않는다' 등이 얼마만큼 자신을 잘 묘사하는지 표시하라고 했다. 다음으로 우리는 볼링 치기, 스키 타기, 낙하산 타기, 그림 그리기, 글쓰기 등 77가지의 활동들을 각각 얼마나 자주 참여하는지 적으라고 했다. 이 77가지 활동들 중 어떤 것들은 창의성을 더 많이 요구하고 또 어떤 것들은 더 적게 요구한다. 마지막 과제로 우리는 피실험자들이 각자 '나는 창의적인 생각을 많이 갖고 있다' '나는 창의적인 생각을 유발하는 과제를 선호한다' '나는 독창적인 방식으로 일하기를 좋아한다' 등과 같은 명제와 관련해 스스로가 몇 점을 받을 수 있다고 생각하는지 물었다.

피실험자들이 창의성과 관련해 자신의 성향을 수치로 매기는 작업을 모두 마친 뒤 우리는 다시 이들에게, 첫 번째 과제와 연관이 없는 것처럼 보이는 도트 과제를 풀게 했다.

자, 결과가 어땠을까? 피실험자들은 부정행위를 했을까, 하지 않았을까? 만약 부정행위를 했다면 스스로 매긴 창의성의 수치는 그들의 부정행위 경향과 어떤 관련이 있을까? 만약 어떤 피실험자가 창의성과 관련된 형용사들에 모두 높은 점수를 매기고, 창의적인 여러 활동에 자주 참여했다고 말하며, 자기 자신을 창의성이 높은 사람으로 평가했다면 이 사람은 창의적이지 않은 사람과 비교할 때 부정행위를 더 많이 했을까, 더 적게 했을까, 아니면 비슷하게 했을까?

우리가 확인한 사실은 이랬다. 도트 과제에서 (더 많은 보수를 지급하는) 오른쪽 버튼을 더 많이 선택한 사람들이 세 가지 유형의 창의성 자가 측정치를 높게 매긴 사람들과 일치하는 경향을 보였다. 게다가 좀 더 창의적인 사람과 덜 창의적인 사람 사이의 차이는 두 삼각형에 있는 점의 개수 차이가 분명하지 않을 때 가장 뚜렷하게 나타났다.

이는 창의적인 사람과 그렇지 않은 사람의 차이가 주로 상황이 모호해 자기합리화의 가능성이 열려 있을 때 나타난다는 것을 뜻한다. 두 삼각형에 있는 점의 개수가 확연하게 다를 때는 거짓말을 할 것인지 혹은 하지 않을 것인지만 결정하면 됐다. 그러나 어느 삼각형에 점이 더 많은지 판단하기 어려울 때, 즉 모호할 때는 창의성이 개입했다. 그것도 더 많은 부정직함을 동반해 영향을 미쳤다. 좀 더 창의적으로 보이는 사람일수록 (더 많은 보수가 지급되는) 오른쪽 삼각형에 점이 더 많다고 스스로에게 설명하는 능력이 뛰어났다.

요컨대 창의성과 부정직함의 연관성은 옳지 않은 행위를 하면서 옳은 일을 한다고 스스로에게 말할 수 있는 능력과 관련이 있는 듯하다. 창의적인 사람일수록 자신의 이기적인 관심과 행동을 합리화하는 데 유용한 그럴듯한 이야기들을 더 잘 지어낸다.

부정행위와 지능의 관계

•••

이는 매우 당황스러운 결과였지만 우리는 적어도 그때까지는 크게 흥분하지 않았다. 첫 번째 연구는 창의성과 부정직함은 서로 연관돼 있음을 보여줬다. 그러나 그렇다고 창의성이 필연적으로 부정직함을 유발한다는 뜻은 아니다. 지능과 같은 제3의 요인이 창의성이나 부정직함 양쪽 모두와 관련돼 있을 수 있기 때문이다.

지능과 창의성의 관계는 특히 피라미드 금융 사기를 벌인 월가의 금융인 버나드 매도프나 수표 위조를 잘하기로 유명해 영화 〈캐치 미 이프 유 캔Catch Me If You Can〉의 모델이 되기도 했던 프랭크 애버그네일Frank Abagnale과 같은 사람들이 똑똑한 머리로 얼마나 많은 사람을 속였는지를 떠올려보면 정말 그럴듯하게 들린다. 그래서 우리는 다음으로 창의성이나 지능이 부정직함을 더 잘 예측하게 해주는 지표가 될 수 있는지 확인해보기로 했다. 이를 위해 우리는 또 다른 실험을 했다.

여기서 다시 당신이 이 실험에 참가한 피실험자라고 가정해보자. 이번에는 우리 심리 실험실에 발을 들여놓기 전에 당신은 먼저 테스트를 받아야 한다. 당신은 실험실에 찾아오기 일주일 전에 집에서 컴퓨터를 통해 온라인으로 자신의 창의성을 평가하고 지능을 측정하는 질문들에 답해야 한다.

우리는 피실험자들의 지능을 두 가지 방법으로 측정한다. 우선 당신이 논리와 직관 중 어느 쪽에 더 많이 의존하는지를 알아보기 위해 우리는 예일대학의 의사결정 전문가인 셰인 프레더릭Shane Frederick 교수가 설계한 세 가지 질문을 한 뒤 당신에게 대답하게 한다. 이 각각의 질문에는 올바른 대답뿐만 아니라 직관적이고 틀린 대답도 나올 수 있다. 예를 들면 이렇다.

"야구방망이 한 자루와 야구공 1개의 가격을 합하면 1.10달러다. 야구방망이 한 자루는 야구공 1개보다 가격이 1.00달러 더 비싸다. 그렇다면 야구공 한 개의 가격은 얼마인가?"

답은 얼마인가? 빠르게!

10센트?

그럴듯한 대답이긴 하지만 정답은 아니다.

당신의 직관이 당신더러 '0.10달러!'라고 외치라고 옆구리를 쿡쿡 찌르겠지만, 직관이 아니라 논리에 의존한다면 그것이 정답이 아님을 알 수 있다. 이 질문에 대한 논리적인 사고 과정은 이렇다. 야구공 1개의 가격이 0.10달러라면 야구방망이 한 자루의 가격은 1.10달러가 되고, 이 둘을 합하면 1.10달러가 아니라 1.20달러가 된다. 본능적인 첫 번째 시도가 잘못됐음을 깨닫는 순간 당신은 고등학교 때 배운 수학 실력을 발휘해 올바른 해답을 찾아낸다. 0.05+(1+0.05)=1.10! 정답은 5센트다. 어떤가? 중고등학교 시절로 돌아간 것 같은 느낌이 들지 않는가? 아무튼 정답을 찾아냈다면 축하한다(하지만 이 문제를 풀지 못했다고 해서 걱정할 필요는 없다. 인지반응테스트CRT라는 이 간단한 테스트의 다른 두 문제는 훌륭하게 풀 수 있을 테니까 말이다).

이어서 구두口頭 시험으로 지능을 측정한다. 우리는 당신에게 단어 10개를 제시한다. 예를 들면 '작아지다dwindle'나 '누그러지다palliate' 같은 것들이다. 이 각각의 단어에 대해 당신은 주어진 여섯 가지 조건 중 해당 단어와 뜻이 가장 가까운 것을 선택해야 한다.

일주일 뒤 당신은 우리 심리 실험실에 찾아와 다음 지시를 받는다.

"당신은 오늘 각기 다른 세 가지 과제에 참여하게 될 것입니다. 이 과제들은 당신의 문제해결 능력과 일반 상식 그리고 지각기능perceptual

표 5 | 인지반응테스트

(1) 야구방망이 한 자루와 야구공 1개의 가격을 합하면 1.10달러다. 야구방망이 한 자루는 야구공 1개보다 가격이 1.00달러 더 비싸다. 야구공 1개의 가격은 얼마인가?

_____센트

(2) 5분 동안 5개의 부품을 만드는 데 5대의 기계가 필요하다면 100대의 기계로 100개의 부품을 만드는 데는 몇 분이 걸릴까?

_____분

(3) 호수에 커다란 수련 잎들이 떠 있다. 이 수련 잎들의 너비는 날마다 두 배로 늘어난다. 수련 잎들이 호수 전체를 덮는 데 48일이 걸린다면 호수의 절반을 덮는 데는 며칠이 걸릴까?

_____일

정답
(1) 옳은 나눗셈 10센트이지만 정답은 5센트다.
(2) 옳은 나눗셈 100분이지만 정답은 5분이다.
(3) 옳은 나눗셈 24일이지만 정답은 47일이다.

---

skills을 테스트하기 위한 것입니다. 우리는 편의상 이 세 가지 과제를 하나의 과정으로 통합했습니다."

첫 번째 과제는 문제해결 과제다. 이것은 우리가 깊이 신뢰하는 매트릭스 과제다. 이 과제에 할당된 5분이 지나면 당신은 시험지를 반으로 접어 재활용 통에 집어넣고 자신의 점수를 실험 진행자에게 말한다. 당신은 몇 점을 받았다고 할 것인가? 자신이 받은 실제 점수를 그대로 말할 것인가, 아니면 조금 부풀려 말할 것인가?

두 번째 과제는 도트 과제다. 다시 한 번 당신은 자신이 원하는 만큼 얼마든지 부정행위를 할 수 있다. 동기는 충분하다. 부정행위를 한 번 할 때마다 10달러를 벌 수 있다.

마지막 과제는 난이도나 주제가 다양한 50가지 질문으로 구성된 일반 상식 시험으로 객관식 선다형이다. 예를 들면 '캥거루는 얼마나 멀리 뛸 수 있을까?'(8~12미터)나 '이탈리아의 수도는 어디인가?'(로마)와 같은 것들이다. 이 문제들의 정답을 맞히면 당신은 정답 하나당 10센트를 받는다. 당신은 이 과제에서 최대 5달러를 벌 수 있다. 이 마지막 시험을 칠 때 우리는 당신에게 시험지에 정답을 표시한 뒤 그것을 OMR 카드에 옮기라고 지시한다.

문제를 다 푼 뒤 당신은 연필을 내려놓는다. 그런데 갑자기 시험 감독관이 이렇게 말한다.

"어머 어떡해! 깜빡하고 이미 정답이 표시된 OMR 카드를 복사해왔네요. 미안해서 어떡하죠? 괜찮으시다면 그냥 이 카드를 사용하실래요? 물론 이미 표시된 정답은 보이지 않게 제가 최대한 잘 지워드릴게요."

당신 입장에서는 시험 감독관이 이렇게 말하는데 굳이 거부할 이유가 없다. 당신은 당연히 동의한다.

몇 분 뒤 시험 감독관은 시험지에 표시한 정답을 옮겨 적으라고 OMR

카드를 건네준다. 이미 표시된 정답을 지운다고 지웠지만 희미하게 보인다. 게다가 시험 감독관은 당신에게 정답을 표시한 시험지를 찢어서 버리고 OMR 카드만 제출하라고 한다. 그리고 그 카드 기록의 점수로 당신에게 정답 하나당 10센트를 지급할 것이라고 말한다.

OMR 카드에 정답을 옮겨 적을 때 당신은 부정행위를 해도 들키지 않는다는 사실을 잘 알고 있다. 시험지에 당신이 표시한 정답 대신 OMR 카드에 희미하게 남아 있는 정답의 흔적대로 표시하면 더 많은 돈을 받을 수 있다. "별 생각 없이 취리히를 선택하긴 했지만 솔직히 스위스의 수도가 베른이라는 사실쯤은 나도 알고 있었다"고 말하면서 말이다.

이 세 가지 과제를 수행해 당신이 받을 수 있는 최대 금액은 20달러나 된다. 이 돈으로 당장 맛있는 저녁을 먹을 수 있다. 맥주를 마실 수도 있고, 강의 교재를 살 수도 있다. 그러나 당신이 실제로 돈을 얼마나 받을 것인가는 당신의 똑똑함과 문제풀이 능력뿐 아니라 도덕성 정도에도 달려 있다. 이런 상황에서 당신은 부정행위를 하겠는가? 만약 그렇다면 당신의 부정행위는 당신의 똑똑함 정도와 어떤 관련이 있는가? 또 당신의 창의성 정도와는 어떤 관련이 있는가? 이 질문에 대해 당신은 어떻게 생각하는가?

이 실험에서 우리는 새로운 사실을 발견했다. 다른 실험들에서와 마찬가지로 이 실험에서도 창의성에서 높은 점수를 받은 사람들은 부정직함에서도 역시 높은 점수를 받았다. 그러나 지능은 창의성과 직접적인 관련이 없는 것으로 나타났으며, 부정직함과도 관련이 없는 것으로 드러났다. 매트릭스, 도트, 일반 상식의 세 가지 과제 각각에서 모두 부정행위를 한 사람들은 그렇지 않은 사람들에 비해 창의성 점수가 높았지만 지능지수는 별다른 차이를 보이지 않았다.

우리는 또 부정행위를 극단적으로 많이 한 사람들, 즉 거의 최대치에 가까울 정도로 부정행위를 한 사람들의 점수를 꼼꼼하게 분석했다. 그 결과 이들은 세 가지 과제 각각에서 모두 낮은 수준으로 부정행위를 한 사람들에 비해 창의성 검사에서 높은 점수를 기록했지만 지능지수는 별다른 차이를 보이지 않았다.

복수심과 퍼지요인

...

부정행위를 하도록 스스로를 설득하는 데 창의성이 중요한 수단임은 분명하지만 그렇다고 유일한 수단은 아니다. 앞서 발간한 책 《경제 심리학 The Upside of Irrationality》에서 나는 사람들이 고약한 서비스를 제공받을 때 어떤 일이 일어나는지 확인하기 위해 설계한 어떤 실험을 소개했다.

간단히 설명하자면, 나는 아예렛 그니지 Ayelet Gneezy 캘리포니아대학 샌디에이고캠퍼스(UC샌디에이고) 교수와 함께 대니얼이라는 젊은 남자 배우를 고용해 한 가지 실험을 진행했다. 장소는 몇 군데의 커피숍이었다. 이 사람은 커피숍에 들어온 손님들에게 다가가 5분 동안 진행되는 간단한 과제에 참여하면 5달러를 주겠다고 제안했다. 손님이 동의하면 임의로 나열된 알파벳 철자들이 가득 적혀 있는 종이 열 장을 건네주면서, 동일한 철자가 연달아 나오는 부분을 가능한 한 많이 찾아내 연필로 동그라미를 쳐달라고 했다. 그리고 손님이 이 과제를 끝마치면 종이를 회수한 뒤 1달러짜리 지폐 여러 장을 건네면서 이렇게 말했다.

"여기 5달러 드립니다. 돈을 세어보시고 영수증에 서명해주십시오. 영수증은 테이블에 두세요. 제가 나중에 가져가겠습니다."

대니얼은 이렇게 말한 다음 또 다른 피실험자에게 다가갔다. 여기서 중요한 점은, 대니얼이 손님에게 건네준 돈은 5달러가 아니라 9달러였다는 사실이다. 우리는 이 경우 피실험자들 중 몇 명이나 5달러를 제외한 나머지 돈을 돌려줄 것인지 확인하고 싶었다.

이 피실험자 집단은 불쾌감을 유발하지 않은 조건이었다. 우리는 대니얼에게 또 다른 피실험자 집단을 대상으로 지금까지와는 다르게 불쾌감을 유발해줄 것을 주문했다. 이 불쾌감을 유발하는 조건에서 대니얼은 피실험자에게 과제를 설명하는 도중에 갑자기 전화를 받는 척 연기했다.

"어, 마이크구나, 무슨 일이야?"

그런 다음 잠시 상대의 말을 듣는 척하다가 흥분한 듯 목소리를 높였다.

"좋지! 여덟 시 삼십 분, 피자! 우리 집에서 볼까, 아니면 너희 집에서 볼까?"

그리고 나서 '이따 봐!'라고 말하고 통화를 끝냈다. 이 가짜 통화는 약 12초 동안 이어졌다.

통화를 마친 뒤 대니얼은 휴대폰을 주머니에 넣고 이 통화와 관련해 아무 말도 하지 않은 채 하던 설명을 계속했다. 이후에는 이전 실험과 동일하게 진행했다.

이 경우 대니얼의 무례한 행동에 모욕감을 느낀 피실험자들은 그에게 복수하겠다는 마음으로 나머지 4달러를 돌려주지 않을 수 있었다. 이것이 바로 우리가 확인하고자 하는 내용이었다.

아니나 다를까 피실험자들은 남은 돈을 돌려주지 않는 경향을 보였다. 불쾌감을 느끼지 않은 집단에서는 전체 피실험자 중 45퍼센트가 남은 돈을 돌려줬지만 불쾌감을 느낀 집단에서는 겨우 14퍼센트만 남은 돈을 돌려줬다. 불쾌감을 느끼지 않은 집단에서도 절반이 넘는 피실험자들이 남은 돈을 돌려주지 않았다는 사실이 반갑지 않긴 했지만, 12초라는 짧은 시간 동안의 무례하고 일방적인 대화 중단 때문에 불쾌감을 느낀 집단의 피실험자들이 훨씬 더 많이 부정행위를 저질렀다는 사실은 매우 당혹스러웠다.

이런 결과들은 어떤 일이나 사람이 불쾌하게 만들 때 우리는 자신의 비도덕적 행동을 합리화하기가 훨씬 쉽다는 점을 보여준다. 우리가 저지르는 부정행위는 우리가 처음 느낀 어떤 불쾌함을 보상받기 위한 일종의 보복일 수 있다. 우리는 자기 자신에게 이렇게 말한다. 우리가 나쁜 행동을 하는 것이 아니라 그저 똑같이 되갚아주는 것뿐이라고. 심지어 이런 자기합리화에서 한 걸음 더 나아가, 우리는 단지 공정성을 회복함으로써 세상을 조화롭게 만드는 것이라고 말한다. 우리 모두를 위해 정의의 성전聖戰을 펼치는 것이라고!

승차권 위조의 심리

...

열일곱 살 때 나는 한 살 위의 사촌 요아프와 함께 유럽으로 배낭여행을 떠나 멋진 시간을 보냈다. 우리는 많은 사람을 만났고 아름다운 도시들과 유적지들을 구경했다. 여러 박물관들에서도 많은 시간을 보냈다. 젊고 혈기 왕성했던 십 대 소년들에게는 그야말로 완벽한 여행이었다.

여행 경로는 로마에서부터 시작해 이탈리아를 종단한 다음 프랑스를 거쳐 영국으로 건너가는 것이었다. 로마에서 출발하면서 우리는 청소년 기차 여행권을 구매했는데, 로마 유레일의 상냥한 직원이 유럽 철도 노선이 그려진 지도를 복사해주면서 우리가 가야 할 노선과 기차를 갈아타야 할 곳을 검은색 볼펜으로 표시해줬다. 그것이 기차 여행권이었다.

그 직원은 우리가 구입한 그 여행권만 있으면 두 달 동안 기차를 타고 유럽 어디든 갈 수 있지만 반드시 자신이 그려준 노선을 따라서만 여행해야 한다고 말했다. 그러고는 그는 엉성하고 조잡한 유럽 철도 노선도 복사본을 영수증과 함께 스테플러로 찍어줬다. 우리는 이 엉성한 지도 겸 여행권을 검표원이 도무지 신뢰해줄 것 같지 않았다. 하지만 로마 유레일 직원은 걱정하지 않아도 된다고 말했고, 아닌 게 아니라 정말 그랬다.

로마, 피렌체, 베네치아 그리고 이탈리아의 소도시 몇 군데를 관광한 뒤 우리는 베로나 외곽에 있는 호숫가에서 며칠을 보냈다. 그런데 마지막 날 아침에 일어나니 누가 우리 배낭을 뒤졌는지 가방 안에 있던 물건이 어지럽게 흩어져 있었다. 우리는 없어진 게 있는지 가방 안을 살폈다. 옷가지는 그대로 있었고 심지어 카메라도 있었다. 유일하게 없어진 것은 요아프가 갖고 있던 여분의 운동화였다. 이 사실을 알고 우리는 처음에는 불행 중 다행이라 생각했지만 그것이 아니었다. 요아프의 어머니이자 내 숙모의 조언에 따라 준비한 비상금을 그 신발에 숨겨놨던 것이다. 아이러니한 상황이었고, 우리는 눈앞이 캄캄했다.

주변을 둘러보면서 우리는 문제의 그 운동화를 신고 있는 사람이 있는지 살폈다. 하지만 아무리 찾아봐도 그런 사람은 눈에 띄지 않았다. 하는 수 없이 우리는 경찰서에 가서 도난 신고를 했다. 다행히 경찰관이 영어를 조금 알아듣긴 했지만 그에게 우리가 당한 일을 설명하기는 쉽지 않았다. 운동화 한 켤레를 도난당했는데 오른쪽 신발에 현금을 숨겨놓았기 때문에 이는 가벼운 사건이 아니다, 라는 내용을 담당 경찰관은 쉽게 알아듣지 못했다. 결국 우리는 잃어버린 운동화를 찾지 못했다. 우리는 매우 기분이 상했다. 그것은 재수 없는 일이었다. 우리는 유럽에게 받아야 할 빚이 하나 생겼다고 생각했다.

이 일이 있고 일주일쯤 뒤 우리는 애초에 여행지로 삼지 않았던 스위스와 네덜란드에도 가보기로 했다. 그러려면 기차표를 새로 끊어야 했다. 하지만 불쾌한 도난 사건을 당한데다 경찰관에게 적절한 도움을 받지 못했던 터라, 우리는 좀 더 창의적인 방법으로 이 문제를 해결하기로 했다. 우리는 기차 여행권에 로마 유레일 직원이 표시했던 것과 동일한 검은색 볼펜으로 우리가 가고자 하는 경로를 추가로 그려 넣었다. 스위스를 경유해 프랑스로 가고 거기서 다시 영국으로 갈 수 있게 한 것이다.

이제 우리 여행권에는 2개의 경로가 그려져 있었다. 하나는 원래 있던 것이고 다른 하나는 우리가 새로 그려 넣은 것이었다. 이 여행권을 검표원들에게 보여줬지만 그들은 번번이 우리의 속임수를 알아채지 못했다. 덕분에 우리는 몇 주 동안 계속 그 여행권에 우리가 여행하고 싶은 노선을 검은색 볼펜으로 그려 넣으며 즐겁게 여행할 수 있었다.

우리의 범행은 늘 성공이었다. 하지만 바젤로 가는 길에 들통이 나고 말았다. 스위스인 검표원이 우리 여행권의 경로를 자세히 들여다보더니 고개를 가로저으며 여행권을 돌려줬다.

"바젤에 가려면 표를 다시 끊어야겠네요."

우리는 정중하게 말했다.

"하지만 여기 여행권에는 바젤까지 가도 되는 걸도 표시돼 있는데요."

우리는 지도 위에 우리가 표시한 경로를 가리켰다. 하지만 검표원은 고개를 저으며 단호하게 말했다.

"미안하지만 표를 새로 끊어야 합니다. 그렇지 않으면 기차에서 내리라고 명령하겠습니다."

"다른 분들은 모두 아무 문제가 없다고 했는데 왜 안 된다는 겁니까?"

검표원은 어깨를 으쓱하더니 다시 한 번 고개를 저었다. 결국 요아브가 사정을 했다.

"바젤까지 가게 해주시면 도어스의 이 녹음테이프를 드릴게요. 미국 록밴드 도어스 아시죠?"

하지만 그 사람은 도어스에 도통 관심이 없는 것 같았다. 결국 그스위스인 검표원은 이렇게 말했다.

"좋아요. 바젤까지 가게 해주죠."

그 사람이 우리 말을 믿었던 것인지 아니면 우리가 부정행위를 저질 렀다는 사실을 알면서도 귀찮아서 내버려둔 것인지는 알 수 없었다. 아무튼 그 사건 이후로 우리는 더는 여행권에 장난을 치지 않았고, 로마 유레일 직원이 기재한 경로를 따라서만 여행했다.

정직하지 못한 우리의 행동을 되돌아보면 어린 마음에 어리석은 짓을 한 게 부끄러워 고개를 들지 못하겠다. 하지만 나는 그것이 전부가 아님을 잘 안다. 그렇듯 부정행위를 저지르면서도 우리의 행동을 얼마든지 해도 되는 것으로 합리화했던 특정한 상황의 여러 가지 측면을 살펴봐야 한다.

첫째, 난생 처음으로 외국에 나가 있다는 상황이 그동안 우리가 지켜온 규칙을 느슨하게 만들어 부정행위에 아무런 죄책감을 느끼지 않도록 부추긴 측면이 있었다(부정행위와 여행 사이에는 어떤 연관성이 있지 않을까 싶다. 여행 중에는 규칙이 느슨해져 그럴지도 모른다. 혹은 매일 똑같은 일상에서 벗어나 있다는 환경 때문일지도 모른다). 둘째, 운동화와 수백 달러를 잊어버리는 바람에 유럽에 복수를 한다는 심리 혹은 빚을 받아낸다는 심리가 작용했다. 셋째, 우리는 배낭여행이라는 모험을 하고 있었으므로 아마 도덕적으로도 모험을 즐기고 싶었을 것이다. 넷째, 우리는 우리 행동이 그 어떤 대상에게도 해를 끼치지 않는다는 논리로 우리의 부정행위를 합리화했다.

우리는 그저 종이에 줄을 몇 개 더 그었을 뿐이었다. 기차는 우리의 행위와 상관없이 정해진 시간에 정해진 노선을 달렸고, 게다가 기차는 늘 승객들로 가득 차지도 않았다. 그러니 우리 때문에 손해를 보는 사람은 없었다. 우리가 처음 여행권을 살 때 다른 경로를 선택했더라도 비용은 같았다. 그래서 도중에 경로를 바꾸는 것은 그릇된 행동이 아닐 것이라는 심리가 작동한 것이다(스톡옵션의 행사 시기를 도중에 바꾸는 사람도 이런 심리를 바탕으로 자신의 행동을 합리화하지 않을까 싶다). 합리화의 마지막 근거는 여행권 자체의 물리적인 특징과 관련이 있었다. 로마 유레일 직원이 우리에게 끊어준 여행권은 볼펜으로 여행 경로를 기입한 조잡한 종잇조각에 불과했기에 쉽게 변조할 수 있었다. 그 직원이 했던 것처럼 검은색 볼펜으로 줄만 죽 그으면 됐으므로 우리는 쉽게 부정행위의 유혹에 넘어갔다.

합리화를 가능하게 했던 이 모든 요소들을 종합해보면 부정행위를 합리화하는 우리의 능력이 얼마나 포괄적이고 강력한지 그리고 우리가 일상적으로 하는 행위에서 합리화가 얼마나 빈번하게 일어날 수 있는지 알 수 있다. 우리는 우리가 규칙을 깨고 부정한 행동을 한다는 인식에서 스스로를 멀리 떼어놓는 데 놀라운 능력을 발휘한다. 그것도 온갖 방법을 동원해서 말이다. 우리가 하는 부정행위가 누군가에게 직접적으로 피해를 주지 않을 때는 더욱 그렇다.

천재는 사기꾼?

...

파블로 피카소는 '훌륭한 화가는 모방하고 위대한 화가는 훔친다'고 말했다. 역사를 통틀어 창의적인 사기꾼들이 없었던 적이 없다. 셰익스피어는 그리스와 로마 그리고 이탈리아의 역사적인 사실들에서 아이디어를 훔쳐와 새롭고도 빛나는 작품을 썼던 것으로 유명하다. 밥 딜런도 포크송 선배들의 노랫말과 음악에서 많은 것을 '빌렸으며', 스티브 잡스 Steve Jobs 도 애플은 위대한 아이디어를 훔치는 것을 전혀 부끄럽게 여기지 않는다는 말을 여러 차례 한 바 있다.

우리가 한 여러 실험들에 비춰보면 창의성은 부정행위가 일어나는 데 주요한 동력으로 작동한다. 그러나 어떤 사람의 창의성이 향상되면 이로 인해 그 사람의 부정행위 수준도 높아지는지 여부는 알 수 없다. 이 점을 밝혀내기 위해 우리는 또 다른 실험을 준비했다. 나는 지노와 함께 피실험자들로 하여금 좀 더 창의적인 태도를 갖게 하는 것만으로(사회과학자들은 이 과정을 '점화 priming'라고 부른다) 부정행위의 수준을 높일 수 있을지 조사했다.

자, 당신이 이번 실험의 피실험자라고 상상해보자. 심리 실험실에 나타난 당신에게 우리는 도트 과제를 제시한다. 당신은 보수를 지급하지 않은 도트 과제를 한 차례 수행한다. 다음으로 당신은 왼쪽과 오른쪽을 선택하는 데 따라 각각 0.5센트와 5센트를 지급하는 두 번째 과제를 수행하게 된다. 하지만 그 전에 우리는 당신에게 또 다른 과제를 제시한다. 어떤 문장 하나를 만드는 과제다(이것은 피실험자가 현재 가진 태도를 바꾸기 위한 통상적인 기법으로 피실험자의 창의성을 높이기 위한 사전 작업이다).

이 과제에서 우리는 당신에게 임의의 단어 5개(예를 들면 하늘 sky, 있다 is, 그 the, 왜 why, 푸르다 blue)로 구성된 단어 조합 20개를 제시한다. 당신은 이 단어들을 이용해 각 조합당 하나씩 네 단어로 된, 문법적으로 정확한 문장(예를 들면 '하늘은 푸르다 The sky is blue')을 만들어야 한다. 그런데 당신은 이 과제에는 두 가지 버전이 있으며, 당신에게는 둘 중 임의로 한 가지 버전이 주어졌다는 사실을 모른다. 한 가지 버전은 창의적인 사고의 조합으로, 20개 문장 중 12개 문장에 창의성과 관련된 단어들(예를 들어 창의적인 creative, 독창적인 original, 신기한 novel, 새로운 new, 천재적인 ingenious, 상상력 imagination, 아이디어 ideas 등)이 포함돼 있다. 반면에 다른 한 가지 버전에는 전체 20개 문장 중 창의성과 관련된 단어는 단 하나도 포함돼 있지 않다. 우리는 피실험자들로 하여금 창의성과 관련된 단어들을 사용하게 함으로써 그들을 '점화'시켜 스티브 잡스나 레오나르도 다 빈치와 같은 혁신적인 태도를 갖게 하는 것이 목적이었다.

이제 당신은 문장 완성 과제의 두 가지 버전 중 하나를 마치고 다시 도트 과제로 넘어간다. 이번에는 좀 전과 다르게 진짜 돈을 보수로 받게 된다. 당신은 왼쪽 삼각형에 점이 더 많다고 선택할 때마다 0.5센트를 받고, 오른쪽 삼각형에 점이 더 많다고 선택할 때마다 5센트를 받는다.

자, 결과가 어떻게 나왔을까? 이 실험의 결과는 우리에게 어떤 점을 시사했을까? 창의적인 태도를 자극한 것이 과연 개인의 도덕성에 영향을 미쳤을까? 결과는 이랬다. 보수가 지급되지 않았던 연습 차원의 도트 과제에서는 두 집단 사이에서 이렇다 할 차이점이 나타나지 않았지만 보수가 지급된 과제에서는 엄청난 차이가 나타났다. 우리가 예상한 대로 창의적인 단어들로 자극을 받은 피실험자들은 그렇지 않은 피실험자들에 비해 더 많이 '오른쪽' 버튼, 즉 보수를 더 많이 받는 쪽을 선택했다. 우리는 정확성을 기하기 위해 이 실험을 200회나 반복했지만 결과는 매번 동일하게 나타났다.

이 실험 결과로 보면 창의적인 마음가짐은 사람들로 하여금 부정행위를 더 많이 저지르게 할 수 있다.

연구의 마지막 단계에서 우리는 실제 현실에서 창의성과 부정행위가 얼마나 연관이 있는지 알아보고자 했다. 우리는 대형 광고기획사와 접촉해 이 회사의 직원들이 도덕적 딜레마와 관련된 여러 가지 질문에 어떻게 답하는지 살펴봤다. 예를 들어 '당신은 업무 추진비를 얼마나 부풀려 보고할 것 같은가?' '상사에게 지시받은 업무를 전혀 진행하지 않았으면서도 자신이 현재 열심히 잘하고 있다고 보고할 가능성은 얼마나 될 것 같은가?' 혹은 '자신이 회사 사무실의 비품을 집으로 가져갈 가능성은 얼마나 될 것 같은가?' 등과 같은 질문들에 대해 자기 자신의 성적을 어떻게 매길 것인지 물었다. 우리는 또 피실험자들이 회사에서 맡고 있는 직책(회계원, 카피라이터, 경리부장, 디자이너 등)이 무엇인지 물었다. 마지막으로 이 광고기획사의 CEO에게 각 부서에서 창의성이 얼마나 요구되는지 물었다.

이런 과정을 거쳐 우리는 각각의 직원들과 이들이 속한 부서의 도덕적 경향과 각 부서가 직원들에게 기대하는 창의성의 수준을 파악했다. 이와 관련된 자료를 확보한 뒤 우리는 부서별 직원들의 도덕적 유연성을 계산하고, 이 유연성이 직무에서 요구되는 창의성과 어떤 관련이 있는지 추정했다. 그 결과 도덕적 유연성은 디자이너와 카피라이터가 가장 높았고 회계원이 가장 낮았다. 이런 점으로 볼 때 '창의성'을 필요로 하는 업무를 하는 사람이 그렇지 않은 사람에 비해 정직하지 못한 행동을 할 가능성이 더 높다.

창의적 사고가 실패할 때

...

우리는 창의성이야말로 사회생활을 하는 데 중요한 자산이며 미덕라는 말을 자주 듣는다. 이는 개인뿐 아니라 기업이나 공동체에도 적용된다. 우리는 혁신가를 찬양하고 추앙하며 독창성이 뛰어난 사람을 칭찬하고 부러워하는 한편 융통성 없는 사람들을 기피한다.

물론 여기에는 그럴 만한 이유가 있다. 창의성은 기존에 없었던 새로운 접근방법이나 해법으로 나가는 문을 엶으로써 어떤 문제의 해결책을 제시한다. 이런 창의성이 있었기에 인류는 수돗물, 전기, 비누에서부터 전화기, 우주여행 그리고 나노 기술에 이르는 온갖 발명품을 개발하면서 (비록 늘 그랬던 것은 아니지만) 좀 더 유익한 방식으로 우리가 사는 세상을 끊임없이 새롭게 만들어왔다. 인류는 아직 갈 길이 멀지만 우리가 이만큼 발전한 데는 창의성이 기여한 바가 크다. 그러므로 우리는 창의성에 고마워할 필요가 있다. 피카소나 셰익스피어, 밥 딜런, 스티브 잡스와 같은 창의적 선구자들이 없었더라면 세상은 지금보다 훨씬 황량했을 것이다.

이것은 전체의 한 부분에 지나지 않는다. 창의성 덕분에 우리는 까다로운 문제를 해결할 기발한 해법을 생각해낼 수 있지만 한편으로 우리는 창의성이 있기에 자신에게 유리하게 정보를 재해석하는 식으로 기존의 원칙이나 규칙을 왜곡하기도 한다. 창의성을 발휘함으로써 우리는 케이크를 소유하면서 동시에 그 케이크를 먹을 수 있게 하는 이야기를 지어낼 수 있으며, 또한 스스로 자기 자신은 언제나 영웅이지 절대 악당이 아니라는 이야기를 만들어낼 수 있다.

만약 우리의 부정직함의 핵심이 부정행위로 이득을 취하면서도 스스로를 정직하고 도덕적인 사람으로 여길 수 있는 능력이라 한다면, 우리는 창의성의 또 다른 면을 생생하게 포착할 수 있다. 창의성은 어떤 이득을 취할 목적으로 자기 자신이 부정직한 사람이 돼도 좋다고 허락하는 동시에 자기 자신을 이루 말할 수 없을 정도로 정직한 사람이라고 생각하게 해주는 멋진 이야기들을 교묘하게 지어내도록 우리를 돕는다.

이처럼 창의성은 긍정적이고 우리가 바라던 결과를 낳는 동시에 부정적이고 우리가 바라지 않던 결과를 낳는다. 때문에 우리는 창의성과 관련해 입장이 난처할 수밖에 없다. 우리는 창의성을 필요로 하고 또 이것을 간절히 바라지만, 어떤 상황에서는 창의성이 여러 가지 부정적인 면들을 가질 수 있다는 사실이 불 보듯 뻔하기 때문이다.

내 친구이자 역사학자인 에드워드 발레센Edward Balleisen은 곧 출간될 자신의 저서 《호구와 사기꾼 그리고 양면성Suckers, Swindlers, and an Ambivalent State》에서 기업계가 신기술의 한계를 넘을 때마다(그 신기술의 발명품이 우편업무든, 전화든, 라디오든, 컴퓨터든 혹은 주택저당증권이든 간에) 이러한 발전 덕분에 사람들은 기술과 부정행위 양쪽 모두의 한계선을 넘어설 수 있게 된다고 말했다. 그 신기술이 한층 더 개발되고 이의 사용이 정착되고 난 뒤에야 비로소 이 소동은 끝난다. 그제야 이 신기술을 사용하는 데 바람직한 방식들이 무엇이며 또 지양해야 할 고약한 방식들은 무엇인지 분명하게 드러난다.

예를 들어 에드워드는 미국 우편업무의 초창기 활용방식 중 하나는 세상에 존재하지 않는 것을 판매하기 위한 것, 즉 우편 사기 행위였다고 말한다. 사람들이 이런 사실을 깨닫기까지는 상당한 시간이 걸렸다. 마침내 우편 사기의 문제점은 강력한 규제로 해결됐고, 덕분에 지금은 높은 품질과 효율성 그리고 신뢰가 우편업무에 자리 잡았다. 이런 관점에서 기술 발전을 생각한다면 우리는 창의적인 사기꾼이 진보와 혁신을 위해 부지런히 노력했던 것에 대해 고마워해야 한다.

그렇다면 우리는 어떻게 해야 할까? 기업에서 사람을 고용할 때 창의적인 사람들을 선별해야 하는 것은 분명한 사실이다. 또한 우리는 스스로를 창의적인 사람으로 개발하려 애써야 하며 다른 사람들도 창의적인 사람이 되도록 격려해야 한다. 동시에 우리는 창의성과 부정행위의 관계를 제대로 이해할 필요가 있다. 아울러 창의적인 사람이 정직하지 못한 행동을 하면서도 그런 사실에 불편해하지 않을 새로운 방법들을 찾아내는 데 자신의 기술과 솜씨를 활용하도록 유혹당할 수 있는 여러 가지 경우를 우려해야 한다.

예전에 다른 책에서도 이런 말을 했는지 모르겠지만, 내가 생각하기에 나는 매우 정직한 사람인 동시에 매우 창의적인 사람이다.

8장

부정행위도 전염된다

사회적 전염

The (Honest) Truth About Dishonesty

　나는 전 세계를 돌아다니면서 우리의 비이성적인 행동이 초래하는 영향력에 대해 강의와 강연을 하는 데 많은 시간을 보낸다. 그 바람에 나는 비행기를 자주 탄다. 집이 있는 노스캐롤라이나에서 뉴욕으로 갔다가, 거기서 브라질의 상파울로로 갔다가, 콜롬비아의 보고타를 들러 크로아티아의 자그레브에 갔고, 캘리포니아의 샌디에이고를 들러 노스캐롤라이나로 돌아오는 식이다. 며칠 뒤 나는 다시 텍사스로 갔다가, 뉴저지로 갔다가, 뉴욕에 갔고, 터키의 이스탄불로 갔으며, 미국 메인의 캠던에 들렀다가 마지막으로 녹초가 돼 집으로 돌아왔다.

　이렇게 전 세계를 돌아다니면서 나는 공항의 보안 검색대를 통과하고 잃어버린 수하물을 되찾느라 수많은 모욕과 상처를 참고 견뎌야 했다. 그러나 이런 고통은 여행 중에 몸이 아픈 것에 비하면 아무것도 아니었다. 나는 늘 몸이 아프거나 병에 걸릴 확률을 최소화하려고 신경을 쓰고 노력한다.

언젠가 한 번은 대서양 상공을 날고 있을 때였다. 그때 나는 다음 날 강연을 준비하고 있었는데 내 옆자리에 앉은 사람이 심한 감기에 걸린 듯했다. 이 사람의 감기 때문이었을 수도 있고, 어떤 병이 옮을지도 모른다는 두려움 때문이었을 수도 있고, 수면부족 때문이었을 수도 있고, 아니면 자유연상의 무작위적이고 놀라운 특성 때문이었을 수도 있다. 아무튼 어떤 이유로 해서 나는 그 사람과 나 사이에 돌아다니고 있을 바이러스와 당시 왕성하게 퍼지고 있던 기업 부정행위의 유사성에 대해 생각했다.

앞서도 언급했듯 엔론 사태 이후 나는 기업의 부정행위 현상에 부쩍 관심이 높아졌다. 그 뒤 케이마트 Kmart, 월드컴, 타이코인터내셔널 Tyco International, 핼리버튼 Halliburton, 브리스톨마이어스 Bristol-Myers, 프레디맥 Freddie Mac, 패니메이 Fannie Mae, 2008년 금융위기 그리고 이후 투자회사 버나드매도프 등의 파문이 잇달아 터지면서 나의 이런 관심은 더욱 커졌다. 이런 부정행위 사건의 수는 빠른 속도로 늘어나는 듯했다. 그때 나는 이런 생각을 했다. 이런 현상은 불법적이고 부정한 행위를 찾아내는 기술이 발전했기 때문에 나타난 것일까? 아니면 도덕성의 기준이 무너지고 있어 실제로 부정행위의 수가 늘어나기 때문일까? 그것도 아니면 기업의 부정행위에는 어떤 전염적인 요소가 있어 이것이 기업계를 뒤흔들고 있기 때문일까?

다시 감기에 걸린 옆자리 승객 이야기로 돌아가자. 이 사람이 코를 푼 휴지가 점점 쌓여가는 것을 보면서 나는 사람들이 '부도덕성 전염병'이라는 어떤 가상의 병에 감염될 수 있지 않을까 하는 생각을 하기 시작했다. 만약 사회에서 벌어지는 부정행위의 수가 실제로 늘어난다면 이 부정행위가 직접적인 접촉이나 단순한 관찰만으로도 전염되지 않을까? 전 세계에서 끊임없이 터져 나오는 기업 부정행위는 이런 전염의 결과가 아닐까? 기업 부정행위가 정말 전염된다면 그를 유발하는 바이러스를 초기에 포착하면 이 전염병을 예방할 수 있지 않을까?

내게 이것은 무척 흥미진진한 가능성이었다. 여행을 마치고 집에 돌아와 나는 박테리아에 관한 글을 읽기 시작했다. 그리고 우리 몸과 몸 주변에 셀 수 없이 많은 박테리아가 살고 있다는 사실을 알았다. 해로운 박테리아의 수가 그리 많지 않을 때는 별 문제가 없다. 그러나 이 수가 어떤 기준 이상으로 늘어나 신체의 조화로운 균형이 무너지거나 특정한 박테리아가 우리 몸의 방어 체계를 무너뜨리면 그때부터 문제가 발생한다.

이런 연관성을 생각한 사람이 내가 최초일 가능성은 희박하다. 18세기와 19세기의 교도소 개혁가들은 범죄의 전염을 막으려면 범죄자를 전염병 환자와 마찬가지로 통풍이 잘되는 곳에 격리시켜야 한다고 믿었다. 물론 나는 만연하는 기업의 부정행위와 질병 사이의 유사성을 과거 교도소 개혁가들과 같은 방식으로 파악한 것은 아니다. 그러나 과도한 비유의 위험을 무릅쓰면서 나는 사람들이 어떤 사기꾼과 가까이 할 경우 사회적 정직성의 자연스러운 균형 역시 무너질 수 있다고 생각했다.

어쩌면 우리 주변에 가까이 있는 사람의 부정행위는 우리 삶에서 멀리 떨어진 사람들이 저지르는 부정행위에 비해 전염성이 더 강할 수 있다(일례로 1980년대의 마약 반대운동의 유명한 구호인 '나는 당신을 보면서 그것을 배웠다'를 들 수 있다. 이것은 마약을 하는 사람의 자식들도 마약을 하게 된다는 경고였다).

전염이라는 비유를 머릿속에 담아둔 채로 나는 부정행위의 노출 강도에 대해서도 생각했다. 그리고 부정직한 행동을 얼마나 많이 저지르면 우리 자신의 행동이 그것의 영향을 받게 되는지도 생각했다. 만약 직장 동료 한 사람이 비품 보관실에서 연필 열댓 자루를 가방에 넣고 사무실을 나서는 모습을 본다면 그 즉시 우리는 '나'도 그 동료처럼 사무실의 문구류를 박스째 들고 나가도 괜찮다고 생각하게 될까? 아무래도 그렇지는 않겠지만 박테리아의 경우처럼 아주 느리고도 미묘하게 진행될 것이다.

우리가 어떤 사람이 부정행위를 저지르는 모습을 본다고 치자. 그러면 그 행동에 대한 어떤 작은 인상이 우리에게 남고, 그로 인해 우리는 예전보다 아주 조금 더 부패한 상태로 변한다. 그리고 이후에 우리가 다시 어떤 비윤리적 행동을 목격한다면 우리의 도덕성은 조금 더 훼손되고, 비도덕적인 바이러스에 더 많이 노출될수록 우리는 점점 더 타락하게 된다.

오래전에 나는 자동판매기를 한 대 샀다. 가격 책정 및 할인과 관련된 일련의 실험을 진행하는 데 좋은 도구가 될 수 있다는 생각에서였다. 몇 주 동안 동료인 니나 마자르와 나는 이 자동판매기를 이용해 사람들에게 고정된 할인금액이 아니라 확률적으로 개연성이 있는 할인금액을 제시할 때 어떤 일이 일어나는지 살펴봤다.

좀 더 구체적으로 설명하자면 이렇다. 사탕 한 봉지의 가격은 1달러로 책정돼 있다. 그런데 어떤 구멍들에서는 30퍼센트 할인해서 팔고 또 어떤 구멍들에서는 할인이 없는 대신 30퍼센트 확률로 1달러를 되돌려주는, 즉 공짜로 사탕을 가져갈 수 있도록 설정했다. 이 실험의 결과가 어땠을지 궁금할 것이다. 놀라지 말기 바란다. 우리는 후자의 방식이 전자에 비해 매출이 거의 세 배 가까이 높다는 사실을 확인했다. 이 실험의 주제는 지금 우리가 논의하는 내용과 거리가 있지만 사람들이 자기 돈을 되돌려받게 한다는 설정은 부정행위에 대한 또 다른 실험을 할 수 있는 실마리가 됐다.

어느 날 아침 우리는 이 자동판매기를 MIT의 강의동으로 옮긴 뒤 이 기계가 인식하는 사탕 한 봉지의 가격을 0달러로 설정했다. 하지만 겉에는 가격을 75센트로 표시했다. 누구든 75센트를 넣고 버튼을 누르면 사탕 한 봉지가 나오고 동시에 75센트가 반환되도록 설정한 것이다. 그리고 이 자동판매기가 오작동을 할 경우 전화를 해달라는 안내문을 눈에 잘 띄는 곳에 붙여놨다.

그런 다음 실험 진행자 한 사람이 노트북에 몰두해 있는 것처럼 위장해 이 자동판매기를 지켜보면서 사탕을 사려던 사람들이 공짜 사탕을 얻는 놀라운 경험을 할 때 어떤 행동을 하는지 기록하도록 했다. 실험 결과는 이랬다. 첫째, 사람들은 대략 세 차례 공짜 사탕을 챙겼다. 처음 사탕 봉지와 함께 돈을 돌려받을 경우 대부분의 사람들은 이런 일이 또다시 일어나는지 확인했다(물론 그런 일은 또다시 일어났다). 그리고 많은 사람이 한 번 더 확인했다. 그러나 네 번까지 공짜 사탕을 얻으려 한 사람은 아무도 없었다. 사람들은 자동판매기가 돈만 먹고 물건을 내놓지 않았던 경험을 떠올리면서 이 천재적인 자동판매기가 자발적으로 인과응보의 죗값을 치른다고 여겼을 것이다.

또한 피실험자들의 절반 이상이 주변에 아는 사람이 있는지 두리번거리며 찾았고, 아는 사람이 있을 경우 그 사람을 불러 이 횡재에 동참하게 했다. 물론 이것은 한 차례의 관찰 실험에 불과했다. 그러나 이 실험으로 나는 사람들은 의심스러운 어떤 행동을 할 때 다른 사람을 이 행동에 동참시킴으로써 자신이 한 의심스러운 행동을 합리화하는 게 아닐까 하는 의문을 품게 됐다. 만약 다른 사람도 자신과 마찬가지로 어떤 금기의 선을 넘는다면 자신이 저지른 비도덕적 행동이 사회적으로 좀 더 너그럽게 용인될 수 있는 행동으로 자기 눈에 비칠 것이기 때문이다. 이런 식으로 자신의 비도덕적인 행동을 합리화하는 것이 지나쳐 보일 수 있지만 사람들은 자기 행동이 주변 사람들의 사회적인 규범 수준과 동일할 때 편안함을 느낀다. 바꿔 말하면 양심의 가책을 느끼지 않는다는 것이다.

강의실에서 생긴 일

∴

자동판매기를 동원한 이 실험을 한 뒤 나는 다른 경우에도 부정행위가 전염성이 있는지 살펴보기 시작했다. 물론 거기에는 강의실에서 이뤄지는 학생들의 부정행위도 포함됐다.

몇 년 전이었다. 새 학기가 시작될 때 나는 내 행동경제학 강의를 수강하는 500명의 학부 학생들에게 강의 시간에 노트북으로 페이스북, 인터넷, 이메일 등 강의 내용과 관련이 없는 활동을 하면서도 강의에 집중할 수 있을 것이라고 확신하는지 물었다. 고맙게도 대다수 학생들이 두 가지 일을 동시에 할 수 없을 것이라고 답했다(물론 이것은 틀린 말이 아니다).

다음으로 나는 노트북이 자기 앞에 켜져 있을 때 스스로가 강의와 관련이 없는 행동을 하지 않을 자제력을 가지고 있다고 생각하는지 물었다. 이 질문에는 거의 대부분이 손을 들지 않았다.

그 시점에 나는 학생들에게 강의실에 노트북을 가지고 들어오지 말라고 해야 할지(물론 노트북은 내 강의와 관련된 자료를 검색하거나 메모를 하는 용도로 유용하다), 아니면 노트북 사용 문제를 두고 서약을 하게 해야 할지 잠시 갈등했다. 하지만 나는 낙관주의자이므로 학생들에게 오른손을 들고 나를 따라 다음과 같이 서약하도록 했다.

"나는 강의 시간에 강의 내용과 관련이 없는 일에 노트북을 사용하지 않을 것임을 약속하고 맹세하고 서약한다. 나는 강의 도중에 이메일을 읽거나 보내지 않을 것이다. 나는 페이스북을 포함해 모든 SNS 서비스를 사용하지 않을 것이다. 나는 강의 시간에는 강의와 관련이 없는 내용을 결코 인터넷에서 검색하지 않을 것이다."

학생들은 기꺼이 서약했고, 나는 기분이 좋았다. 하지만 이 기분은 그리 오래 가지 않았다.

강의 시간에 나는 학생들에게 이따금씩 이런저런 영상물을 보여준다. 사례를 제시하기 위한 목적도 있고, 분위기를 바꿈으로써 학생들이 강의에 집중할 수 있도록 유도하기 위한 목적도 있다. 이럴 때면 나는 으레 강의실 뒤쪽으로 가서 학생들과 함께 영상물을 보곤 한다. 물론 그 위치에 있으면 학생들이 각자 가지고 있는 노트북 화면이 고스란히 다 보인다. 학기가 시작되고 몇 주 동안에는 학생들의 노트북 화면에 강의와 관련이 있는 내용들만 떠 있었다. 그러나 시간이 지나면서 점차 양상은 바뀌었다. 한 주 또 한 주가 지날수록 마치 비 온 뒤 버섯이 마구 자라고 퍼지듯 학생들의 노트북 화면에는 낯익지만 강의 내용과 관련이 없는 웹사이트가 점점 많아졌다. 물론 페이스북이나 이메일 프로그램들도 자주 눈에 띄었다.

지금 생각하면 영상물을 틀 때 강의실 조명을 끄는데 이때의 어둠이 학생들이 스스로 한 약속을 깨게 만드는 주된 요인이 아닌가 싶다. 조명이 꺼지고 강의실이 어두워지면 나뿐 아니라 많은 학생은 자기 앞자리에 앉아 있는 학생들이 강의 내용과 관련이 없는 웹사이트를 돌아다닌다는 사실을 알 수 있었다. 그 여파로 더 많은 학생이 같은 행동을 했다. 나는 서약이 처음에는 도움이 되지만 시간이 지나면 동일한 사회 집단에 속한 다른 사람이 적절하지 못한 행동을 하는 것을 보는 데서 비롯되는, 새로이 부각되는 사회 규범의 힘을 도저히 당할 수 없다는 사실을 깨달았다(매번 강의를 시작할 때마다 서약을 하게 하면 도움이 될지도 모르겠다. 다음에 이런 시도를 해볼 참이다).

썩은 사과 한 개

∙∙∙

대학 내에서의 부정행위에 대한 관찰 내용과 대서양 상공을 날아가는 비행기 안에서 했던 사회적인 전염에 대한 막연한 생각은 물론 추측의 차원일 뿐이었다. 부정행위가 가진 전염성에 대한 좀 더 정확한 정보를 얻기 위해 나는 프란체스카 지노, 샤하르 아얄Shahar Ayal

이스라엘학제연구센터 교수와 함께 카네기멜론대학에서 몇 가지 실험을 하기로 했다. 당시 지노는 이 대학을 방문 중이었다. 매트릭스 과제를 동원한 실험들을 앞서 설명했던 것과 (비록 난이도가 조금 낮은 버전이긴 하지만) 동일한 방식으로 설정했다. 하지만 이번 실험은 예전의 실험들과 비교해 몇 가지 중요한 차이가 있었다.

우선 실험 진행자는 피실험자들에게 시험지와 함께 10달러의 돈을 누런색 편지봉투에 넣어 줬다. 정확하게 말하면 1달러짜리 지폐 여덟 장과 50센트 동전 4개를 봉투에 넣어 줬다. 지급 절차에 이렇듯 변화를 준 것은 실험이 끝난 뒤 피실험자들이 자신이 받을 돈을 직접 계산해 챙기고 나머지 돈은 놓아두고 가도록 유도하기 위함이었다.

통제조건의 피실험자 집단에서는 부정행위를 할 수 있는 가능성을 완전히 차단했다. 즉 정해진 시간 안에 일곱 문제를 푼 사람은 자기가 푼 문제를 계산한 다음 거기에 해당되는 돈을 봉투에서 꺼내 주머니나 지갑에 넣도록 했다. 피실험자가 돈이 든 봉투를 시험지와 함께 실험 진행자에게 제출하면 실험 진행자는 시험지를 보고 그 사람이 몇 문제를 풀었는지 살핀 뒤, 봉투에 든 돈을 세어 확인하는 절차를 거쳐 피실험자를 보내주도록 한 것이다.

그러나 파쇄기 조건의 피실험자 집단에 대한 지시 내용은 달랐다. 실험 진행자는 피실험자들에게 이렇게 말했다.

"각자 자기가 맞힌 문제의 개수를 센 다음 시험지를 강의실 뒤에 있는 파쇄기에 넣고 파기하십시오. 그런 다음 다시 자리로 돌아가 자기가 맞힌 정답의 개수에 해당하는 돈을 봉투에서 꺼내 가지고 돌아가시면 됩니다. 강의실에서 나갈 때 남은 돈은 봉투에 그대로 넣어둔 채로 문옆에 있는 수거함에 넣어주시면 됩니다."

실험 진행자는 이렇게 말한 뒤 문제를 풀라고 했다. 그러면서 피실험자들이 문제를 푸는 동안 두꺼운 책을 꺼내들고 읽기 시작했다(물론 이것은 피실험자들이 감독의 눈길이 없는 것이나 다름없다고 생각하도록 유도하기 위한 장치였다). 정해진 5분이 지난 뒤 실험 진행자는 시간이 다 됐다고 말했다. 피실험자들은 연필을 놓고 자기가 맞힌 정답의 개수를 세었다. 그리고 각자 시험지를 파기하고 자리로 돌아가 스스로 보수를 챙긴 다음 강의실 밖으로 나가면서 남은 돈이 들어 있는 봉투를 수거함에 넣었다.

결과는 그리 놀랍지 않았다. 통제조건에서의 피실험자들은 평균 약 일곱 문제를 풀었지만 파쇄기 조건의 피실험자들은 평균 약 열두 문제를 풀었다고 주장했다. 통제조건에 비해 무려 다섯 문제나 더 풀었다고 한 것이다.

이 두 조건들이 우리 실험의 새로운 출발점이 됐다. 이를 바탕으로 우리는 우리가 진짜 살피고자 했던 부정행위에 사회적인 요소가 어떻게 작용하는지를 시험할 수 있었다.

우리는 파쇄기 조건, 즉 부정행위가 가능한 조건을 설정한 뒤 여기에 사회적인 요소를 가미하기로 했다. 피실험자들이 함께 문제를 푸는 다른 사람이 부정행위를 하는 모습을 관찰할 수 있도록 하면, 즉 매도프와 같은 인물이 사기 행위를 하는 모습을 지켜보게 하면 어떤 일이 일어날까? 이런 요소가 부정행위의 규모를 어떻게 그리고 얼마나 변화시킬까?

여기에 우리는 '매도프 조건'이라는 이름을 붙였다. 자, 당신이 이 조건의 집단에 속한 피실험자라고 가정해보자. 당신이 자리를 잡고 앉자 실험 진행자가 지시사항을 알려준 뒤 문제를 풀라고 한다. 당신은 가능한 한 많은 문제를 풀어 더 많은 돈을 지급받으려고 문제 풀이에 몰두한다. 약 60초가 지났지만 당신은 여전히 첫 번째 문제를 붙들고 있다. 시간이 째깍째깍 흘러간다. 그런데 이때 갑자기 키가 크고 비쩍 마른 금발의 남자가 자리에서 벌떡 일어난다.

"다 풀었는데요? 어떻게 하면 되죠?"

당신은 이렇게 생각한다.

'말도 안 돼. 난 아직 한 문제도 못 풀었는데…….'

당신을 비롯해 다른 피실험자들이 모두 그 남자를 바라본다. 그 남자는 부정행위를 하기로 마음먹은 게 분명하다. 어떤 사람도 그 문제를 60초 안에 모두 풀 수는 없다.

"뒤로 가서 시험지를 파기하세요."

실험 진행자가 말하자 남자는 강의실 뒤로 가서 자기 시험지를 파기하고 이렇게 말한다.

"문제는 다 풀었고, 봉투에는 돌려줄 돈이 하나도 없는데 어떻게 해야 하죠?"

실험 진행자는 아무렇지도 않은 듯 이렇게 대꾸한다.

"그냥 빈 봉투를 수거함에 넣고 나가시면 됩니다."

그 남자는 알겠다면서 나머지 피실험자들에게 손을 흔들고는 강의실 밖으로 나간다. 실험 진행자가 나눠준 돈을 모두 주머니에 넣고는 만면에 웃음을 띤 채로 말이다.

이 모습을 지켜본 당신은 어떻게 하겠는가? 그 남자가 부정행위를 저질러 돈을 모두 챙기고도 무사히 강의실을 빠져나갔다는 사실에 분개하겠는가? 아니면 당신이 가진 도덕적 행동의 기준을 바꾸겠는가? 당신은 부정행위를 더 적게 혹은 더 많이 저지르겠는가?

노골적으로 부정행위를 저지른 데이비드라는 그 남자가 사실은 우리가 고용한 학생이라는 사실을 알면 당신의 마음이 조금 가벼워질지 모르겠다. 아무튼 피실험자들이 데이비드의 노골적인 부정행위를 보고 이른바 '부도덕성 바이러스'에 감염돼 데이비드의 전례를 따를 것이라는 사실, 즉 부정행위를 더 많이 하게 될 것이라는 사실을 우리는 이 실험을 통해 확인하고 싶었다.

결과는, 매도프 조건에서 피실험자들은 전체 스무 문제 중 평균 열다섯 문제를 풀었다고 주장했다. 이는 통제집단의 평균보다 8개나 많은 수치였으며, 파쇄기 조건 집단의 평균보다 3개의 문제나 더 많았다. 요컨대 매도프 조건의 피실험자들은 자신이 실제로 맞힌 정답 개수의 약 두 배를 맞혔다고 주장한 것이다. 이런 결과를 요약하면 다음 표와 같다.

표 6 | 사회적인 요소가 부정행위에 미치는 영향

조건의 유형	정답 개수(20문제 가운데)	부정행위 규모
통제(부정행위 불가능)	7	0
파쇄기(부정행위 가능)	12	5
매도프(부정행위 가능)	15	8

이런 결과는 흥미롭긴 하지만 매도프 조건의 피실험자들이 왜 부정행위를 더 많이 저지르는지에 대해선 설명해주지 않는다. 데이비드의 행동을 보고 피실험자들은 머릿속으로 재빠르게 계산한 다음 자기 자신에게 이렇게 말했을 수 있다.

'만약 저 친구가 부정행위를 저지르고도 무사하다면 나 역시 들통 날 염려 없이 같은 행동을 할 수 있다는 뜻인데…….'

이게 사실이라면 데이비드의 행동이 부정행위를 하더라도 아무 문제가 없음을 보여줌으로써 피실험자들의 비용편익분석 내용을 바꿔놓았을 수 있다(이것은 1장에서 살펴봤던 SMORC의 관점이다).

한편 전혀 다른 가능성도 있다. 데이비드의 행동이 다른 피실험자들에게 이런 유형의 행동은 사회적으로 용인될 수 있거나 혹은 적어도 자기들 사이에서는 얼마든지 있을 수 있다는 신호를 보냈을 가능성이다. 삶의 많은 영역에서 사람들은 어떤 행동이 적절한 행동이며 또 어떤 행동이 부적절한 행동인지를 판단할 때 다른 사람의 행동을 준거틀로 삼는다.

사회적으로 용인될 수 있는 행동을 규정하는 사회적 규범 그리고 다른 사람의 행동(이 경우 데이비드의 행동)이 선악의 판단 기준에 대한 자신의 생각을 바꿀 수 있는 경우에 부정행위는 더 쉽게 나타날 수 있다. 이런 관점에서 보면 매도프 조건에서 우리가 확인한 더 많은 부정행위는 이성적인 비용편익분석의 결과라기보다는 도덕성의 범주 안에서 용인될 수 있는 한계의 재규정 혹은 이것과 관련된 새로운 정보의 결과일 가능성이 높다.

이 두 가지 가능성 중 어느 쪽이 매도프 조건에서 부정행위의 규모가 커지는 데 영향을 미쳤는지 살펴보기 위해 우리는 전혀 다른 사회적, 도덕적 정보를 추가해 또 다른 실험을 준비했다. 이번 실험에서는 부정행위를 한 사실이 발각될지 모른다는 염려를 완전히 지워버리는 설정 역시 피실험자들이 부정행위를 더 많이 저지르도록 하는 요소로 작용하는지 알고 싶었다. 우리는 이번에도 지난번처럼 데이비드를 고용했다. 하지만 이번에는 실험 진행자가 지시사항을 말할 때 불쑥 끼어들어 질문을 하도록 했다. 그는 큰 소리로 물었다.

"잠깐만요! 그런데 말씀대로 한다면 제가 한 문제도 풀지 않았음에도 스무 문제를 모두 풀었다고 하고 돈을 챙겨 갈 수 있다는 뜻인데 정말 그래도 됩니까?"

그러면 실험 진행자는 다음과 같이 대답했다.

"상관없습니다. 본인이 하고 싶다면 얼마든지."

우리는 여기에 '질문 조건'이라는 이름을 붙였다. 데이비드와 실험 진행자 사이의 이런 대화를 듣는 순간 피실험자들은 이 실험에서는 얼마든지 부정행위를 저지르고 더 많은 돈을 챙겨도 된다는 사실을 재빠르게 파악했다. 당신이 이 실험의 피실험자라면 다른 조건에서보다 더 많은 부정행위를 하겠는가? 재빠르게 비용편익분석을 하고 받지 않아야 할 돈을 부당하게 받아가도 된다는 사실을 파악할까? 실험 진행자가 분명히 '그래도 상관없다'고 했으니까.

자, 그런데 여기서 잠깐, 이 버전의 실험이 우리가 매도프 조건에서 일어난 일을 이해하는 데 어떤 도움을 줄 수 있을지 생각해보자. 기본적인 매도프 조건에서 피실험자들은 부정행위의 생생한 사례를 목격했는데 그 행위는 피실험자들에게 두 가지 정보를 제공했다. 우선 비용편익분석의 관점에서 데이비드가 봉투 안에 있던 돈을 모두 챙겨 가는 모습을 보고 이 실험에서는 부정행위의 부정적인 요소는 문제가 되지 않는다는 정보다. 아울러 데이비드의 행동은 피실험자들에게 이 실험에서는 자기와 같은 사람들은 부정행위를 저지르는 경향이 있다는 사회적인 신호를 제공한다.

매도프 조건은 이 두 가지 요소를 모두 포함하고 있으므로, 이 조건에서 부정행위의 규모가 늘어난 것이 비용편익분석 때문인지 아니면 사회적인 신호 때문인지 혹은 이 두 가지 요소가 동시에 작용한 때문인지 알 길이 없다.

이런 까닭에 우리는 질문 조건이라는 집단을 따로 추가했다. 이 조건에서는 오로지 첫 번째 요소, 즉 비용편익분석이라는 요소만 있을 뿐이다. 데이비드가 질문을 하고 실험 진행자가 부정행위를 추가 비용 없이 얼마든지 저지를 수 있다고 확인해줄 때, 피실험자들은 부정행위를 저지른다고 해도 아무런 손해가 없다는 사실을 파악하게 된다. 하지만 이 조건에서는 집단에 속한 어떤 사람이 노골적으로 부정행위를 저지르는 모습을 생생하게 행동으로 보여주는 요소는 들어가지 않는다. 질문 조건에서의 부정행위 규모가 매도프 조건에서의 그것과 동일하다면 이 두 조건에서 추가되는 부정행위의 규모는 순전히, 이 실험에서 부정행위에 따르는 비용(손해, 위험)이 전혀 없다는 정보에 따른 것일 가능성이 한층 높다고 결론을 내릴 수 있다.

반대로 질문 조건에서의 부정행위 규모가 파쇄기 조건에서의 그것과 동일하다면 그리고 매도프 조건에서의 부정행위 규모에 비해 매우 낮다면, 매도프 조건에서 추가되는 부정행위의 규모는 동일한 사회 집단에 속한 사람이 보낸, 이 실험에서는 부정행위가 용인된다는 사회적인 신호에 따른 것일 가능성이 한층 높다고 결론을 내릴 수 있다.

자, 과연 어떤 결과가 나왔을까? 질문 조건에서 피실험자들이 정답을 맞혔다고 주장한 개수는 평균 10개였다. 통제집단보다 3개 더 많고, 매도프 조건보다는 5개 더 적은 수다. 실험 진행자가 데이비드에게 원하면 얼마든지 부정행위를 해도 좋다고 말하는 것을 들은 뒤 오히려 부정행위가 줄어들었다. 이것은 피실험자들이 이성적인 비용편익분석에만 의존했을 때 일어날 수 있었던 결과와는 정반대되는 결과였다. 게다가 이 결과는 사람들이 다른 사람의 비도덕적 행동을 의식할 때 자기 자신의 도덕성을 되돌아본다는(2장에서 살펴본, 십계명과 아너코드를 동원한 실험 결과와도 비슷한) 사실을 의미하며, 그래서 사람들이 더 정직하게 된다는 뜻이다.

집단 역학

...
우리는 이런 결과가 믿을 만한 것이라고 생각하면서도 여전히 부정행위가 사회적으로 전염될 수 있다는 발상을 지지할 좀 더 직접적인 증거를 확보하고 싶었다. 그래서 우리는 패션업계로 눈을 돌렸다.

우리가 다음에 한 실험은 매도프 조건과 구조적으로 동일했다. 즉 우리가 고용한 사람이 신분을 속이고 피실험자들 틈에 섞여 있다가 금방 문제를 다 풀었다고 말하도록 한 것이다. 그러나 이번에는 패션과 관련된 차이점 하나를 설정했다. 피츠버그대학 스웨터를 입게 한 것이다.

좀 더 자세히 설명하면 이렇다. 피츠버그에는 두 곳의 세계적인 명문대학이 있다. 하나는 피츠버그대학이고 다른 하나는 카네기멜론대학이다. 명문대학들이 다 그렇듯 이 두 대학은 오랫동안 라이벌 관계였다. 이 두 대학 학생들 사이의 경쟁심을 이용해 우리는 부정행위가 사회적으로 전염된다는 가설을 시험하기로 했다.

우리는 이 실험을 카네기멜론대학에서 진행했고, 피실험자들을 모두 이 학교 학생으로 설정했다. 기본적인 매도프 조건에서는 데이비드가 평범한 티셔츠와 청바지를 입고 다른 피실험자들과 마찬가지로 카네기멜론대학의 학생인 것처럼 보이게 했다. 하지만 '국외자 매도프 outsider-Madoff'라고 이름 붙인 조건의 실험에서 데이비드는 파란색과 황금색이 섞인 피츠버그대학의 스웨터를 입었다. 이 스웨터는 다른 학생들에게 데이비드가 국외자이며 자기와 다른, 경쟁 집단에 속한 사람임을 나타내는 신호였다.

이 조건의 논리는 질문 조건의 논리와 비슷했다. 만약 매도프 조건에서 사람들이 저지른 부정행위의 규모가 늘어난 이유가 데이비드가 부정행위를 하고도 아무런 제재나 처벌을 받지 않는다면 다른 피실험자들 역시 불이익을 받지 않을 것이라는 깨달음 때문이었다면, 데이비드가 피츠버그대학의 옷을 입든 카네기멜론대학의 옷을 입든 결과는 별 차이가 없을 것이라고 우리는 추론했다. 데이비드가 무슨 옷을 입든 상관없이 정보는 동일한 것이기 때문이었다.

그런데 만약 매도프 조건에서 사람들이 저지른 부정행위의 규모가 늘어난 이유가 어떤 사회적인 규범 때문이었다고 한다면, 즉 그 부정행위가 자기가 속한 사회 집단에서 용인되는 어떤 새로운 사회적인 규범 때문이었다고 한다면 데이비드의 부정행위가 미치는 영향은 오로지 그가 속한 사회 집단에 한정해서만 나타날 터였다. 즉 데이비드가 카네기멜론대학 학생이 아니라 피츠버그대학 학생이라면 그가 한 부정행위의 영향은 카네기멜론대학 학생들로 구성된 다른 피실험자들에게 미치지 않을 것이라고 추정할 수 있었다.

이런 설정에서 결정적인 요소는 데이비드가 다른 피실험자들과 맺는 사회적인 연결고리였다. 과연 카네기멜론대학의 학생들은 데이비드의 행동을 따라할 것인가, 아니면 그가 피츠버그대학 스웨터를 입고 있다는 이유로 그의 영향력을 거부할 것인가?

지금까지 했던 실험들을 다시 한 번 정리하면, 부정행위가 가능했던 파쇄기 조건에서는 피실험자들이 평균 열두 문제를 맞췄다고 주장했다. 이들이 주장한 정답의 개수는 통제집단에 비해 5개 더 많았다. 매도프 조건에서 데이비드가 카네기멜론대학 학생들과 비슷한 옷차림을 하고 실험에 참가했을 때 피실험자들은 평균 열다섯 문제를 맞췄다고 주장했다. 한편 데이비드가 행동 대신 실험 진행자에게 질문을 해서 원한다면 부정행위를 얼마든지 해도 불이익을 받지 않는다는 사실을 확인했던 질문 조건에서는 피실험자들이 단지 열 문제만을 맞췄다고 주장했다.

그런데 데이비드가 피츠버그대학의 스웨터를 입고 실험에 참가한 국외자 매도프 조건에서는 피실험자들이 아홉 문제만 맞췄다고 주장했다. 이들은 비록 통제조건의 집단에 비해 여전히 많이(구체적으로는 2개 더) 맞췄다고 주장했지만 데이비드가 카네기멜론대학이라는 자기 집단에 속한 사람이라고 인식했을 때보다 여섯 문제나 적게 맞췄다고

표 7 | 사회 집단에서 용인되는 부정행위 규모

조건의 유형	정답 개수(20문제 가운데)	부정행위 규모
통제(부정행위 불가능)	7	0
파쇄기(부정행위 가능)	12	5
매도프(부정행위 가능)	15	8
질문(부정행위 가능)	10	3
국외자 매도프(부정행위 가능)	9	2

주장했다.

지금까지의 결과를 정리하면 위의 표와 같다.

이 실험 결과는 부정행위는 일상적인 현상일 뿐만 아니라 전염성이 있으며 주변 사람들의 나쁜 행동에 의해 촉진될 수 있음을 보여준다. 특히 눈여겨볼 점은 우리 주변의 사회적인 요인들이 전혀 다른 두 가지 방식으로 작동할 수 있다는 사실이다. 첫째, 부정행위를 하는 사람이 우리가 속한 사회 집단의 일원일 때 우리는 그 사람을 자기 자신과 동일시하며, 그 결과 그 부정행위를 사회적으로 더 쉽게 용인될 수 있는 행위로 인식한다. 둘째, 그러나 부정행위를 저지르는 사람이 국외자일 때 우리는 그 사람의 부정행위를 그 사람과 동일한 방식으로 합리화하지 않으며, 더 나아가 그 부도덕한 사람 및 그 사람이 속한 도덕성이 떨어지는 집단과 차별성을 드러내려는 바람의 연장선에서 더 도덕적으로 바뀐다.

좀 더 일반화한다면 이렇게 말할 수 있다. 이 실험 결과는 부정행위를 포함해 사람들이 자기 자신의 행동이 어디까지 용인될 수 있는지 그 범위를 결정할 때 주변 사람들이 얼마나 결정적인 역할을 하는지 생생하게 보여준다. 사람들은 자신이 속한 집단의 구성원이 사회적으로 용인될 수 있는 범위를 넘어선 행동을 하는 것을 볼 때 자기 내면의 도덕적 범위를 수정해 그 사람의 행동을 자신의 모델로 삼는 경향이 있다. 만약 그 구성원이 부모, 직장 상사, 교사 혹은 우리가 존경하는 어떤 권위 있는 사람일 때 이 사람의 행동에 영향을 받을 가능성은 한층 더 커진다.

모호한 규칙

한 무리의 대학생들이 자신이 다니는 대학을 속여 푼돈을 조금 더 뜯어내는 짓은 (비록 이런 부정행위가 빠르게 확대되긴 하지만) 몹시 화나는 행위이긴 하지만, 부정행위가 대규모로 제도화되는 것은 이것과 전혀 다른 차원의 문제다. 몇몇 내부자들이 공모해 집단의 규범에서 일탈할 경우 이들은 주변 사람들까지 오염시키고, 이렇게 오염된 사람들은 다시 자기 주변 사람들을 오염시키는 과정이 계속 반복된다. 이런 현상이 2001년에 월가의 엔론에서 일어났고, 그 뒤로 2008년까지 계속되지 않았을까 생각된다.

누구든 다음과 같은 시나리오를 어렵지 않게 상상할 수 있다. 거인은행에서 일하는 밥이라는 유명 금융인이 어떤 금융상품을 높은 가격에 매입하고는 여기서 발생한 손실을 보고하지 않는 등의 미심쩍은 행동을 하면서 떼돈을 번다. 같은 은행에 있는 다른 사람들이 이 사람 이야기를 듣는다. 사람들은 마티니를 곁들인 점심식사를 함께하면서 밥의 행동을 화제로 삼는다. 그런데 이 이야기를 옆 테이블에 있던 공룡은행에서 일하는 사람이 듣는다. 이렇게 해서 밥의 이야기는 다른 은행으로까지 퍼져나간다.

얼마 지나지 않아 같은 업계에서 일하는 사람들 사이에서 장부의 숫자를 조작하는 사람이 밥 한 사람만이 아니라는 사실은 공공연한 비밀이 된다. 게다가 이들은 밥을 자기 집단의 구성원으로 간주하기까지 한다. 이제 이들에게 장부를 조작하는 것은 용인될 수 있는 행동으로 자리를 잡는다. 적어도 기업의 경쟁력 강화와 주주가치 극대화라는 깃발 아래서는 그렇다(나는 주식을 소유하는 주주의 이익을 극대화한다는 이른바 '주주가치 극대화'를 최우선으로 여기는 기업들은 재무 영역에서부터 법률 영역이나 환경 영역에 이르는 온갖 부적절한 행동을 이 구호로 얼마든지 합리화할 수 있다고 생각한다. 경영진은 자신이 받는 보상이 주가 및 주주가치와 연동돼 있다는 사실 때문에 주주가치 극대화에 목메게 된다).

또 이런 시나리오를 상상할 수 있다. 어떤 은행이 정부가 조달해준 구제금융을 주주들에게 배당금으로 나눠준다(혹은 이 돈을 대출에 사용하지 않고 그냥 현금으로 묶어둔다). 그러자 얼마 뒤 다른 은행들의 CEO들이 이런 행위를 적절한 행동으로 간주하기 시작한다. 이는 쉽게 빠질 수 있는 유혹이며 이런 일은 우리 주변에서 날마다 일어나고 있다.

안타깝게도 이런 불행한 일이 꼬리에 꼬리를 물고 눈덩이처럼 점점 커지는 곳이 월가만은 아니다. 이런 일은 우리 주변에서 어디서든 쉽게 찾아볼 수 있다. 의회와 같은 정부기관도 예외가 아니다. 미국 입법부가 규범을 파괴한 대표적인 사례로 정치활동위원회 PAC를 들 수 있다. 약 30년 전에 미국 연방선거운동법이 개정되면서 설립된 정치활동위원회는 정치인과 정당의 합법적인 정치자금 모집 통로가 됐다. 이 자금은 주로 로비스트, 기업 그리고 이익집단에서 나왔다. 이들이 내는 돈은 여타의 개인이나 단체가 개별 정치인에게 기부하는 선거 자금만큼 엄격한 규제를 받지 않았다. 이런 돈은 증여세가 부과되지 않았고, 또 미국연방선거관리위원회에 보고하지 않아도 됐다. 사실상 이 위원회에 대한 규제는 거의 없다시피 했다.

결과가 어떻게 될지는 당신도 예상할 수 있을 것이다. 의원들은 이 위원회의 자금을 선거 활동과 아무런 관련이 없는 곳, 즉 베이비시터 월급, 술값, 스키여행비 등에 습관적으로 쓰게 됐다. 전체 기금의 절반도 되지 않는 돈만이 실제로 유세 활동을 하는 정치인에게 돌아갔고, 나머지는 다른 용도로 실무 관리자를 비롯한 엉뚱한 사람들에게 돌아갔다. 라디오 프로그램 〈마켓플레이스 Marketplace〉의 진행자 스티브 헨 Steve Henn은 이런 모습을 두고 다음과 같이 말했다.

"정치활동위원회 사람들은 기금을 조성하는 재미로 산다."[9]

이런 문제점을 개선하기 위한 법률이 2006년 미국 총선 이후 처음으로 의회를 통과했다. 의원들이 자신에게 할당된 정치활동위원회 자금을 어떤 용도로 썼는지 공개할 것을 의무화함으로써 의원들이 이 기금을 재량으로 지출하지 못하도록 막는다는 것이 이 법의 취지였다. 그러나 이 방법도 근본적인 해결책이 못 됐다. 이는 조금만 생각해보면 충분히 예상할 수 있는 일이었다. 의원들은 여전히 무책임하게 행동했다.

어떤 사람들은 정치활동위원회 자금을 스트립클럽에 들락거리는 데 쓰거나 대규모 파티를 여는 데 사용하기도 했는데 이와 관련해 최소한의 회계 자료도 제출하지 않았다.

어떻게 이런 일이 버젓이 일어날 수 있을까? 답은 매우 간단하다. 시간이 흐르면서 의원들은 저마다 동료들이 정치활동위원회 자금을 의심스러운 곳에 지출하는 모습을 목격했고, 그러면서 이들의 총체적인 사회 규범이 무너지기 시작한 것이다. 정치활동위원회 자금은 개인적인 용처든 직무상의 용처든 어디에나 쓸 수 있다는 생각이 의원들 사이에서 조금씩 자리를 잡기 시작했고 나중에는 하나의 원칙으로 굳어진 것이다. 그래서 지금 이 돈을 원래 취지에 맞지 않는 곳에 쓰는 일은 양복을 입고 넥타이를 매는 것만큼이나 자연스러워졌다. 텍사스 출신의 공화당 의원인 피트 세션스 Pete Sessions 는 그 돈으로 라스베이거스에서 도박을 한 자기 행동에 대한 질문을 받고 이렇게 말했다.

"이제는 저도 뭐가 정상이고 뭐가 비정상인지조차 모르겠군요."[10]

어떤 사람은 미국 공화당과 민주당의 양당 체제를 염두에 두고 특정 의원이 하는 어떤 행위가 미치는 영향이 그 의원과 같은 정당에 속한 의원들에게만 한정될 것이라고 생각할지도 모른다. 민주당 소속의 의원이 어떤 규범을 깨면 이 행동은 오로지 민주당원에게만 영향을 주고, 또 공화당 소속의 의원이 비도덕적 행동을 하면 이 행동은 오로지 공화당원에게만 영향을 준다고 생각할 수 있다. 하지만 내가 개인적으로 정치계에서 했던 (짧은) 경험에 비춰보면 언론의 감시 눈길이 미치지 않는 곳에서는 민주당 의원이나 공화당 의원의 사회적인 관행이 크게 다르지 않다. 오히려 이들은 우리가 생각하는 것보다 훨씬 더 가깝고 비숫하다. 바로 이런 상황이 의원들의 비도덕인 행동이 소속 정당의 범위를 넘어 서로에게 영향을 미치는 조건을 만든다.

윤리적 건강을 회복하는 방법
...

　　부정직함이 사회적인 전염을 통해 개인에서 개인으로 전파될 수 있다는 사실은 부정직함을 제어하기 위해 전혀 다른 접근방법을 시도할 필요가 있음을 암시한다. 보통 사람들은 사소한 잘못을 대수롭지 않은 것으로 치부하고 그냥 넘어간다. 사소한 잘못은 그 자체만으로는 (상대적으로 볼 때) 그리 중요하지 않다. 그러나 이런 것들이 쌓이고 모이면 잘못된 행동을 대대적으로 해도 괜찮다는 어떤 신호를 만들어낼 수 있다. 이런 관점에서 보면 잘못된 행동 하나하나가 모여 만들어내는 효과가 단 하나의 부정직한 행동에서는 상상도 하지 못할 결과를 빚어낼 수 있다는 사실을 깨닫는 것이 중요하다.

　　부정직함이 한 사람에서 다른 사람으로 전파될 때 사회 전체로 보면 윤리적 건전성이 느리지만 꾸준하게 잠식되는 셈이다. '바이러스'가 증식해 이 사람에서 저 사람으로 옮겨가듯 새롭게 발생하는 보다 덜 윤리적인 행동 양식도 마찬가지로 전파해나간다. 이 과정은 미묘하고 느리게 진행되지만 마지막에는 어마어마한 재앙이 돼 나타날 수 있다. 이것이 바로 부정행위의 사소한 사례들에 대해 우리가 실제로 치러야 하는 비용이며, 또한 아무리 사소한 잘못이라 해도 바로잡으려는 노력을 게을리해서는 안 되는 이유다.

자, 그렇다면 우리는 이 문제와 관련해 어떤 일을 할 수 있을까? '깨진 유리창 이론broken windows theory'에서 실마리를 찾을 수 있을지도 모른다. 이 이론은 1982년 3월 범죄학자 제임스 윌슨James Wilson과 조지 켈링George Kelling이 〈애틀랜틱먼슬리Atlantic Monthly〉에 공동으로 발표한 글에서 처음 제기됐다. 두 사람은 위험한 동네에서 질서를 유지할 수 있는 한 가지 결정적 요소를 발견했다. 그것은 거리를 순찰하는 경찰관의 수를 늘리는 게 아니었다.

윌슨과 켈링은 황폐한 지역에 사는 사람들은 유리창이 몇 군데 깨진 채 방치돼 있는 건물을 보면 멀쩡하게 남아 있는 유리창마저 깨고 싶은 충동 그리고 그 건물 및 주변까지도 파괴하고 싶은 충동을 느낀다고 주장했다. 이 때문에 그 일대는 예전보다 더 황폐해진다는 것이었다. 이 이론을 바탕으로 윌슨과 켈링은 사람들의 파괴적인 경향을 예방할 수 있는 매우 간단한 한 가지 전략을 제안했다. 그것은 아무리 사소한 문제라 해도 발생하는 즉시 해결하는 일이다. 깨진 유리창을 (혹은 잘못된 행동을) 즉각 바로잡는다면 잠재적인 파괴자들의 파괴적인 행동은 이전보다 크게 줄어들게 될 것이다.

비록 깨진 유리창 이론의 진위를 입증하는 것은 지금까지 난제로 남아 있지만 이 이론은 여전히 매력적이다. 이 이론은 사소한 범죄라 해도 쉽게 용서하거나 대수롭지 않게 넘기면 사정은 점점 더 나빠질 수 있다고 주장한다. 정치인, 공무원, 사회 저명인사, 기업 경영자 등과 같이 대중의 관심을 집중적으로 받는 사람들의 경우 특히 더 그렇다. 이들에게만 특별히 엄격한 잣대를 들이대는 게 자칫 공정하지 못하게 보일 수 있다. 그러나 공식적으로 관찰되는 행동이 다른 사람에게 미치는 영향이 한층 크다는 점을 감안한다면 이는 그냥 보아 넘길 일이 아니다. 이들의 잘못된 행동은 사회적으로 훨씬 더 큰 악영향을 끼치며 더 큰 비용을 부과한다. 그럼에도 불구하고 사회 저명인사들은 다른 사람들에 비해 자신의 잘못에 대한 처벌은 지나치게 가볍게 받으면서 보상은 지나치게 많이 받는다. 이런 모습은 대중에게 그들이 저지른 잘못된 행동이 전혀 나쁘지 않다는 식으로 비칠 수 있다.

다행스럽게도 우리는 엔론의 셰런 왓킨스 Sherron Watkins, FBI의 콜린 롤리 Coleen Rowley, 월드컴의 신시아 쿠퍼 Cynthia Cooper 등과 같이 부패에 맞서는 사람들이 보여주는 행동들의 전염성을 활용할 수 있다(엔론의 부사장이던 왓킨스는 회계 장부의 문제점을 발견해 회장에게 보고했고, FBI 요원이던 롤리는 FBI가 9·11 테러 위험을 감지하고도 수사를 제대로 못했다고 폭로했으며, 월드컴의 내부감사이던 쿠퍼는 회계 부정 사실을 이사회에 알렸다—옮긴이). 이들은 자신이 몸담고 있는 조직의 잘못된 행동에 맞선 사람들이다. 〈타임 Time〉은 2002년에 이들을 '올해의 인물'로 선정하기도 했다.

정직한 행동은 개인이 가지는 사회적 도덕성에 말할 수 없을 만큼 중요한 의미를 갖는다. 비록 이런 정직한 행동이 정직하지 못한 행동만큼 사회에 큰 영향을 주지는 못한다 하더라도 사회적인 전염을 고려한다면 도덕적인 행동을 고취하는 것은 매우 중요하다고 볼 수 있다. 모범이 될 만한 행동의 보다 생생한 사례들을 통해 우리는 사회가 바람직한 행동이라 여기는 기준과 관점 자체를 바꿔나갈 수 있을 것이다.

9장

타인을 위한 부정행위
—
사회적 의존

The (Honest) Truth About Dishonesty

한 번이라도 조직에 속해 일해본 적이 있다면 팀 활동이 많은 시간을 빼앗는다는 사실을 잘 알 것이다. 경제 활동과 의사결정의 많은 부분이 협력을 통해 이뤄진다. 실제로 오늘날 미국 기업의 절대 다수가 집단 작업에 의존하며, 미국 전체 피고용자 가운데 절반 이상이 하루 중 일정 시간 동안 그룹으로 일한다.[11]

당신이 지난 6개월 동안 회의를 몇 차례나 했는지, 몇 개의 프로젝트 팀에 소속돼 일했는지 그리고 다른 사람과 몇 차례나 협력했는지 세어 보라. 당신이 (그리고 일반적으로 사람들이) 집단 활동에 얼마나 많은 시간을 소비하는지 알 수 있을 것이다. 집단 작업은 교육 과정에서도 두드러진 역할을 한다. 예를 들어 MBA 학생들의 과제 가운데 상당 부분이 집단 작업을 요한다. 학부 과정에서도 많은 강의가 개인별 과제가 아니라 집단별 과제를 제시한다.

사람들은 보통 집단으로 일하는 것이 개인으로 일하는 것보다 긍정적인 효과가 더 크고 또 이럴 때 의사결정의 전반적인 질도 높아진다고 믿는다[12](사실 많은 학자들은 협력이 소중한 시간을 빼앗아갈 뿐만 아니라 의사결정의 질을 떨어뜨릴 수 있다고 꾸준히 주장해왔다. 하지만 이에 대한 자세한 논의는 이 책에서 다룰 만한 내용이 아니다). 이런 관점에서 보면 협력해서 잃을 것은 없지만 얻을 것은 많다. 동료애가 커지고, 혼자 일할 때보다 더 즐겁고, 새로운 발상을 공유하고 개발할 수 있다. 이런 장점들 덕분에 구성원들은 좀 더 동기부여가 되고 더 효율적이 된다. 그러니 누가 협력을 반대한단 말인가?

몇 년 전 일이다. 대학원 과정의 학생들을 대상으로 어떤 강의를 하면서 나는 이익충돌 문제를 다룬 내 논문에 대해 설명했다. 강의가 끝난 뒤 한 학생이 그 시간의 강의 내용이 특별히 자신에게 와 닿는다고 말했다. 이 학생은 몇 년 전 공인회계사로 어떤 대기업에게 의뢰받은 일을 하던 때가 떠올랐기 때문이라 했다. 이 학생의 이름을 제니퍼라고 하겠다.

제니퍼가 하던 일은 연례보고서, 의결권위임권유장 등 고객 기업의 상태를 주주들에게 알려주는 문서를 작성하는 것이었다. 어느 날 그녀가 소속된 회계법인의 사장이 제니퍼에게 팀을 지휘해 고객 기업이 주주총회에서 발표할 보고서를 준비하라는 지시를 내렸다. 이 일에는 그 기업의 재무제표를 검토하는 작업은 물론 그 기업의 재무 상태를 파악하는 작업까지 포함돼 있었다. 이 업무에 따르는 책임은 매우 컸고, 제니퍼는 이해하기 쉽고 구체적이며 정직하고 있는 그대로의 기업 상태를 밝히는 회계보고서를 작성하기 위해 팀의 책임자로서 최선을 다했다.

그녀는 기업의 이익을 부풀리거나 손실을 다음 회계연도로 이월시키지 않고 회계보고서에 기업의 상태를 정확하게 드러내기 위해 노력했다. 마침내 회계보고서 초안이 나왔고, 제니퍼는 그것을 사장 책상 위에 두고 나왔다. 그리고 약간 걱정스러운 마음으로 사장의 대답을 기다렸다.

그날 오후 제니퍼는 회계보고서를 돌려받았다. 거기에는 쪽지가 한 장 붙어 있었다.

"수치들이 마음에 들지 않는군요. 팀원들을 다시 불러 추가 작업을 하세요. 보고서를 새로 만들어 다음 주 수요일까지 볼 수 있게 해주세요."

사장이 그 수치들이 '마음에 들지 않는' 이유에는 여러 가지가 있을 수 있었지만 정확하게 무엇을 말하는지 제니퍼는 알 수 없었다. 게다가 '마음에 들지 않는다'는 것은 '잘못됐다'는 것과 전혀 다른 차원이었다. 그런데 수치가 정확하지 않고 잘못됐다는 암시는 쪽지 내용을 아무리 살펴봐도 없었다. 수많은 의문들이 제니퍼의 머릿속을 스치고 지나갔다.

"사장이 원하는 게 정확하게 뭘까? 그 수치들을 어떻게 바꿔야 한단 말이지? 0.5퍼센트로? 1퍼센트로? 5퍼센트로?"

제니퍼는 또한 자기가 작성한 그 수치들을 '손질'할 때 그 결과에 대한 책임은 누가 질 것인지도 알 수 없었다. 만약 이렇게 해서 새로 작성된 회계보고서가 기업의 상태를 지나치게 낙관적으로 바라본다면, 그래서 나중에 이 일로 책임을 져야 하는 일이 일어난다면 자기가 그 책임을 져야 하는지 아니면 그런 지시를 내린 사장이 져야 하는지 알 수 없었다.

회계라는 일은 그 자체로 모호한 구석이 있는 작업이다. 물론 명확한 원칙들이 있긴 하다. 그러나 회계사들은 '일반적으로 인정된 회계원칙Generally Accepted Accounting Principles, GAAP'이라는 모호한 제목의 기준을 따르도록 돼 있다. 이 지침들 덕분에 회계사들은 엄청난 재량권을 행사할 수 있다. 여기에 포함된 지침들은 대부분 매우 일반적인 내용이므로 회계사가 재무제표를 어떻게 해석하느냐에 따라 기업을 좋게 평가할 수도 있고 나쁘게 평가할 수도 있기 때문이다.

그리고 여기에는 재무제표의 내용을 왜곡하도록 조장하는 동기가 있다. 예를 들어 회계원칙 중 '성실성의 원칙'이 있다. 이것을 GAAP는 회계사의 보고서는 해당 회사의 재무 상태를 '성실하게in good faith' 반영해야 한다고 해석한다. 참 좋은 말이다. 그러나 '성실하게'라는 말은 지나치게 모호하며 극단적이리만치 주관적이다. 물론 인생에서나 회계에서나 모든 것을 다 수치로 계량화할 수는 없다. 그러나 '성실하게'에서는 다음과 같은 의문들이 제기될 수밖에 없다.

"그렇다면 회계사가 성실하지 않게 행동할 수도 있다는 뜻인가? (또 다른 모호한 원칙으로 '신중성의 원칙'을 들 수 있다. 이에 따르면 회계사는 기업의 재무 상태가 실제보다 낙관적으로 보이지 않도록 해야 한다.) 그리고 이 때의 성실함은 도대체 누구를 위한 성실함이란 말인가? 회계보고서 내용이 그 기업의 수익성이 높은 것으로 묘사하길 바라는, 그래서 자신이 받을 연봉과 보너스가 두둑하게 오르길 기대하는 그 기업의 경영진을 위해? 아니면 그 기업의 재무 상태를 명확하게 알고자 하는 투자가들을 위해?"

이처럼 회계 작업이 애초에 모호하고 복잡한데다가 제니퍼는 상사에게서 별도의 압박까지 받았다. 그녀는 분명 남에게 떳떳할 수 있을 정도의 '성실함'으로 그 보고서를 작성했지만 그 이상의 성실함을 요구받았다. 제니퍼의 상사는 고객 기업의 경영진에게 보다 유리한 방향으로 해석될 수치를 원했다.

제니퍼는 한동안 고민한 뒤 자신과 자신의 팀은 사장의 지시를 따라야 한다는 결론을 내렸다. 사장은 월급을 주는 사람이고, 또 회계에 대해, 고객 기업을 대하는 방식에 대해 그리고 고객이 기대하는 내용에 대해 자신보다 더 많이 알고 있기 때문이었다. 처음에는 제니퍼도 가능한 한 해당 기업의 재무 상태를 정확하게 반영하려 했지만 결국 그 뜻을 접고 재작업을 해서 수치들을 손질했다. 그리고 '한결 좋아진' 회계보고서를 들고 다시 사장을 찾아갔다. 사장은 결과물을 보고 매우 흡족해했다.

제니퍼에게 그런 이야기를 들은 뒤 나는 그녀의 업무 환경과 그녀가 사장 및 팀원들과 함께 일한다는 사실이 그녀로 하여금 애초의 회계보고서를 손질하도록 유도한 효과에 대해 생각했다. 제니퍼는 회사에서 동료들과 자주 얼굴을 대하는 환경에 놓여 있었다. 그런데 주목할 만한 점은, 이 경우 부정행위가 팀 차원에서 발생했다는 사실이다. 이것은 우리가 그때까지 연구해왔던 것과는 전혀 다른 상황이었다.

부정행위를 놓고 우리가 이전에 했던 모든 실험에서는 어떤 사람이 혼자서 부정행위를 하겠다고 결정했다(비록 이 사람은 정직하지 못한 다른 피실험자 혹은 우리가 고용한 사람의 영향을 받아 부정행위를 하겠다는 마음을 먹긴 했지만 혼자서 결정을 내렸다는 점은 변하지 않았다). 그러나 제니퍼의 경우 두 사람 이상이 직접적으로 관련돼 있었다. 사실 이런 상황은 우리가 업무를 처리할 때 통상적으로 놓이는 상황이다.

제니퍼로서는 자기 자신과 사장 이외에도 팀 동료들 역시 자신의 행동에 영향을 받는다는 사실을 잘 알고 있었을 것이다. 연말에 팀원들은 모두 팀이라는 집단 자격으로 한 해 활동에 대한 평가를 받을 테고, 이 평가에 따라 팀원들이 받을 보너스와 다음 해 연봉이 결정될 터였다.

나는 협력 집단이 그 집단 속 개인의 정직성에 미치는 효과에 대해 생각하기 시작했다. 어떤 사람이 어떤 집단에 속해 있을 때 이 사람은 부정행위의 유혹을 더 많이 받을까, 아니면 더 적게 받을까? 정직성을 강화한다는 점에서 본다면 집단이라는 설정이 긍정적일까, 부정적일까? 이런 의문은 우리가 8장에서 제기했던 의문, 즉 부정행위 바이러스가 전염될까 하는 의문과 관련이 있다. 그러나 사회적인 전염과 사회적인 의존은 다른 개념이다. 다른 사람이 하는 정직하지 못한 행동을 관찰하고 이것을 기반으로 사회적으로 용인될 수 있는 행동 규범의 기준을 바꾸는 상황은, 다른 사람의 경제적 문제가 자신의 행동 선택에 달려 있을 경우와 맥락이 전혀 다르다.

예를 들어 당신이 팀원들과 함께 어떤 프로젝트를 추진한다고 치자. 당신은 팀원들이 떳떳하지 못한 행동을 하지는 않는지 관찰할 필요는 없다. 그러나 당신이 원칙의 기준을 조금만 낮추면 동료들이 (그리고 당신이) 이득을 볼 것임을 잘 안다. 이 경우 당신은 그 부정행위를 기꺼이 저지르겠는가? 제니퍼가 들려준 이야기에 비춰보면 협력 작업은 도덕적 재량권을 좀 더 많이 발휘하도록 유도함으로써 부정행위의 가능성을 높여준다. 하지만 과연 이것을 일반적인 경우라고 할 수 있을까?

협력이 부정행위에 미치는 영향을 관찰하는 일련의 실험을 하기 전에, 여기서 잠시 팀과 협력 요인이 부정행위의 경향성에 미치는 긍정적 및 부정적인 영향에 대해 살펴보자.

이타적인 부정행위

•••

직장의 업무 환경은 여러 가지 요인들이 복합적으로 작용하는 복잡한 사회적 환경이다. 이런 여러 요인들은 집단 작업 과정에서의 협력을 부정행위의 기회로 전락하게 만든다. 집단에 속한 개인은 더 높은 수준의 부정행위를 저지르는데, 이는 부정행위가 자신이 좋아하고 보살피는 사람들에게 이득을 가져다준다는 사실을 잘 알기 때문이다.

다시 제니퍼의 이야기로 돌아가보자. 제니퍼가 충성심이 강한 사람이며 스스로 자기 자신을 그런 사람으로 여겼다고 가정해보자. 더 나아가 제니퍼가 상사와 팀원들을 진정으로 좋아하고 또 이들에게 도움을 주길 바랐다고 해보자. 이런 상황에서라면 제니퍼는 사장의 요구를 충실히 따랐을 것이다. 아니, 사장과 팀원들이 경제적 이득을 누리길 바라는 마음에서 사장이 시키기 전에 자신이 먼저 회계보고서의 수치들을 손질했을 것이다.

제니퍼는 마음속으로 회계보고서의 수치가 '나쁘면' 고객 기업이 편의 제공을 중단함으로써 사장과 팀원들이 경제적으로 곤란하게 될 수 있다고 생각했을 것이다. 제니퍼가 사장과 팀원들을 염려하는 마음이 그녀로 하여금 잘못된 행동을 더 크게 혹은 더 많이 하도록 유도했을 수 있다.

이런 충동 안에 잠복해 있는 것을 사회과학자들은 '사회적 효용 social utility'이라 부른다. 이는 비이성적이지만 매우 인간적이고 동조적인 인간의 성정, 다른 사람을 돌보고 심지어 자기 자신을 희생하면서까지 다른 사람을 돕는 인간의 특성을 가리킨다. 물론 사람은 어느 정도까지는 순전히 이기적인 동기에 따라 행동한다. 그러나 우리는 흔히 자기 주변에 있는 사람, 특히 자기가 돌보는 사람의 이익을 좇아 행동하기도 한다. 이런 이타적인 감정이 있기에 사람들은 길을 가다가 타이어가 펑크 나서 난감해하는 사람을 돕기도 하고, 길에서 주운 지갑을 주인을 찾아 돌려주기도 하며, 노숙자 쉼터에 돈을 기부하기도 한다.

불행하게도 다른 사람을 돌보려는 이런 성향 때문에 사람들은 부정직한 행동이 다른 사람에게 이득이 되는 상황에서 보다 더 부정직해지기도 한다. 이런 관점에서 우리는 자기의 부정행위로 다른 사람이 이득을 얻는 경우에 하는 부정행위를 이타적이라고 생각할 수 있다. 우리는 주변 사람의 복지를 신경 쓰는 착한 사람이기 때문에 부정행위를 저지른다는 역설이 여기서 성립한다.

누군가 나를 지켜본다

플라톤의 "기게스 왕의 신화 Myth of the King of Gyges"에서는 기게스라는 이름의 목동이 투명인간이 될 수 있는 신기한 반지를 얻는다. 기게스는 이 반지의 힘을 빌려 범죄를 저지르기로 마음먹는다. 그는 왕궁으로 들어가 왕비를 유혹해 왕을 죽이도록 사주한 뒤 왕권을 찬탈한다.

이 이야기를 하면서 플라톤은 보이지 않는 힘을 사용하는 사람에 맞서 살아남을 사람이 과연 있을까 하고 생각한다. 그리고 사람들이 잘못된 행동을 못하도록 막아주는 도구로는 다른 사람이 자신을 지켜보고 있다는 위협밖에 없는지 묻는다. J. R. R. 톨킨John Ronald Reuel Tolkien은 이 주제를 파고들어 세계적인 베스트셀러 《반지의 제왕The Lord of the Rings》을 탄생시켰다.

"기게스 왕의 신화"는 집단이라는 설정이 한편으로는 부정행위를 하려는 사람들의 성향을 제어할 수 있다는 멋진 사례를 제시한 것 같다. 적어도 내게는 말이다. 사람들이 하나의 팀이 되어 협력 작업을 할 경우 한 구성원에 대해 다른 구성원들이 비공식적으로 감시자 역할을 하게 된다. 이런 상황에서 사람들은 자기가 감시를 받고 있음을 알기 때문에 대개 정직하지 못한 행동을 자제하게 된다.

영국 뉴캐슬대학 교수들인 멀리사 베이트슨Melissa Bateson, 대니얼 네틀Daniel Nettle 그리고 길버트 로버츠Gilbert Roberts가 공동으로 진행한 독창적이고 훌륭한 실험은 감시를 받고 있다는 느낌을 주는 것만으로 사람들의 나쁜 행동을 금지시킬 수 있음을 멋지게 증명했다.

이 실험은 뉴캐슬대학의 심리학부 건물에 마련된 음료 코너에서 진행됐는데 여기에는 교직원에게 차와 커피 그리고 우유를 제공하는 무인판매대가 놓여 있었다. 그리고 이 무인판매대 위에는 음료를 마시는 사람은 각 음료에 따라 정해진 돈을 이른바 '정직함 상자honesty box'에 자율적으로 넣어야 한다는 안내 문구가 적혀 있었다.

10주 동안 이 안내 문구는 여러 가지 이미지들로 장식됐으며 이미지는 매주 교체됐다. 5주 동안은 안내 문구가 꽃의 이미지들로 장식됐고,

나머지 5주 동안에는 음료를 마시는 사람들을 정면으로 바라보는 사람 눈의 이미지들로 장식됐다. 실험 진행자들은 매주 정직함 상자에 돈이 얼마나 들어 있는지 확인했다.

이 실험에서 연구자들은 과연 어떤 사실을 발견했을까? 사람 눈 이미지가 등장하고부터 정직함 상자의 돈은 꽃 이미지가 있을 때에 비해 거의 세 배 가까이 늘었다.

행동경제학 분야에서 거둔 많은 발견들이 그렇듯 이 실험의 결과는 좋은 소식과 나쁜 소식을 함께 전했다. 우선 부정적인 측면으로는, 소위 배울 만큼 배웠다는 사람들인 대학의 심리학과 교직원들조차 마땅히 내야 하는 음료 값을 남몰래 내지 않았다는 사실이었다. 한편 긍정적인 측면으로는, 누군가 자신을 감시하고 있다는 느낌을 주는 것만으로도 사람들이 정직하게 행동하도록 만들 수 있다는 사실이었다. 이 실험은 또한 조지 오웰 식의 거창한 '빅 브라더 감시 체제'가 반드시 필요한 것은 아니며, 그저 아주 단순하고도 미묘한 개입만으로도 사람들의 정직성을 효과적으로 높일 수 있음을 보여줬다.

제니퍼가 일하던 회계법인의 사장실 벽에 사람의 두 눈 이미지로 장식한 경고 문구만 붙어 있었더라면 제니퍼가 처음 제출했던 회계보고서에 대한 사장의 판단이 달라졌을지 모른다. 이는 얼마든지 가능성이 있는 일이다.

제니퍼가 처했던 상황을 떠올리면서 나는 프란체스카 지노, 샤하르 아얄과 함께 협력 환경에서 부정행위가 어떻게 작동하는지 살펴보기로 했다. 감시는 부정행위를 줄이는 데 도움이 될까? 집단이라는 사회적 연결 상태에서는 이타주의와 부정직함이 모두 증가할까? 만약 두 가지 모두 서로 반대 방향으로 자신의 영향력을 발휘한다면 둘 중 어느 힘이 더 강력할까? 이런 의문들을 풀기 위한 열쇠로 우리는 다시 한 번 매트릭스 과제를 실험 도구로 뽑아들었다. 우리는 피실험 집단에 기본적인 통제조건(부정행위가 불가능한 조건)과 파쇄기 조건(부정행위가 가능한 조건)을 설정했고, 덧붙여 파쇄기 조건에 협력 요소를 도입한 또 하나의 조건을 설정했다.

집단이 부정행위에 미치는 영향을 탐구하기 위한 첫 번째 단계로 우리는 서로 협력하는 사람들끼리 자신들이 선택할 전략을 토론할 기회 혹은 이들이 서로 친구가 될 수 있는 기회를 차단하기로 했다. 이에 따라 우리가 설정한 협력 조건의 팀은 서로 아무런 친분이나 연관이 없는 두 사람으로 구성됐다. 우리는 여기에 '거리감 집단 조건'이라는 이름을 붙였다. 자, 당신이 이 거리감 집단 조건에 속한 팀원 중 한 사람이라 하자. 통상적인 파쇄기 조건과 마찬가지로 당신은 책상 앞에 앉아 5분 동안 실험 진행자가 나눠준 시험지의 문제를 푼다. 그리고 주어진 시간이 다 지나면 파쇄기 앞으로 가서 시험지를 파기한다.

여기까지의 과정은 이전의 파쇄기 조건과 동일하다. 하지만 이때 협력 요소를 도입한다. 실험 진행자가 당신은 두 사람으로 구성되는 팀의 한 구성원이며, 당신 및 당신과 함께 팀을 구성하는 사람은 각자 지급 받는 돈의 합계 금액을 절반씩 나눠 가질 것이라 말한다.

그런데 당신이 맞혔다고 주장하는 정답의 개수를 적어야 하는 카드는 파란색과 초록색 중 하나다. 당신의 카드 오른쪽 위에 어떤 숫자가 프린트돼 있다. 실험 진행자는 당신더러 당신과 숫자는 같고 색깔이 다른 카드를 들고 있는 사람이 당신과 한 팀이므로 그 사람을 찾아가라고 말한다. 당신은 함께 시험지를 풀었던 사람들 중 동료를 찾아 옆자리에 앉는다. 그리고 당신과 팀원은 각자 자신의 점수를 카드에 기입한 뒤 그를 합한다. 여기까지 모두 마친 뒤 당신과 팀원은 실험 진행자에게 각자 카드를 제출한다.

시험지는 이미 파기되고 없으므로 실험 진행자는 당신과 팀원 두 사람이 정답을 맞혔다고 주장하는 개수가 진실인지 여부를 확인할 길이 없다. 따라서 그는 당신들이 하는 말을 곧이곧대로 믿을 수밖에 없다. 실험 진행자는 두 사람의 합계 점수에 따라 돈을 지급하고, 당신과 팀원은 그를 반으로 나눠 가진다.

이런 상황에서 사람들은 혼자 파쇄기 조건에서 했던 부정행위보다 더 많은 부정행위를 저지를까? 결과는 이랬다. 자신이 점수를 부풀리면 자신과 팀원이 동시에 이득을 얻는다는 사실을 안 피실험자들은 기본적인 파쇄기 조건에서보다 무려 3개나 더 많이 정답을 맞혔다고 주장했다. 이런 결과는 사람들은 이타적인 부정행위에 대해 쉽게 유혹에 빠지는 약점을 갖고 있음을 말해준다. 이런 현상은 자신의 행위로 인해 이득을 보는 사람이 누구인지 모르는 경우에도 마찬가지였다. 이는 슬프게도 이타주의 역시 어두운 일면을 갖고 있다는 증거다.

우리의 실험은 여기서 그치지 않는다. 자신이 부정행위를 저지름으로 해서 다른 사람들이 (심지어 자신이 알지 못하는 사람이라 할지라도) 이득을 얻을 때 사람들은 보다 쉽게 정직하지 않은 선택을 한다는 사실, 즉 협력의 부정적인 측면을 확인한 우리는 팀원 중 한 사람이 이 과정을 지켜보면 상황이 어떻게 바뀌는지 알아보고 싶었다.

자, 당신이 몇 명의 다른 피실험자들과 함께 심리 실험실에 있고, 이들 중 한 명과 짝이 된다. 당신의 짝은 이전에 한 번도 본 적이 없는 사람이다. 그런데 운 좋게도 남자인 당신의 짝은 친근한 외모의 젊은 여자다. 당신은 짝과 어떤 대화를 나누기 전에 먼저 침묵 속에서 매트릭스 과제부터 수행해야 한다. 1호인 당신부터 시작한다. 당신은 1번 문제를 풀고, 2번 문제를 풀고, 3번 문제를 푼다. 이때 당신의 짝은 문제를 푸는 당신의 모습을 지켜본다. 맞히는 것도 보고 틀리는 것도 본다.

지정된 5분이 지나자 당신은 연필을 내려놓는다. 그리고 2호인 당신의 짝이 연필을 들고 문제를 풀어나간다. 당신은 짝이 문제를 푸는 모습을 지켜본다. 짝에게 주어진 5분이 모두 지나자 당신과 짝은 파쇄기로 시험지를 파기한다. 그리고 각자 자신이 맞힌 정답의 개수를 종이에 적은 다음, 두 사람의 점수를 합친 팀의 점수를 실험 진행자에게 말하고 점수에 따른 보수를 받는다. 이때까지 당신은 짝과 단 한 마디도 나누지 않는다.

이때 일어나는 부정행위 수준은 어느 정도일까? 결과를 듣고 놀라지 마시라. 단 한 문제도 부풀리지 않았다. 일반적으로 파쇄기 조건에서는 부정행위가 일어났다. 다른 사람에게 이득이 돌아갈 경우에는 일반적인 파쇄기 조건에서보다 더 많은 부정행위가 일어났다. 그런데 누군가로부터 직접적으로 감시를 받는다는 조건이 피실험자들의 부정행위 경향을 완전히 차단했다.

이렇게 집단 부정행위에 대한 일련의 실험을 통해 우리는 두 가지 요인이 작동한다는 사실을 확인했다. 하나는 이타적인 경향이다. 자신이 부정행위를 저지를 때 자신이 속한 팀의 구성원이 이득을 보는 경우 사람들은 부정행위를 더 많이 저지르는 경향을 보였다. 다른 하나는 직접적인 감시다. 직접적인 감시는 부정행위를 줄일 수 있으며, 심지어 완전하게 차단할 수도 있다. 집단 부정행위에 영향을 미치는 요인으로 이 두 가지가 존재한다고 전제하자 새로운 의문이 떠올랐다. 좀 더 표준적인 집단 상호작용 속에서라면 둘 중 어느 쪽이 더 힘이 셀까 하는 생각이 들었다.

이 의문에 대한 답을 찾기 위해서는 일상적인 현실의 상황을 좀 더 그럴듯하게 반영하도록 실험 환경을 설정할 필요가 있었다. 당신은 처음 두 실험에서 피실험자들이 상호작용을 많이 하지 않았다는 사실을 눈치 챘을 것이다. 하지만 일상적인 현실에서는 그렇지 않다. 집단 내의 협력 상황에서 토론이나 친근한 일상적 대화는 빼놓을 수 없다.

이런 중요한 요소를 실험에 설정하기 위해 우리는 또 다른 장치를 고안했다. 이번에는 피실험자들이 서로 대화를 나누도록 해 서로를 알게 하고 또 어느 정도까지는 친해지도록 했다. 심지어 우리는 한 팀으로 묶인 피실험자들이 어색해하지 않도록 서로에게 질문할 내용을 적은 목록까지 건네줬다. 그런 다음 앞선 실험에서처럼 자기 짝이 매트릭스 과제를 푸는 모습을 번갈아가며 지켜보도록 했다.

실험 결과 슬프게도 이렇게 사회적인 요소를 첨가하자 부정행위의 규모가 커졌다. 피실험자들은 통제집단의 평균보다 무려 4개나 더 정답을 맞혔다고 주장했다. 한 집단의 구성원들이 서로 친숙해질 때 이타적인 경향의 요소는 강화되고 직접적인 감시의 요소는 약화된 것이다. 이타적인 부정행위가 감시의 효과를 압도했다.

오래된 인간관계에 따르는 비용

사람들은 보통 의사, 회계사, 재무설계사, 변호사 등과 같은 사람들과 오랜 기간 관계를 유지할수록 이들이 자신을 더 깊이 염려하고 위해줄 것이며 따라서 그 사람 자신보다 자기의 이득을 먼저 챙겨줄 것이라 생각한다.

예를 들어 당신이 방금 주치의로부터 진단을 받고 두 가지 처방 중 하나를 선택해야 한다고 치자. 한 가지는 보다 공격적이고 돈이 많이 드는 치료법이고, 다른 한 가지는 잠시 기다려보면서 당신의 신체가 현재 나타난 증상에 어떻게 대응하는지 살피며 진행 과정을 지켜보는 이른바 '관찰대기'라는 치료법이다. 이 두 가지 처방 가운데 어느 것이 당신에게 좋을지는 분명하지 않다. 그러나 의사의 입장에서는 공격적인 치료법이 기다리는 치료법보다 더 유리한 게 분명하다.

자, 이제 당신의 주치의가 당신에게 공격적인 치료법을 선택하는 게 옳다면서 아무리 늦어도 다음 주에는 수술을 해야 한다고 말한다고 치자. 당신은 이 의사의 조언을 신뢰하겠는가? 아니면 이익충돌에 대해 우리가 알고 있는 지식을 적용해 그의 조언을 적절하게 평가절하해 받아들인 뒤 관찰대기라는 후자의 치료법을 선택하겠는가?

이런 딜레마에 빠질 때 사람들은 보통 오랜 기간 치료를 해준 의사의 말을 더 신뢰하는 경향이 있다. 의사에 대한 신뢰의 정도가 그 사람과 알고 지낸 세월에 비례한다는 말이다. 예를 들면 이런 심리다.

"서로 알고 지낸 세월이 얼마인데 설마 그 사람이 나한테 나쁜 걸 권하겠어? 아무렴 그 사람은 내 입장에서 판단할 테고, 보다 나은 방법을 권할 거야."

그런데 실제로는 그렇지 않을 가능성이 있다. 인간관계가 오래 지속되고 발전함에 따라 의사들은 (의도적이든 의도적이지 않든) 자신에게 가장 유리한 치료법을 추천하는 경향이 있다. 나는 자넷 슈워츠 툴레인대학 교수(나와 함께 제약회사 영업사원들을 초대해 식사를 한 적이 있다), 메리 프랜시스 루스Mary Frances Luce 듀크대학 교수와 함께 이 문제에 매달렸다. 우리는 어떤 서비스를 제공하는 사람과 고객 사이의 인간관계가 시간이 지날수록 깊어질 때 서비스를 제공하는 전문가들이 고객의 이익을 더 많이 생각하고 자기 이익은 덜 생각하게 되는지 알아봤다. 조사 결과 우리가 발견한 사실은 이와 정반대였다.

우리는 12년에 걸친 수백만 건의 의사 진료 기록을 분석하는 방법으로 접근했다. 환자들이 치아 충전 치료를 받은 사례들을 살폈으며, 그 충전 재료가 아말감인지 아니면 레진인지 확인했다. 알다시피 아말감은 오래 지속되며 비용도 적게 드는 데 비해, 레진은 비싸고 쉽게 부서지긴 하지만 보기에는 훨씬 좋다. 그래서 보통 실용성보다 심미성이 더 중요한 앞니의 경우 레진이 많이 사용되고 겉으로 잘 드러나지 않는 어금니에는 아말감을 사용한다.[13]

그런데 우리가 확인한 바에 따르면 전체 환자 가운데 약 4분의 1이 어금니 충전 치료를 받으면서 기능적으로 더 뛰어난 아말감 충전재가 아닌 레진 충전재로 시술을 받았다. 이 경우 치과의사들이 환자들의 이익(싸고 효과가 오래 지속되는 치료법)보다는 자신의 이익(비싸고 자주 치과를 찾아야 하는 치료법)을 우선시했다고 볼 수 있다. 여기서 그치지 않고 우리는 이런 경향이 환자와 치과의사 사이의 관계가 오래 지속됐을수록 더욱 강하게 나타난다는 사실을 확인했다(우리는 이런 경향이 치아 충전 외의 다른 치료에서도 동일하게 나타난다는 사실을 발견했다).

이런 사실을 볼 때 치과의사는 환자와 친해 대하기 쉬울수록 환자에게 자기 주머니가 보다 두둑해질 수 있는 치료법을 권한다는 것을 알 수 있다. 한편 이런 치과의사와 오래 알고 지낸 환자들일수록 치과의사의 조언을 보다 쉽게 받아들인다(치과의사들은 의도적으로 이렇게 할까? 환자들은 치과의사에 대한 충성심의 대가로 따귀를 맞고 주머니를 털린다는 사실을 알고 있을까? 치과의사들의 이런 경향은 의도적이지 않을 가능성이 높다. 그러나 그들이 의식하든 못 하든 간에 이런 문제는 현재진행형이다).

그렇다면 우리는 어떻게 해야 할까? 의사와 환자 사이의 관계가 오래 지속되는 데 따른 장점은 분명 많다. 그러나 이런 지속적인 인간관계에는 추가적인 비용이 뒤따른다는 사실을 명심해야 한다.

협력적인 부정행위에 대해 우리가 확인한 사항을 정리하면 다음 표와 같다.

이외에 한 가지 더 있다. 처음에 했던 실험들에서 부정행위를 한 사람과 이 사람의 짝은 자기 성적을 1점씩 부풀릴 때마다 추가로 더 많은 돈을 받았다. 즉 어떤 피실험자가 1점을 부풀리면 이 1점에 따른 추가 금액의 절반을 그가 받고 나머지 절반을 그의 짝이 받았다. 이런 구조는 (부정행위에 따르는 추가 이익의 절반밖에 받지 못하므로) 부정행위를 직접 저지르는 사람에게는 확실히 불리한 구조이지만 어쨌거나 이 사람도 이득을 보긴 한다.

표 8 | 협력적인 부정행위에 대한 교훈

- 자기가 부정행위를 함으로써 자기 짝이 이득을 볼 때 설령 그 짝과 잘 알지 못하는 사이라고 하더라도 사람들은 자기 혼자 이득을 볼 때보다 부정행위를 더 많이 하는 경향을 보인다.

- 대화를 나눈 적이 없는 사람이 감시하는 상태에서는 사람들이 부정행위를 하지 않는 경향을 보인다.

- 자기와 친해진 사람이 감시하는 상태에서는 사람들이 자기가 그다지 잘 알지 못하는 사람을 위해 부정행위를 하는 것보다 부정행위를 더 많이 하는 경향을 보인다.

요컨대 부정행위는 사회적인 측면이 매우 강해 감시의 유익한 효과를 무산시킨다.

순수하게 이타적인 부정행위를 살펴볼 목적으로 우리는 새로운 조건을 설정했다. 피실험자가 부정행위를 할 때 거기에 따르는 이득을 순전히 그 사람의 짝이 챙기는 조건이었다. 이런 조건에서는 어떤 결과가 나타났을까? 실험 결과는 이타주의가 부정행위의 강력한 동기임을 보여줬다. 부정행위가 순전히 이타적인 이유로 일어날 때, 다시 말해 부

정행위를 하는 사람이 자기 행위에 따른 이득을 전혀 누리지 못할 때, 부정행위의 규모는 가장 크게 나타났다.

어떻게 이런 일이 일어날 수 있을까? 수수께끼의 답은 이렇다. 자신의 부정행위로 자신과 다른 사람이 모두 이득을 얻을 때 사람들은 이기적인 동기와 이타적인 동기가 혼합된 상태에서 행동하는데, 이때는 자신이 저지를 더 높은 수준의 부정행위를 합리화하기가 매우 어렵다. 그러나 자신의 부정행위를 통해 이득을 얻는 사람이 자기 자신이 아닌 다른 사람일 때는 사정이 달라진다.

자신이 순수하게 이타적인 차원에서 하는 부정행위를 합리화하기가 훨씬 쉽고, 따라서 도덕적인 금기의 벽은 더 쉽게 무너진다. 순수하게 다른 사람의 이익을 위해 어떤 정직하지 못한 일을 할 경우 우리는 마치 자신이 의적 로빈 훗이 된 것처럼 착각한다(이런 결과를 놓고 볼 때 개인적인 이득을 추구하지 않고 이념적인 차원에서 정치 단체와 같은 조직에서 일하는 사람들은 도덕적인 원칙을 파기하는 데 심리적으로 저항감을 더 적게 느낀다고 추측할 수 있다. 그 행위가 대의를 위한 것이고 다른 사람을 돕고자 하는 것이기 때문이다).

마지막으로 우리가 이 일련의 실험에서 설정했던 여러 통제조건에서 피실험자들이 보여준 성적들과 관련해 좀 더 분명한 정리가 필요하다. 우리는 부정행위의 여러 가지 조건들(개인-파쇄기, 집단-파쇄기, 거리감 집단-파쇄기, 친한 집단-파쇄기, 이타적인 지급-파쇄기) 각각의 경우와 나란히, 부정행위가 불가능한(즉 파쇄기가 없는) 통제조건도 함께 놓고 결과를 살폈다.

이처럼 다양한 통제조건들을 놓고 살피자 협력의 특성이 부정행위에만 영향을 주는 것이 아니라 성적 그 자체에도 영향을 준다는 사실을 확인할 수 있었다. 혼자서 하는 조건의 성적과 집단으로 하는 조건의 성적은 모든 통제조건에서 동일하게 나왔다. 그래서 우리는 이렇게 결론을 내렸다. 집단 속에서 일하는 사람들이 거두는 성적은 우리가 이제까지 믿어왔던 것만큼 그렇게 나아지지는 않는다.

사람은 누구나 다른 사람의 도움 없이는 살아갈 수 없다. 이는 매우 당연한 이치다. 함께 일하는 것은 우리 삶의 필수적인 요소다. 그러나 분명한 사실은 협력은 양날의 칼이라는 점이다. 한편으로는 즐거움과 충성심과 동기를 (그리고 때로는 성적을) 높여주지만 다른 한편으로는 부정행위의 가능성을 높여준다. 그리고 (슬프게도) 동료를 염려하는 사람들은 부정행위를 더 많이 저지를 수 있다. 그렇다고 집단 차원의 협력과 공동 작업을 폐지해야 한다거나 다른 사람을 염려하고 배려하지 말아야 한다고 주장하는 것은 아니다. 나는 그저 협력 및 강화된 친밀성에 뒤따르는 잠재적인 비용을 분명히 인식할 필요가 있다는 점을 말해두고 싶다.

협력 작업의 모순 극복하기

...

협력이 부정직함을 키운다면 우리는 협력 문제를 어떻게 다뤄야 할까? 한 가지 분명한 대답은 감시를 강화하는 것이다. 사실 이것은 정부 당국자가 기업의 잘못된 행위에 대해 취하는 기본적인 대응방법이다(정부 정책과 관련된 감시는 보통 '투명성'이라 일컬어진다. 이 용어는 덜 공격적이고 좀 더 정치적인 표현이다). 예를 들어 엔론 사태로 인해 이른바 '사베인옥슬리 Sarbanes-Oxley 법'이라는 보고 의무의 규제가 생겼다. 또 2008년의 금융위기를 계기로 이보다 훨씬 더 강력한 일련의 규제들이 생겼는데, '도드프랭크 Dodd-Frank 법'이라 불리는 '월가 개혁 및 소비자 보호법'이 대표적이다. 이런 규제들은 금융계를 감시함으로써 투명성을 높이려는 목적으로 마련됐다.

감시가 일정 부분 도움이 된다는 점은 의심의 여지가 없다. 그러나 우리가 실시한 일련의 실험들이 나타낸 결과를 볼 때 감시를 강화하는 것이 사람들이 자신의 부정직함을 합리화하는 성향을 완전하게 제어할 수 있을 것 같지는 않다. 자신이 부정행위를 함으로써 다른 사람이 이득을 취하는 상황에서는 더욱 그렇다(게다가 감시라는 부분적인 해결책에 들어가는 경제적 비용도 무시할 수 없을 만큼 크다).

몇몇 경우에는 규칙과 규제를 층층이 쌓아올리기보다는 집단 차원에서 진행되는 협력의 특성을 바꾸는 쪽으로 눈을 돌리는 것이 더 나은 해결책이 될 수 있다. 이 문제에 대한 흥미로운 해법 중 한 가지를 예전에 내 강의를 들었던 학생이 어느 대형 글로벌은행에서 실시했다. 지노라는 그 사람은 은행의 대출팀 직원들이 부정행위를 저지르지 않고도(부담하지 않아도 될 위험을 추가로 부담한다든가 단기 수익을 높이기 위해 대출금액을 허위로 부풀려 기록한다든가 하지 않고서도) 서로 협력하게 할 목적으로 독특한 감시 체계를 마련했다.

지노는 대출 담당자에게 대출팀의 대출 승인 및 처리 절차를 외부 팀에 의뢰해 조사하게 했다. 이 외부 팀은 대출팀과는 사회적으로 아무런 관련이 없는 집단이었고 대출 담당자에게 도움을 줄 동기나 충성을 다

할 명분을 갖고 있지 않았다. 이 두 집단이 완벽하게 독립적이라는 사실을 분명히 해두기 위해 지노는 두 팀의 사무실을 전혀 다른 곳에 배치했다. 이 두 팀이 업무 외적으로 직접적인 접촉을 할 수 없도록 했고, 두 팀의 구성원들끼리도 개인적으로 서로 알지 못하게 했다.

나는 이 접근방법이 어떤 성과를 냈는지 확인하기 위해 지노에게 관련 자료를 부탁했다. 그러나 이 은행의 법무팀이 가로막는 바람에 원하는 자료를 얻지 못했다(기업들은 흔히 자기 회사 안에서 진행된 업무 관련 자료들을 공개하려 하지 않는다). 때문에 나는 지노의 접근방법이 정말 제대로 효과를 발휘했는지 그리고 대출팀의 직원들이 이런 조치에 대해 어떻게 느꼈는지 알지 못한다. 하지만 이 접근방법이 적어도 상당한 수준의 긍정적인 결과를 얻지 않았을까 추정한다.

지노의 접근방법으로 인해 이 은행의 대출팀이 이전에 회의를 할 때마다 누리던 즐거움은 한층 줄어들었을 것이다. 반면에 업무와 관련된 의사결정 과정에서 비롯되는 스트레스는 한층 늘어났을 것이다. 이 때문에 이 제도가 뿌리내리기가 쉽지 않았을 것임에 분명하다. 그럼에도 불구하고 지노가 내게 알려준 바에 따르면 감시 주체에 객관성과 익명성이라는 요소를 덧붙임으로써 대출팀의 윤리성과 도덕성 그리고 성과에 긍정적인 효과가 발생했다.

조직 안에서 발생하는 부정행위라는 복잡한 문제를 단번에 해결하는 만병통치약은 없다. 하지만 모든 것을 종합해볼 때 우리가 일련의 실험들을 통해 발견한 사실들은 조직 운영과 관련해 상당한 의미를 지닌다. 사람들이 저마다 일상적인 업무에서 협력 작업이 얼마나 큰 비중을 차지하는지를 생각하면 더욱 그렇다.

사회 속에서 부정직함이 얼마나 광범위하고 복잡하게 나타나는지 온전하게 파악하기란 거의 불가능하다. 그러나 협력 속에 숨어 있는 함정들을 이해함으로써 부정행위들을 바로잡아가는 방향으로 몇 걸음을 떼놓을 수 있음을 잊지 말자.

10장

사람들은 작은 거짓말을 한다

낙관적 결론

The (Honest) Truth About Dishonesty

이 책 전반에 걸쳐 우리는 정직함과 부정직함이 전혀 다른 두 유형의 동기가 혼합된 것을 바탕으로 한다는 사실을 살펴봤다. 사람들은 한편으로는 합리적이고 경제적인 동기에 따라 부정행위를 통해 이득을 얻으려 하고, 다른 한편으로는 심리적인 동기에 따라 세상 사람들에게 자신이 멋지고 훌륭한 사람으로 보이길 바란다.

사람들은 이 두 가지 목적을 동시에 달성할 수 없다고, 다시 말해 케이크를 온전하게 갖고 있는 동시에 먹어치울 수는 없다고 생각한다. 하지만 우리가 이 책의 곳곳에서 설명한 퍼지요인 이론에 의하면, 사람들은 유연한 추론과 자기합리화 능력을 갖고 있으므로 그 두 가지 목적을 동시에 달성할 수 있다. 기본적으로 아주 사소한 부정행위를 저지름으로써 사람들은 케이크를(케이크의 아주 작은 부분을) 먹는 동시에 케이크를 계속 보유할 수 있다. 이는 부정행위에 따른 열매를 거둬들이면서도 스스로에 대한 긍정적인 이미지를 계속 유지할 수 있다는 의미다.

앞서 살펴보았듯 일반적으로 추정하는 것과 다르게 사람들은 부정행위를 통해 얻을 수 있는 돈의 규모나 부정행위를 할 경우 발각될 확률과 특정한 요인들에는 큰 영향을 받지 않는다. 오히려 도덕적 규범의 상기자, 돈이라는 실체의 구체성과 추상성 정도, 이익충돌, 정신적 고갈, 짝퉁 상품 소지, 허위 실적(학력) 상기자(예를 들면 가짜 졸업장), 창의성, 다른 사람의 부정행위 목격, 팀원들에 대한 배려 등에 더 많은 영향을 받는다.

여러 실험들이 부정직함에 초점을 맞췄지만, 우리 실험에 참가한 피실험자들 대다수가 기본적으로 명문대학 학생들로 나중에 어느 정도의 권력과 영향력을 행사할 수 있는 지위에 오를 사람들이었음을 기억할 필요가 있다. 그들은 최소한 부정과 불법의 전형적인 인물 집단에 속하는 그런 부류의 사람이 아니었다. 사실 이 사람들은 나나 당신 그리고 지구상에 있는 대부분의 사람들과 전혀 다르지 않다. 슬프게도 이런 사실은 우리는 너 나 할 것 없이 모두 부정행위를 조금씩 저지를 수 있는 소지를 완벽하게 갖추고 있음을 의미한다.

이런 발언이 매우 비관적으로 들릴 수 있겠지만 그렇다고 실망할 필요는 없다. 좋은 소식도 있기 때문이다. 사람은 표준적인 경제 이론이 예측하는 것보다 더 선하다. 사실 순수하게 이성적인 관점 SMORC에서 보면 사람들이 저지르는 부정행위는 얼마 되지 않는다. SMORC가 지배하는 세상에서라면 사람들은 대부분 음울하기 짝이 없는 패배자일 것이다.

하지만 지난 며칠 동안의 당신 행동을 돌이켜보라. 다른 사람에게 들키지 않고 부정행위를 할 수 있는 기회가 매우 많았지만 당신은 그 기회를 이용하지 않았다. 직장 동료가 책상에 지갑을 둔 채로 자리를 비우고 긴 시간 동안 회의에 참석했지만 당신은 거기에 손대지 않았다. 커피숍에서 낯선 사람이 화장실에 다녀올 동안 자기 노트북을 봐달라고 했을 때도 당신은 그 노트북을 들고 나오지 않았다. 마트에서 카운터의 점원이 깜빡 잊고 물품 하나를 계산하지 않았을 때 당신은 그 사실을 점원에게 알려줬다. 또한 당신은 아무도 없는 거리에 자물쇠가 채워지지 않은 자전거를 보고도 그냥 지나쳤다.

이 모든 경우에서 합리적이고 이성적인 선택은 지갑이나 노트북이나 자전거를 훔치는 것이다. 하지만 당신은 그리고 우리는 날마다 우리 앞에 나타나는 이런 수많은 기회를 흘려버린다. 그리고 이런 사실을 결코 후회하지 않는다.

'진짜' 무서운 범죄

우리는 수많은 실험들을 하면서 수천 명이나 되는 사람을 테스트했다. 때로 기회가 닿는 대로 최대한 많이 부정행위를 저지르는 사람들도 봤다. 예를 들어 매트릭스 실험에서 전체 스무 문제 중 열다섯 문제 이상 정답을 맞혔다고 주장한 사람을 거의 못 봤다. 그러나 스무 문제를 모두 맞혔다고 주장하는 사람들은 이따금씩 나타났다. 이들은 비용편익분석을 한 다음 자신들이 챙길 수 있는 돈을 최대한 챙기겠다고 마음먹은 사람들이었다.

다행히도 우리는 이런 부류의 사람들을 많이 보지는 않았다. 이런 사람들은 그야말로 예외적인 사람들이며 우리가 이들에게 빼앗긴 돈은 몇백 달러에 불과했다(바람직한 결과는 아니었지만 그렇다고 그렇게 나쁜 것도 아니었다). 한편 우리는 '겨우' 몇 문제만을 부풀리는 사람은 수만 명이나 봤다. 이런 사람들은 너무나 많은 나머지 우리가 이들에게 빼앗긴 돈을 모두 합하면 수천 달러 규모에 이르렀다. 우리가 이들에게 빼앗긴 돈은 적극적인 부정행위자들에게 빼앗긴 돈보다 훨씬 더 많았다.

적극적인 부정행위자 및 소극적인 부정행위자에게 빼앗긴 돈의 규모를 볼 때 우리 실험의 결과는 사회 전체의 부정행위를 그대로 반영한다고 볼 수 있다. 극소수의 사람들이 최대치의 규모로 도둑질을 한다. 수많은 선량한 사람들은 야근 시간을 부풀리고, 보험금을 실제 피해 규모보다 높게 청구하며, 불필요한 치료를 권하는 등 여기저기에서 매우 사소한 부정행위를 저지른다.

기업들 역시 다양한 방법을 강구하여 매우 사소한 부정행위를 저지른다. 신용카드 회사를 예로 들어보자. 이들은 온갖 종류의 수수료 및 벌칙 조항들을 만들어냄으로써 아무 이유 없이 전체 수수료율을 아주 조금 올린다(이것을 기업에서는 보통 '세입 증가'라고 표현한다). 은행도 마찬가지다. 은행은 일부러 처리 과정을 지연시켜 고객의 돈을 하루이틀 더 붙잡아두기도 하고, ODP(이른바 '리볼빙' 제도나 마이너스통장처럼 잔고가 없을 때 자동으로 높은 이자율의 대출이 이뤄지게 하는 제도—옮긴이)나 ATM을 통해 높은 수수료를 물린다.

이런 점들에 비춰볼 때 노골적이고 뻔뻔한 범죄에 주의를 기울여야 함은 말할 것도 없지만 사소하지만 곳곳에서 나타날 수 있는 온갖 종류의 부정행위를 억제하는 일은 훨씬 더 중요하다.

미국인과 중국인 중 누가 더 잘 속이는가

...

나는 전 세계 곳곳을 자주 돌아다닌다. 자연스럽게 전 세계의 온갖 사람들을 만나게 된다. 그때마다 나는 사람들에게 그 나라의 정직성과 도덕성에 대해 물어보곤 한다. 그 결과 나는 문화적 차이가 (지역 차원의 차이든, 민족적 및 국가적 차이든 혹은 기업 차원의 차이든 상관없이) 부정행위에 어떻게 기여하는지 알게 됐다.

당신이 미국이 아닌 다른 나라에서 성장했다면 다음 사항들을 잠시 생각해보기 바란다. 당신 조국의 국민은 미국인보다 부정행위를 더 많이 하는가, 아니면 더 적게 하는가? 여러 나라 사람들에게 이런 질문을 한 뒤 나는 사람들은 보통 자기 국민이 미국인보다 부정행위를 더 많이 한다고 믿는다는 사실을 발견했다(캐나다 사람들과 북유럽 국가 사람들은 미국인이 부정행위를 더 많이 한다고 믿었는데, 이는 충분히 예측 가능했던 예외였다).

나는 사람들이 내린 이런 지극히 주관적인 판단의 밑바탕에 깔려 있는 것이 무엇인지 궁금한 나머지 이런 문화적 차이를 좀 더 직접적인 방식으로 살펴보기로 했다. 이를 탐구하기 위해 우리는 먼저 각기 다른 여러 지역을 아우르는 경제적 동기의 수준을 보정하는 방안을 찾아내야 했다. 예를 들어 매트릭스 과제 한 문제당 보수를 1달러로 정할 때

이 돈이 어떤 지역에서는 매우 큰 금액일 수 있고 다른 지역에서는 작은 금액일 수 있기 때문이다. 그래서 우리는 매트릭스 과제 한 문제를 풀 때마다 그 지역에서 판매되는 맥도널드 햄버거 가격의 4분의 1에 해당하는 금액을 지급하기로 했다(이는 맥도널드 햄버거의 가격을 책정하는 사람들이 전 세계의 지역별 구매력의 차이를 정확하게 파악한 뒤 가격을 매겼으리라고 봤기 때문이다).

그러나 '맥도널드 지수'를 활용하는 데는 한 가지 문제가 있었다. 어린아이부터 바쁜 직장인까지 모두 인구통계학적으로 단일한 집단으로 묶인다는 점이었다. 우리는 다른 접근방법을 모색해야 했고, 결국 지역의 술집에 실험실을 차리기로 했다. 이른바 '맥주 지수'를 활용하기로 한 것이다. 우리는 피실험자들에게 매트릭스 정답 하나당 맥주 0.5리터(미국에서 0.47리터인 1파인트를 편의상 0.5리터로 번역했다―옮긴이) 가격의 4분의 1을 지급했다(실험의 정확성을 위해 피실험자들은 모두 취하지 않았으며 또한 술집에 술을 마시러 들어온 사람들로 한정했다).

나는 이스라엘에서 성장했으므로 특별히 이스라엘 사람들이 자신들의 도덕성을 어떻게 평가하는지 궁금했다(나는 이스라엘인이 미국인보다 부정행위를 더 많이 한다고 확신했다). 결과는 매트릭스 실험에서 이스라엘인 피실험자들이 미국인 피실험자들과 동일한 수준으로 부정행위를 한 것으로 나타났다.

우리는 다른 나라 사람들도 확인해보기로 했다. 중국인 동료 셜리 왕 Shirley Wang 은 중국인이 미국인보다 부정행위를 더 많이 한다고 확신했다. 하지만 실험 결과 이번에도 예상은 빗나갔다. 중국인의 부정행위 수준은 미국인의 그것과 동일했다. 이탈리아 출신인 프란체스카 지노

역시 이탈리아인이 미국인보다 부정행위를 많이 할 것이라고 강력하게 주장했다.

"이탈리아에 한 번 가보시죠. 부정행위에 관한 모든 것을 볼 수 있을 겁니다."

하지만 그녀의 추정 역시 빗나갔다. 우리는 터키와 캐나다 그리고 영국의 피실험자들을 대상으로 해서도 동일한 결과를 얻었다. 이런 결과에 비춰볼 때 부정행위의 규모는 모든 나라에서 동일한 것처럼 보였다. 적어도 그때까지 우리가 실험을 한 국가의 국민들은 그랬다.

사람들은 대부분 자기 나라 사람들이 부정행위를 더 많이 저지른다고 믿음에도 불구하고 우리가 한 실험에서는 국가나 문화권에 따라 부정직함이 별 차이가 나지 않았다. 이런 사실을 우리는 어떻게든 이론적으로 정리해야 했다. 나는 우리가 실험을 통해 확보한 자료가 부정행위의 중요한 어떤 측면을 반영하며 또한 문화적 차이 역시 실제적이며 중요하다고 생각한다. 그 이유는 다음과 같다.

우리가 실시한 매트릭스 과제는 문화적 맥락 바깥에 존재한다. 즉 이것은 사회적이거나 문화적인 환경과 아무런 관련이 없다. 매트릭스 과제는 인간이 기본적으로 갖고 있는 도덕적 유연성의 범위를 시험하며, 스스로를 긍정적으로 되돌아보는 방식으로 어떤 상황과 행동을 재구성할 뿐이다. 사람들이 일상적으로 하는 많은 행위들은 어떤 깊고 복잡한 문화적 맥락 속에서 이뤄진다. 문화적 맥락은 두 가지 방식으로 부정행위에 영향을 줄 수 있다. 우선 이것은 어떤 특정한 행동들을 취하고 그것을 변형시켜 도덕적 영역의 안으로 끌어들이거나 혹은 배제시킬 수 있다. 또 이것은 다른 행동들에서 용인될 수 있다고 여겨지는 퍼지요인의 범위를 바꿔놓을 수 있다.

표절을 예로 들어보자. 미국 대학에서 표절은 매우 심각한 문제로 받아들여진다. 그러나 아시아 및 중동의 문화권에서는 이 행동이 학생과 교수 사이에서 진행되는 일종의 포커 게임과 같은 것으로 인식된다. 이들 문화권에서는 부정행위 그 자체가 아니라 부정행위가 발각되는 상황을 부정적으로 바라본다. 이와 유사하게 어떤 문화권에서는 탈세, 불륜, 불법 다운로드, 한산한 교차로에서 적색 신호 무시하기 등과 같은 부정행위에 사람들이 눈살을 찌푸리지만 다른 문화권에서는 이런 행위를 아무렇지 않게 받아들이거나 심지어 권장하기까지 한다.

물론 부정행위를 제어하는 데 도움이 되는 사회적인 영향력 측면에서나 부정 부패를 만연하게 하는 여러 가지 사회적인 요인 측면에서 모두, 문화가 부정행위에 미치는 영향에 대해서는 앞으로 훨씬 더 많은 연구가 필요하다.

여러 문화권들 사이에 있을 수 있는 부정행위의 차이를 비교할 목적으로 실시한 실험들에서 우리는 한 가지 차이점을 발견했다. 라첼리 바르칸 교수와 나는 의회 직원들이 즐겨 찾던 워싱턴 D.C.의 한 술집에서 실험을 진행했고, 뉴욕 금융가에서 일하는 사람들이 자주 찾는 술집에서도 실험을 했다. 이 두 차례의 실험이 문화적 차이를 드러낸 유일한 경우였다.

정치인과 금융인 중 누가 더 부정행위를 많이 저질렀을까? 실험 결과를 보기 전까지 나는 정치인들이 부정행위를 더 많이 저지를 것이라고 확신했지만 이런 내 예상은 빗나갔다. 금융인들이 무려 두 배 가까이 부정행위를 더 저질렀던 것이다(그렇다고 정치인 친구들보다 금융인 친구들을 더 의심하라고 말하기에는 다소 성급한 측면이 있다. 정치인 피실험자들은 의원실 소속 직원들로 아직 정치 초년생들이며, 정치계에서 충분히 성장하지 않았기 때문이다).

부정행위와 불륜

불륜이나 적절치 못한 인간관계가 갈망하는 기묘하고 다채로우며 놀라운 여러 가지 속임수와 관련된 내용을 담고 있지 않다면 어떤 책도 부정행위를 온전하게 다뤘다고 할 수 없을 것이다. 현대적 의미에서 부정행위는 실제로 불륜과 거의 같은 뜻으로 사용되지 않는가.

불륜은 세상 사람들이 누리는 극적 즐거움의 원천 중 하나다. 리즈 테일러, 찰스 왕세자, 우피 골드버그, 타이거 우즈, 브래드 피트, 맥 라이언, 아널드 슈워제네거 등과 같은 불륜의 주인공들이 배우자를 속이지 않았더라면 황색 저널리즘 신문사들은 일찌감치 문을 닫았을 것이다. (농담이 마음에 드는가?)

불륜은 우리가 지금까지 논의해왔던 부정행위의 수많은 예 중 가장 전형적인 사례다. 우선 불륜은 비용편익분석에 관한 것이 아니다. 또한 불륜의 경향성은 무엇보다도 스스로에게 이것의 정당성을 합리화할 수 있는 개인의 역량에 따라 크기가 결정되지, 어떤 기회가 주어지느냐 그렇지 않느냐에 따라 결정되지 않는다. 키스처럼 아주 작은 행동은 시간이 지날수록 불륜의 강에 더 깊이 빠져들게 만드는 또 다른 요인이다.

배우나 소설가처럼 창의적인 사람들은(이들이 배우자에게 충실하지 못하는 경향이 강하다는 것은 이미 널리 알려진 사실이다) 자신이 저지르는 불륜 행위가 아무런 문제가 없거나 심지어 바람직하다는 식으로 이야기를 풀어내는 데 탁월한 재주를 갖고 있다.

다른 종류의 부정행위와 마찬가지로 불륜 역시 주변 사람들의 행동에 영향을 받는다. 주변의 친구들이나 가족들이 연애 사건을 일으키는 것을 자주 본 사람은 자신이 목격한 이런 사건에 어느 정도는 영향을 받게 돼 있다.

불륜이 이처럼 복잡하고 미묘하고 또 사회적으로 중요한 주제인데 왜 이 책에서는 이것을 별도의 장章으로 다루지 않는지 궁금해할 수 있다. 사실 나도 그러고 싶었지만 문제는 데이터였다. 나는 실험이나 자료를 바탕으로 어떤 결론을 도출하고 이것을 글로 쓰는 것을 좋아한다. 이것은 나의 성향이다. 그런데 불륜을 주제로 해서는 실험을 하는 것이 불가능하다. 데이터 역시 불륜의 특수한 성격 때문에 어떤 평가를 내리기 어렵다. 불륜이라는 주제에 대해 지금 우리가 할 수 있는 것은 오로지 추정밖에 없다.

우리가 속이고 훔치고 거짓말하는 진짜 이유

지금까지 살펴봤듯 사람은 누구나 정직하지 못한 행동을 할 수 있다. 게다가 그런 행동을 하고도 자신은 부도덕한 사람이 아니라는 이유를 그럴듯하게 꾸며대며 스스로를 합리화하는 데 탁월하다. 심지어 다른 사람의 부정한 행동에 '전염'돼 이것을 따라하기까지 하며, 한번 부정행위를 하고 나면 ('어차피 이렇게 된 거'라는 생각으로) 계속해서

표 9 | 부정행위를 형성하는 요인

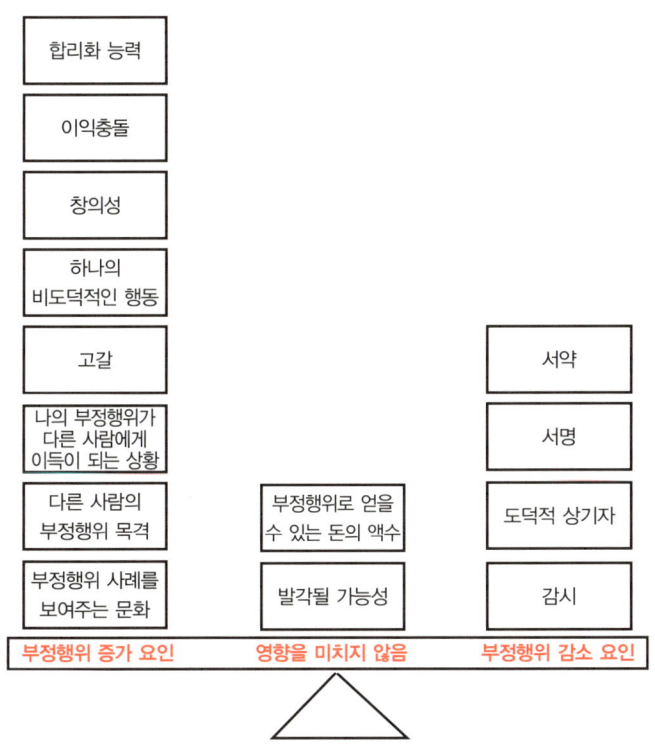

그 행위를 반복하는 경향이 있다(우울한 이야기지만 이것은 엄연한 사실이다).

자, 그렇다면 이제 우리는 어떻게 해야 할까? 최근에 우리는 전 세계에 엄청난 고통을 안겨준 금융위기를 겪었다. 이 사건은 우리의 삶 및 우리가 살고 있는 세상에서 비이성(부조리)이 수행하는 역할 그리고 인간성 상실에 대해 성찰할 수 있는 좋은 기회였다. 또한 우리는 이성과 비이성(합리성과 비합리성)의 문제에 도달했으며, 시장에 대해 갖고 있던 기존의 접근방법을 재평가하기 시작했다. 이성의 사원寺院은 산산이 부서졌다. 덕분에 우리는 미래에 닥칠 수 있는 위기를 피하기 위해 어떤 새로운 구조를 마련해야 할지 생각할 수 있게 됐다. 만약 우리가 이 새로운 구조를 마련하지 못한다면 2008년의 금융위기는 헛되이 낭비한 위기가 되고 말 것이다.

메멘토 모리

로마 시대의 교훈에서 오늘날 우리가 취할 수 있는 것은 여러 가지가 있겠지만 가장 중요한 것은 '메멘토 모리 Memento Mori'가 아닐까 싶다. 로마제국의 전성기 시절, 전쟁에서 이긴 장군들은 로마 거리를 행진하며 전리품을 자랑했다. 이 장군들은 자주색과 황금색의 의전용 의상에 월계관을 쓰고 얼굴에 붉은 칠을 했다. 사람들은 박수를 치고 환호성을 지르며 이들에게 경의를 표했다. 그런데 이 축하 행사에는 한 가지 요소가 더 있었다. 노예 한 명이 하루 종일 따라다니면서 장군의 귀에 무언가를 계속 속삭였던 것이다. 이때 노예가 한 말이 바로 '메멘토 모리'였다. 이 말은 '당신도 죽는다는 사실을 기억하라'는 뜻으로, 승리에 도취한 장군들이 자만심에 빠지지 않도록 경계하기 위한 설정이었다.

'메멘토 모리'를 현대적으로 개선하는 일을 내게 맡긴다면 나는 기꺼이 '당

> 신도 잘못을 저지른다는 사실을 기억하라' 혹은 '당신도 이성적이지 않다는 사실을 기억하라'로 바꾸겠다. 더 나은 결정을 내리고, 더 나은 사회를 만들며, 사회 제도를 개선하기 위해 가장 먼저 취해야 할 결정적 조치는 우리의 단점을 인식하는 것이다.

우리가 다음으로 해결해야 할 과제는 분명하다. 부정직함 및 부정행위에 맞서 싸울 수 있는 보다 효율적이고 실천적인 방법들을 찾아내는 것이다. 경영대학원들은 커리큘럼에 윤리학 강좌를 포함시키고, 기업들은 직원을 모아놓고 윤리를 주제로 한 강연회를 열며, 정부는 투명성을 강조하고 있다. 그런데 이런 전략들이 과연 효율적일까? 도처에서 일어나는 부정행위를 목격한 사람이라면 이런 조치들이 별 도움이 되지 않는다는 점을 금방 알 수 있다.

이 책에서 소개한 연구 결과도 그런 미봉책들은 부정행위의 심리학을 고려하지 않았다는 아주 단순한 이유 때문에 실패로 돌아갈 수밖에 없음을 암시한다. 부정행위를 예방하고자 마련된 정책들이나 절차들은 특정한 일련의 행동 및 동기를 표적으로 삼지만 이런 것들은 끊임없이 바뀐다. 또 일반적으로 부정행위와 관련된 문제를 해결하고자 할 경우 누군가가 어떤 행동을 선택할 때는 필연적으로 SMORC가 작동한다고 가정한다. 그러나 이 단순한 모델은 부정행위의 실제 추동력과 아무런 관련이 없으며, 이 사실은 이 책을 통해 이미 확인했다.

우리가 진정으로 부정행위를 제어하려면 이 문제에 어떤 식으로 개입해야 할까? 나를 따라 여기까지 온 독자라면 먼저 사람들이 정직하지 못한 행동을 하는 이유를 파악하는 일부터 시작해야 한다는 점을 알 것이다. 그 이유를 파악함으로써 우리는 좀 더 효율적인 처방들을 마련할 수 있다. 예를 들어 사람들은 기본적으로 정직하고자 하는 바람을 가지고 있으면서도 부정행위를 통해 이득을 얻고자 하는 유혹을 받으므로 유혹의 순간에 도덕성을 상기시키는 방법은 매우 효과적일 수 있다. 마찬가지로 또 다른 방법을 생각할 수 있다.

이익충돌이 어떻게 작동하는지 그리고 이것이 사람들에게 얼마나 큰 영향을 미치는지 우리는 잘 안다. 그러므로 우리는 이익충돌을 한층 높은 수준으로 규제하고 금지해야 한다. 우리는 주변 환경과 정신적 및 육체적 고갈이 부정행위와 관련해 어떻게 작동하고 어떤 효과를 발휘하는지 제대로 이해할 필요가 있다. 또 부정행위의 사회적 전염성을 이해하고 나면 '깨진 유리창 이론'에서 부정행위의 사회적 전염에 맞서 싸울 실마리를 발견할 수 있다.

흥미롭게도 우리는 이미 우리의 도덕적 기준을 재정립하고 더불어 '어차피 이렇게 된 거' 효과를 극복하기 위해 특별히 마련된 것처럼 보이는 여러 가지 사회적 장치들을 갖고 있다. 천주교의 고해성사에서부터 유대교의 욤 키푸르(금식과 속죄기도를 하는 속죄일―옮긴이)와 이슬람교의 라마단, 심지어 한 주에 한 번씩 지키는 안식일에 이르기까지, 과거의 잘못을 청산하고 새로 시작하는 여러 가지 제의 형식들을 가지고 있으며 이를 통해 우리는 스스로의 행동을 반성해 타락한 생활을 중단하고 새로운 생활을 시작하는 기회로 삼을 수 있다(종교를 믿지 않는 사람조차도 새해에나 생일에 혹은 직업을 바꾸고 새로 시작할 때나 실연을 당했을 때 새로운 결심을 한다. 이런 것들 역시 '새로운 시작의 기회'인 셈이다).

최근에 나는 동료들과 함께 이런 다양한 새 출발들의 효율성에 대한 일련의 실험들을 시작했다(이 실험들은 천주교의 고해성사 형식을 빌리지만 종교적이지 않은 방법을 도구로 사용한다). 그런데 지금까지의 결과를 보면 이런 방법들이 '어차피 이렇게 된 거' 효과를 매우 성공적으로 제거함으로써 도덕적 기준을 예전의 수준으로 되돌리는 것 같다.

사회과학의 관점에서 보면 종교는 부정직성의 경향을 포함해 잠재적으로 파괴적인 어떤 경향들을 사회가 적절하게 제어하도록 돕는 방향으로 진화해왔다. 종교는 사람들에게 도덕을 지킬 의무를 상기시킨다. 신앙을 가진 사람들이 일상적으로 하는 기도, 특히 참회의 기도를 생각해보자("하느님 아버지, 죄를 범한 저를 용서해주소서"). 힌두교에서는 속죄를 실천하는 행위가 있다. 이처럼 수많은 종교적 각성 장치들이 우리 실험에서 '십계명'이 그랬던 것처럼 사람들에게 도덕성을 상기시킨다.

이런 장치들이 매우 유용하므로 산업이나 정치 분야에서도 이와 유사한 장치들을 만들면 좋지 않을까 싶다. 예를 들어 공무원이나 기업가들에게 윤리적 서약을 하게 하거나, 더 나아가 용서를 빌게 하는 어떤 장치를 마련한다면 이들이 부정행위를 제어하는 데 매우 효과적일 것이다. 어쩌면 종교적 의미의 회개를 세속적 차원으로 적용한 장치들은 잠재적인 부정행위자가 좀 더 신중하게 자기 행동을 선택하게 하고 과거의 잘못을 잊고 새 출발을 하도록 도울 수 있으며, 나아가 이들의 도덕적 충실함을 한층 강화해줄 것이다.

새 출발을 다짐하는 의식은 여러 가지가 있겠지만 몇몇 종교적 분파에서 찾아볼 수 있는 정화淨化 의식이 가장 대표적이지 않을까 싶다. 이런 분파 집단 중 하나가 천주교의 비밀결사집단인 '오푸스 데이Opus Dei'인데 이 집단의 구성원은 채찍으로 스스로를 매질한다. 나와 동료들이 어떻게 해서 오푸스 데이를 놓고 토론을 벌이게 됐는지는 정확히 기억나지 않는다. 하지만 어느 순간 나와 요엘 인바르Yoel Inbar 네덜란드 틸부르크대학 교수, 데이비드 피사로David Pizarro 코넬대학 교수는 스스로를 매질하는 의식이 자신을 깨끗하게 정화하려는 인간의 가장 기본적인 욕망을 포착한 것이 아닐까 생각했다. 스스로에게 벌을 주는 이런 행동을 통해 옳지 않은 행위를 했다는 느낌이 지워질 수 있을까? 스스로에게 고통을 주는 행동이 사람들이 용서를 빌고 새 출발하는 데 도움이 될 수 있을까?

우리는 오푸스 데이의 제의처럼 신체적인 고통을 주는 접근방법을 실험에 동원하기로 했다. 물론 우리는 좀 더 현대적이고 통제 가능한 방식의 매질방법을 고안했다. 그것은 전기충격이었다. 코넬대학의 심리 실험실에서 실시한 이번 실험에서 우리는 피실험자들을 세 집단으로 나눴다. 첫 번째 집단의 피실험자들에게는 죄의식을 느낀 적이 있는 과거의 경험을 글로 쓰라고 했다. 두 번째 집단의 피실험자들에게는 슬픔(부정적인 감정이긴 하지만 죄의식과 아무런 관련이 없는 감정)을 느낀 적이 있는 과거의 경험을 글로 쓰라고 했다. 마지막 집단의 피실험자들에게는 좋지도 않고 그렇다고 나쁘지도 않은 과거의 경험을 글로 쓰라고 했다. 그런 다음 우리는 이 피실험자들을 대상으로 다음 단계의 '또 다른' 실험을 진행했다. 그것은 전기충격기의 충격을 스스로 조절하는 과정이 포함된 실험이었다.

다음 단계의 실험에서 우리는 피실험자들의 손목에 전기충격을 가하는 장치를 연결했다. 그리고 자신에게 가하는 전기충격의 강도를 조절하고 충격을 주는 버튼을 누르는 방법 등 전기충격기의 작동방식을 피실험자들에게 알려줬다. 우리는 전기충격 수준을 가장 낮은 단계로 설정해놓고 실험을 시작했으며, 피실험자들에게 충격의 수준을 더는 참을 수 없을 때까지 점차 높여가라고 지시했다.

우리는 물론 가학성 변태자들이 아니지만 피실험자들이 자신에게 가하는 고통의 수준을 어디까지 높이는지 알고 싶었다. 우리는 이들이 스스로 선택한 고통의 수준이 피실험자들이 속한 집단, 즉 그들이 놓인 실험 조건과 어떤 상관성이 있는지 확인하고 싶었다. 무엇보다도 우리는 피실험자들이 죄의식을 느낄 때 자신의 손으로 자신이 받는 고통의 수준을 한층 높임으로써 스스로를 정화하고자 할 것인지 궁금했다.

실험 결과는 이랬다. 중립적인 조건의 집단과 슬픔이라는 조건의 집단에서는 스스로에게 주는 고통의 수준이 상대적으로 낮고 또 동일했다. 이는 부정적인 감정 그 자체는 스스로에게 고통을 주고자 하는 욕망을 불러일으키지 않는다는 뜻이다. 그러나 죄의식 조건의 집단에서는 전혀 다른 양상이 나타났다. 피실험자들이 고통의 수준을 높이는 경향을 보였던 것이다.

물론 이 실험이 오푸스 데이가 했던 자학 행동의 정화 효과를 얼마나 정확하게 증명할 수 있을지 평가하기는 어렵지만, 이 실험의 결과가 암시하는 바는 분명하다. 그것은 자기 학대의 고통을 통한 정화 의식이 죄의식에 대처하는 인간 행동의 중요한 한 방식일 수 있다는 점이다. 자신이 저지른 잘못을 인정하고 스스로에게 어떤 형태의 체벌을 가하는 것은 용서를 빌고 새 출발하기 위한 좋은 처방이 될 수 있다. 물론 이런 방식을 당장 도입해야 한다고 주장하고 싶지는 않다. 그러나 스스로에게 이런 체벌을 내린다 해도 전혀 거부감이 들지 않을 몇몇 정치인이나 기업가들에게는 당장 이 방법을 적용해보고 싶다. 그리고 이 방법이 과연 효과가 있는지, 어떤 식으로 작동하는지 확인하고 싶다.

좀 더 세속적이면서 우아한 방식의 새 출발 제의 사례가 있다. 오래전에 어떤 강연장에서 만난 여자에게서 들은 그녀의 언니 이야기다. 그녀의 언니는 남아메리카에 살고 있었는데 어느 날 가사도우미가 며칠에 한 번씩 냉장고에서 고기를 훔쳐간다는 사실을 발견했다. 한 번에 훔쳐가는 양은 많지 않았지만 말이다.

언니는 이런 사실에 크게 마음을 쓰지 않았다. 이따금씩 요리할 고기의 양이 부족하다는 것이 짜증이 나는 정도였다고 했다. 하지만 그녀는 이 문제를 어떻게든 해결해 가사도우미의 행동을 바로잡을 필요가 있다고 생각해 조치를 취했다. 첫 번째 조치는 냉장고에 자물쇠를 채우는 것이었다. 그런 다음 가사도우미에게 이렇게 말했다. 집에서 일하는 사람들 중 누군가가 냉장고의 고기를 훔쳐가는 것 같아 자물쇠를 채우기로 했으며, 열쇠는 자신과 가사도우미 두 사람만 갖고 있을 것이라고 알려줬다. 아울러 가사도우미에게 냉장고의 고기 감시라는 또 다른 책임을 지우는 대가로 약간의 돈을 더 주겠다고 했다. 이렇게 새로운 역할을 부여하고 새로운 규칙을 정하고 또 새로운 감시 체계를 도입하자 가사도우미의 고기를 훔쳐가는 행위는 사라졌다.

나는 이 사람이 선택한 접근방법이 여러 가지 이유로 효과를 발휘했다고 생각한다. 이 가사도우미의 도둑질은 우리가 여태까지 살펴봤던 부정행위와 매우 비슷한 양상으로 발전하지 않았을까 생각한다. 그녀의 도둑질은 처음에 아주 작은 고깃점 하나에서 시작됐을 것이다('청소를 하면서 고기를 조금 떼어먹는 건 괜찮을 거야'). 하지만 한 번 도둑질을 하고 나자 그다음부터는 도둑질이 훨씬 쉬워졌다.

그런데 주인은 냉장고의 문을 자물쇠로 잠그고 냉장고를 감시하는 과제를 가사도우미에게 부여함으로써 그녀가 예전의 도덕성을 회복할 기회를 줬다. 또 가사도우미에게 열쇠를 맡기며 신뢰를 보여준 주인의 행동은 가사도우미가 도둑질이라는 행동에 대한 시각을 바로잡고 그 집에서 지켜야 하는 정직성의 사회적 규범을 확립하는 데 중요한 요소로 작용했다. 뿐만 아니라 이제는 열쇠가 있어야만 냉장고 문을 열 수 있었으므로 냉장고에 들어 있는 고기를 훔치는 행위는 예전보다 더 의도적일 수밖에 없고, 따라서 합리화하기가 한층 더 어려워졌다.

이런 조치들은 우리가 피실험자들이 문제의 정답을 확인하는 부정행위를 하려면 마우스를 모니터 하단으로 가져가야 되도록 설정한 것과 크게 다르지 않다. 요컨대 이런 장치들을 더 많이 개발하고 채택할수록 사람들은 자기 안의 부정직함을 좀 더 효과적으로 제어할 수 있을 것이다. 물론 이는 쉬운 일이 아니지만 그렇다고 불가능한 일도 아니다.

한 가지 중요한 사실은 과거의 잘못에 마침표를 찍고 새 출발을 할 수 있는 기회를 사회적 차원에서 좀 더 폭넓게 얼마든지 제공할 수 있다는 점이다. 이와 관련해 훌륭한 사례로는 '남아프리카공화국 진실화해위원회'를 들 수 있다. 이 위원회의 목적은 남아프리카공화국 정부가 인종차별 정책을 일삼던 과거 행태에서 벗어나도록 해서 수십 년 동안 국민의 대부분을 억압해왔던 악습을 폐지하고 민주주의가 새롭게 출발하도록 하는 것이었다. 부정적인 행동을 중단하고 새롭게 시작하고자 하는 다른 여러 방법들과 마찬가지로 이 위원회의 목표는 징벌이 아니라 화해였다.

이 위원회가 과거의 인종차별 정책에 따른 아픈 상처와 기억을 말끔히 지웠다고 혹은 그것이 충분히 치유됐다거나 사라졌다고는 누구도 장담할 수 없을 것이다. 그러나 이 위원회의 활동은 과거의 나쁜 행동을 인정하고 용서를 구하는 것이 과거와 다른 새로운 방향으로 나가는 중요한 발걸음이 될 수 있음을 증명하는 중요한 사례로 남아 있다.

어떻게 도덕성을 회복할 것인가

지금까지 부정행위 및 부정직함에 대해 배운 것들을 좀 더 넓은 관점에서 간략하게 살펴봄으로써, 합리성과 비합리성에 대해 우리가 무엇을 배울 수 있는지 알아보는 것도 의미 있는 일이다.

1장에서부터 지금까지 우리는 사람들은 일반적으로 자신이 저지르는 정직하지 못한 행동의 추진력이 어떤 합리적 및 이성적 요인들이라 생각해왔지만 실제로는 그렇지 않다는 사실을 확인했다. 정직하지 못한 행동에 대해 아무런 영향력도 행사하지 못하는 것으로만 알았던 비합리적 및 비이성적인 요인들이 실제로는 커다란 영향력을 행사한다는 점도 알았다.

실제 현실에서 어떤 요인들이 작동하고 어떤 요인들이 무관한지 사람들이 인식하지 못한다는 상황이 의사결정이나 행동경제학 연구에서 끊임없이 목격되고 있다. 두루뭉술하게 말한다면 인간 행동을 대상으로 한 연구의 상당수는 사람들이 하는 의사결정을 추동하는 진짜 요인들을 우리가 잘 알지 못한다고 결론짓는다.

이런 관점에서 볼 때 부정직함은 사람들이 드러내는 비합리적인 성향의 대표적이면서도 가장 중요한 사례다. 부정직함은 우리 주변의 도처에 퍼져 있다. 우리는 부정직함의 마술이 우리에게 어떻게 작동하는지 제대로 이해하지 못한다. 무엇보다 중요한 사실은 우리는 우리 안에 있는 부정직함을 보지 않는다는 점이다.

그렇다고 실망할 필요는 없다. (부정행위 및 부정직함을 포함한) 우리의 어리석음을 극복할 힘이 우리에게 전혀 없는 것은 아니기 때문이다. 적절하지 못한 행동을 실제로 유발하는 실체가 무엇인지 좀 더 체계적으로 이해한다면 우리는 우리의 행동을 통제하고 결점을 바로잡을 방법들을 찾아낼 수 있다. 이것이 사회과학의 진정한 목적이다. 나는 앞으로 몇 년 이내에 이 여정이 더 중요하고 흥미로운 주제로 떠오를 것이라 확신한다. 이는 분명 좋은 소식이 아닌가.

이것이 바로 비이성적인 인간, 댄 애리얼리의 생각이다.

감사의 말

내게 있어 연구 작업과 관련된 글을 쓰는 것은 언제나 흥미로운 일이다. 이런 작업을 할 때마다 나는 성취감과 만족감을 느낀다. 그런데 내가 매일같이 느끼는 이런 즐거움은 나의 훌륭한 동료들과 함께 작업하는 과정에서 나온다. 아이디어를 내고, 실험을 설계하며, 어떤 요인이 의미가 있고 또 어떤 요인이 의미가 없는지 분석하고, 결과가 의미하는 내용을 해석하는 작업을 동료들과 함께하는 즐거움은 다른 무엇과도 비교할 수 없을 것이다.

이 책에서 소개한 실험들은 대부분 나와 함께한 동료들의 천재성과 노력의 산물이다(탁월한 내 동료들에 대해서는 '나의 동료들'이라는 인물 소개를 참조하기 바란다). 부정행위라는 주제를 파고들면서 이처럼 중요하고도 매혹적인 주제에 대해 많은 것을 배울 수 있었다는 사실에 이들에게 고마움을 전한다.

아울러 사회과학 분야의 모든 연구자들에게도 고마움을 전한다. 사회과학의 세상은 새로운 발상들이 끊임없이 솟아나오고, 온갖 자료가 수집되며, 이론들이 늘 수정 및 보완되는 흥미로운 곳이다. 나는 날마다 동료 연구자들에게서 새로운 것을 배우며 내가 얼마나 무지한지 깨우친다(이는 내가 참조한 문헌의 목록을 참조하기 바란다).

이 책은 나의 세 번째 책이다. 지금쯤이면 내가 무엇을 하고 있는지 이제 나도 알 것이라고 생각할 수 있겠지만, 사실은 그렇지 않다. 나는 여전히 많은 사람의 도움이 없으면 무언가를 번번하게 해낼 수 없다. 그런 점에서 특히 다음의 여러 분들에게 깊은 감사의 인사를 드린다.

에린 앨링험 Erin Allingham 은 글쓰기를 도와줬고, 브론윈 프라이어 Bronwyn Fryer 는 대상을 명료하게 바라볼 수 있게 도와줬다. 클래어 왓첼 Claire Wachtel 은 편집자들에게서 찾아보기 어려운 우아함과 유머로 책이 만들어지는 과정 내내 나를 이끌었고, 엘리자베스 페렐라 Elizabeth Perrella 와 캐서린 뵈트너 Katherine Beitner 는 내게 머리가 맑아지는 약과 신경안정제나 다름없었다. 레빈그린버그리터러시 에이전시 Levine Greenberg Literary Agency 의 팀도 가능한 모든 방법을 동원해 나를 지원했다.

에일린 그뤼나이젠 Aline Gruneisen 은 수많은 제안을 해줬는데 이 가운데 어떤 것들은 매우 통찰력이 넘쳤고 어떤 것들은 미소를 짓게 만들었다. 또한 아니아 자쿠벡 Ania Jakubek, 소피아 쿠이 Sophia Cui 그리고 케이시 킨저 Kacie Kinzer 에게도 고마움을 전한다. 아울러 나의 외장 메모리이자 나의 손 역할을 해줬으며 또한 나의 또 다른 자아였던 메건 호지트리 Megan Hogerty 에게도 매우 특별한 고마움을 전한다.

마지막으로 사랑하는 아내 수미 Sumi 가 없다면 나는 지금 어디서 무엇을 하고 있을지 모른다. 일에 미쳐 정신없이 살아가는 나의 아내가 돼주고 또 기꺼이 나와 함께 살아가기란 정말 특별한 사람이 아니면 힘든 일이다. 아내에게 약속한다. 수미야, 오늘 밤에 집에 가면 그 상자들을 꼭 다락으로 옮겨놓을게. 사실 오늘도 집에 늦게 갈 거 같은데 그럼 내일 꼭 할게. 아무리 늦어도 이번 주말에는 꼭 옮길 거야. 약속할게.

사랑을 전하며
댄

역자 후기

2002년 12월 10일, 스웨덴 스톡홀름에서 열린 노벨경제학상 시상식에서 이스라엘 출신의 심리학자가 사상 처음으로 노벨경제학상을 받았다(1992년에 개리 베커가 경제학의 영역을 인간 행동과 상호작용으로까지 확대한 공로로 노벨경제학상을 받았지만 그는 경제학자였다). 대니얼 카너먼Daniel Kahneman은 수상 소감에서 이렇게 말했다.

"저는 고정관념에 기초한 인간의 두루뭉술한 사고와 편향성에 대해 연구했습니다. 인간이 모두 비합리적이라고 말하는 것은 아닙니다만 '합리성'이라는 개념은 매우 비현실적입니다. 저는 '합리성'이란 개념 자체를 부정하고 싶을 뿐입니다."

이 발언은 '인간은 합리적 선택을 하는 존재'라는 주류경제학의 기본 토대 자체가 잘못됐다고 공격했다. 그 후로 한국에서도 행동경제학이라는 생소한 용어가 점차 익숙한 용어로 자리 잡기 시작했다. 한편

이 과정에서 이 책의 저자이며 역시 이스라엘에서 성장한 댄 애리얼리가 《상식 밖의 경제학》《경제심리학》 등의 저서를 통해, 특히 2008년 금융위기로 기존 경제학이 무너진 자리에 행동경제학에 입각한 자신의 새로운 가설을 내세우면서 경제학의 새로운 지평을 열었다.

《거짓말하는 착한 사람들》은 본격적인 경제학서가 아니다(전작인 《상식 밖의 경제학》이나 《경제 심리학》이 이런 내용이다). 대신 인간은 '합리적'으로 생각하고 행동하는 존재가 아니라 '불완전하고 비합리적인 존재'라는 행동경제학의 기본적인 관점을 부정행위에 초점을 맞춘 일련의 심리학 실험들을 통해 확인시켜주는 책이다.

**

《거짓말하는 착한 사람들》은 처음부터 끝까지 심리 실험 과정 및 결과에 대한 설명과 해석으로 구성돼 있다. 이 책의 가장 큰 장점은 재미있다는 점이다. 재미있는 이유는 두 가지다.

하나는, 심리 실험의 과정과 결과를 중심으로 설명하고 있기 때문이다. 인간의 본성을 다루는 심리학 자체가 흥미진진한데 그 위에 과학적인 탐구와 분석을 목적으로 하는 실험이라는 요소까지 결합돼 더 큰 흥미를 유발한다.

다른 하나는, 저자의 훌륭한 글솜씨 때문이다. 학자가 대중적인 글까지 재미있게 잘 쓰기란 쉽지 않지만 이 책에서 저자는 전작들에서 발휘했던 대중적인 글솜씨를 유감없이 발휘한다. 심리학 실험에 대한 내용이 전공자가 아닌 일반 독자에게는 어렵고 딱딱할 수밖에 없지만 저자는 '부정행위'라는 주제를 중심으로 크게는 행동경제학, 작게는 인간 심리에 관해 자신의 개인적인 관심의 근원을 더듬어가면서 넓게는 인간의 비합리적 특성, 좁게는 부정행위에 대한 문제 인식의 초점이 어떻게 확장되고 변용되는지 개인적인 일화를 곁들여 생생하게 보여준다. 덕분에 독자는 심리학의 묘미를 만끽할 수 있을 뿐만 아니라 행동경제학의 기본적인 전제를 충실하게 (자기도 모르게!) 학습하게 된다.

※ ※

욕망이 없는 인간은 더 이상 인간이 아니다. 모든 인간은 욕망을 추구하며 따라서 부정행위는 필연적으로 일어날 수밖에 없다. 인간 사회에서는 기본적으로 부정행위가 만연할 수밖에 없는 것이다. 하지만 부정행위에 대한 저자의 결론은 여기서 끝나지 않는다. 어떻게 하면 부정행위의 수준을 낮출 수 있을지, 어떻게 하면 사람들의 도덕적 건강을 개선할 수 있을지 탐구하고, 또 그에 대한 희망적인 대안을 찾아낸다. 저자의 연구 목적도 바로 여기에 있다.

희망을 찾기 위해서는 현실을 직시해야 한다. 부정행위의 추악함과 이것이 빚어내는 엄청난 결과를 정확하게 알아야 한다. 우리 안에 그리고 사회 도처에 자리를 잡고 있는 부정직함의 마술을 벗겨내고 그 실체를 정확하게 바라볼 때 비로소 현실적인 해법이 나오기 때문이다. 저자는 그와 관련해 본문 중에서 이렇게 말한다.

사람의 행동을 실제로 이끄는 요인들을 좀 더 분명하게 이해하고 나면 당신은 부정직함을 비롯해 인간의 어리석음에도 불구하고 우리에게는 여전히 희망이 있다는 사실을 깨달을 것이다. 아울러 우리를 둘러싼 환경을 개선할 수 있으며, 이를 통해 우리는 더 나은 선택을 할 수 있다는 사실을 알 것이다.

저자는 인간 사회가 보다 낫게 발전할 수 있다고 믿는다. '과거의 잘못에 마침표를 찍고 새로운 출발을 할 수 있는 기회를 사회적 차원에서 좀 더 폭넓게 얼마든지 제공할 수 있다'고 보는 것이다. 기본적으로 인간과 사회가 아무리 추악하다 하더라도 인간과 사회에 대한 믿음 혹은 연민을 가지고 있기 때문이다. 이런 믿음과 연민이 있기에 부정행위에 대한 저자의 혐오가 섬뜩하지만은 않다.

사랑과 연민으로 부정행위와 부정직함을 증오하고 혐오하자, 가 이 책의 기본적인 전제다. 그렇다면 그 방법은? 이 책의 긴 이야기가 그 내용이다.

이경식

나의 동료들

니나 마자르 Nina Mazar

마자르는 처음에 자신이 수행하던 연구 작업의 피드백을 받으려고 며칠 일정으로 MIT에 왔다가 결국은 5년 동안 MIT에 머물렀다. 당시 우리는 함께 재미있는 작업들을 많이 했으며, 나는 그녀에게 크게 의지했다. 그녀는 어떤 장애가 있더라도 거기에 휘둘리지 않는다. 그리고 덩치가 큰 대형 과제들을 완수하려는 의지가 강했는데, 덕분에 나는 그녀와 함께 인도의 시골에서 특히나 까다로운 몇 가지 실험을 할 수 있었다. 여러 해 동안 나는 그녀가 멀리 다른 곳으로 가겠다는 결정을 내리지 않기를 바랐지만 세상 일이 모두 내 바람대로 되지는 않았다. 마자르는 현재 토론토대학 교수다.

니콜 미드 Nicole Mead

미드가 플로리다주립대학 대학원생일 때 나는 그녀를 처음 만났다. 강의를 마친 뒤였고, 늦은 시각이었으며, 우리는 술을 제법 많이 마셨다. 당시 우리가 나눴던 여러 가지 아이디어들을 나는 아직도 기억하고 있다. 언젠가 한 번 나는 미드에게 그때 우리가 나눴던 아이디어들이 정말 좋았던 것인지, 아니면 그저 술자리의 분위기 때문에 그런 느낌이 들었던 것인지 물었다. 이에 대해 미드는 결코 술 때문이 아니라고 확인해줬다. 그녀의 판단이 거의 옳지 않을까 생각한다. 그녀는 이후로도 늘 빛나는 아이디어들을 내놓았다. 미드는 현재 포르투갈의 카톨리카리스본대학 교수다.

데이비드 피사로 David Pizarro

피사로와 나는 스탠퍼드대학에서 열린 한 학술 피정 프로그램에서 처음 만났다. 그때 우리는 사무실에서 칸막이를 사이에 두고 나란히 앉은 사이였으며, 덕분에 나는 진정한 의미에서 처음으로 랩 음악에 눈을 뜨게 됐다. 그렇게 몇 주가 지난 뒤부터 나는 랩 음악을 즐기기 시작했으며, 친절하게도 피사로는 자신이 갖고 있던 음악 파일들을 내게 줬다(이게 합법적인 것이었는지는 자신이 없다). 여러 해에 걸쳐 피사로와 많은 시간을 함께 보냈는데 그때마다 나는 많은 것을 배웠고, 에너지를 충전받았으며, 더 많은 시간을 함께 보내고 싶다는 생각을 했다. 이런 생각은 지금도 마찬가지다. 피사로는 현재 코넬대학 교수다.

라첼리 바르칸 Racheli Barkan

바르칸과 나는 대학원 시절부터 친구였다. 아주 오래전부터 둘이서 함께 어떤 프로젝트를 해보자는 이야기는 많이 했는데 그녀가 듀크대학에 1년 동안 있게 됐을 때 비로소 처음 공동 작업을 했다. 나중에야 깨달은 사실이지만 커피는 아이디어를 행동으로 옮겨주는 중요한 매개물이다. 그녀가 듀크대학에 와 있는 동안 우리는 즐거운 경험들을 많이 나눴으며, 다양한 주제의 여러 프로젝트들을 통해 많은 성과를 거두기도 했다. 그녀는 믿을 수 없을 정도로 아는 게 많으며, 똑똑하고, 통찰력이 넘친다. 앞으로도 그녀와 함께 작업할 수 있으면 좋겠다. 바르칸은 현재 이스라엘의 벤구리온대학 교수다.

로이 바우마이스터 Roy Baumeister

바우마이스터는 철학자와 음악가와 시인 그리고 인간 삶의 예리한 관찰자가 특이한 방식으로 합쳐진 것 같은 사람이다. 그의 관심은 모든 것으로 확장된다. 어떤 문제에 대한 그의 관점을 처음 접하면 나는 보통 어지러울 정도로 헷갈린다. 하지만 곧 그 안에 담긴 지혜를 포착하고 한동안 그의 견해를 곰곰 생각한다. 그리고 대개는 그의 견해를 수용한다. 그는 함께 여행하고 또 연구 작업을 수행하기에 이상적인 사람이다. 바우마이스터는 현재 플로리다주립대학 교수다.

리사 슈 Lisa Shu

슈는 함께 있으면 즐거운 사람이며 또 매우 똑똑한 사람이다. 음식과 연구 아이디어 그리고 패션에 대해 놀라운 육감을 가지고 있다. 이런 특성 때문에 그녀는 내게 완벽한 동료일 뿐 아니라 최고의 쇼핑 파트너이기도 하다. 윤리적 행동을 연구하는 것 외에 그녀는 협상에도 관심을 가지고 있다. 비록 그녀와 개인적으로 협상을 해볼 기회는 한 번도 없었지만 만약 그랬다면 아마도 나는 처음에는 만족했다가 나중에는 모든 것을 내주고 말았을 것이다. 슈는 현재 하버드대학에서 박사 과정을 밟고 있다.

마이크 노턴 Mike Norton

노턴은 탁월함과 자기비난 그리고 풍자적 유머가 멋지게 결합돼 있는 사람이다. 그는 인생을 독특한 관점에서 바라보며 거의 모든 주제에서 흥미로움을 찾아낸다. 노턴에게서는 온갖 아이디어들이 철철 흘러넘친다. 그가 보내주는 피드백은 언제나 뜻밖이고, 괴짜이며, 통찰력이 넘치고, 건설적이다. 때로 나는 연구조사 프로젝트를 여행에 비유하는데 다른 사람들과는 도저히 할 수 없는 여행도 노턴과 함께라면 얼마든지 떠날 수 있다. 노턴은 현재 하버드대학 교수다.

맥스 베이저먼 Max Bazerman

베이저먼은 연구 작업이나 정치 그리고 개인적인 삶에서 비롯되는 어떤 문제에 대해서건 통찰력이 넘친다. 그는 언제나 예상치 못한 흥미로운 얘깃거리를 가지고 있다. 그에게 강의를 듣는 많은 학생들이 '베이저먼이라면 이 상황에서 어떻게 할까?'라는 질문을 스스로에게 던지는 방법으로 자신들의 문제를 해결하는 것을 보았다. 그래서 나도 이런 접근방법을 몇 차례 사용해봤고, 그 방법이 매우 유용하다는 사실을 확인했다. 베이저먼은 현재 하버드대학 교수다.

메리 프랜시스 루스 Mary Frances Luce

루스는 나보다 여러 해 먼저 듀크대학에서 박사 학위를 받았고 또 나보다 먼저 듀크대학 교수가 됐다. 이런 인연으로 그녀는 여러 해 동안 내게 좋은 조언자였으며, 언제나 나를 지지하고 도왔다. 몇 년 전에 그녀는 학장이라는 직책을 맡았는데 나를 위해서나 학교를 위해 이번만은 그녀의 뒤를 따르지 않았으면 하는 게 내 바람이다. 루스는 현재 듀크대학 교수다.

모리스 슈바이처 Maurice Schweitzer

슈바이처는 자기 주변에 있는 거의 모든 것에 흥미를 느끼며, 새로운 프로젝트를 시작할 때는 언제나 왕성한 호기심으로 반짝반짝 빛난다. 여러 해 전부터 그는 내게 자기 스쿼시 솜씨가 훌륭하다고 자랑해왔다. 그의 솜씨가 얼마나 좋은지 개인적으로 확인하고 싶긴 하지만 나 역시 그가 나보다 월등하게 솜씨가 좋을지도 모른다는 생각에 망설이는 중이다. 슈바이처는 또한 일이나 가정 그리고 인생에서 언제나 훌륭한 지혜로 내게 도움을 준다. 슈바이처는 현재 펜실베이니아대학 교수다.

샤하르 아얄 Shahar Ayal

아얄과 나는 처음에 친구의 친구로 만났다. 그러다가 그가 박사 과정을 공부할 때 다시 만났다. 그의 지도교수가 나의 친구였던 것이다. 이렇게 해서 우리의 개인적인 만남이 이어졌는데 그는 학교를 졸업한 뒤 우리 대학 고급통찰센터에서 박사후 연구원 자격으로 몇 년 동안 일했다. 그것이 계기가 돼 우리는 서로를 보다 깊이 이해했고, 심지어 생각까지 똑같이 하게 됐다(다행히 우리는 거의 대부분 보다 나은 방향으로 상대방의 생각을 받아들였다). 그와 함께 있거나 함께 일하면 유쾌했다. 나는 벌써 여러 해 동안 그와 공동으로 작업할 수 있는 게 없을까 하고 기다린다. 아얄은 현재 이스라엘학제연구센터 교수다.

스콧 매켄지 Scott McKenzie

고급통찰센터에 합류할 때 매켄지는 듀크대학 학부생이었다. 그는 사교성이 무척 좋으며, 자기가 바라는 대로 다른 사람들이 어떤 일을 자발적으로 하게 만드는 데(예를 들면 우리가 하는 연구 작업에 참가하게 만드는 일 등에) 탁월한 능력을 타고났다. 독자적으로 수행할 프로젝트의 주제를 선정해야 할 때 그는 골프에서의 부정행위를 택했고, 그 프로젝트가 진행되는 동안 나는 골프라는 우아한 경기에 대해 많은 것을 배웠다. 매켄지는 현재 컨설팅업계에서 일하고 있다.

아예렛 그니지 Ayelet Gneezy

그니지를 만난 건 아주 오래전에 어떤 곳에 소풍을 갔을 때였고, 우리는 친구의 친구 사이로 처음 만났다. 그녀는 첫인상이 무척 좋았다. 그리고 시간이 갈수록 그녀의 진면목은 점점 더 돋보였다. 그니지는 훌륭한 사람이며 나의 좋은 친구다. 그렇기 때문에 우리가 협력해서 다루기로 한 주제가 불신과 복수였다는 사실이 좀 이상하기도 하다. 우리 둘이 이런 주제들을 탐구하는 계기가 됐던 것들은 모두 학술적으로나 개인적으로 유용했다. 그니지는 현재 UC샌디에이고 교수다.

에이나브 마하라바니 Eynav Maharabani

이스라엘을 방문했을 때 마하라바니를 만났다. 당시 그녀는 대학원 학생으로 라켈리 바르칸 교수 밑에서 막 연구 작업을 시작하고 있었다. 지성과 정중함 그리고 (초보 연구자였음에도) 강한 자기주장 등의 덕성이 어우러져 있던 그녀는 내게 깊은 인상을 남겼다. 그녀가 내 멋진 동료가 된 것도 바로 이런 덕성과 능력 때문이 아닐까 싶다. 마하라바니는 현재 어빌러티즈 솔루션 Abilities Solution 이라는 회사에서 일한다. 이 회사는 주로 장애인을 하이테크 회사에 취직시키는 일을 한다.

에일린 그뤼나이젠 Aline Gruneisen

그뤼나이젠은 내가 듀크대학으로 자리를 옮긴 직후에 내 연구팀에 합류했으며, 그때 이후로 줄곧 연구팀의 주요 에너지 및 열광의 원천이었다. 오랜 세월 동안 나는 그녀에게 크게 의지해왔다. 그뤼나이젠과 나는 폭넓은 주제를 놓고 함께 작업해왔는데 이들 주제의 공통점은 모두 혁신적이고 재미있다는 사실이다. 그뤼나이젠은 현재 듀크대학 고급통찰센터의 연구실장이다. 앞으로도 몇 년 더 나와 함께 일할 수 있으면 좋겠다.

온 아미르 On Amir

아미르는 내가 MIT에 신임 교수로 간 다음 해에 MIT에 박사 과정으로 들어와 '나의' 첫 번째 학생이 됐다. 이로 인해 그는 내가 학생들에게서 기대하던 것 그리고 내가 생각하던 교수와 학생의 관계 등이 형성되는 데 크게 기여했다. 그는 예외적이리만치 똑똑할 뿐만 아니라 실무 능력까지 탁월하다. 그는 자신이 어떤 것이든 하루이틀 만에 배울 수 있다는 사실을 잘 알지 못하는 것 같다. 그와 함께 하는 작업은 늘 흥미진진하다. 아미르는 현재 UC샌디에이고 교수다.

요엘 인바르 Yoel Inbar

인바르가 톰 길로비치와 데이비드 피사로의 학생이던 시절에 나는 그를 처음 만났고, 그때부터 우리는 함께 일하기 시작했다. 인바르는 현대판 박학다식의 전형을 보여주는 인물이다. 예를 들면 (보통 사람들은 이름을 한 번도 들어본 적이 없는) 인디 록 밴드들이나 컴퓨터 운영체제인 유닉스와 관련된 깊은 지식 등을 두루 꿰뚫고 있는 괴짜다. 그가 관심을 가지는 주제 가운데 하나가 혐오이며, 그는 사람들에게 혐오감을 유발하는 온갖 흥미로운 방법들, 예를 들면 방귀 소리를 내는 스프레이, 사람 얼굴 모양의 초콜릿, 괴상한 음식 등을 찾아내는 데 전문가다. 인바르는 현재 네덜란드의 틸부르크대학 교수다.

자넷 슈워츠 Janet Schwartz

슈워츠를 꼬드겨 고급통찰센터에서 몇 년 동안 함께 일할 수 있었던 건 나로서는 큰 행운이었다. 슈워츠는 특히 보건과 관련된 불합리성에 관심을 가지고 있는데 우리는 식사, 다이어트, 조언, 이익충돌, 전해 들은 의견 그리고 사람들이 자신의 장기적인 건강을 생각하며 행동할 수 있도록 하는 여러 가지 접근법들을 탐구했다. 자기 주변 세상에 대한 예리한 관찰력의 소유자인 터라 놀라운 이야기꾼이기도 한 그녀는 주변 사람들을 늘 즐겁게 해줬다. 슈워츠는 현재 툴레인대학에서 교수로 재직 중이다. 하지만 마음만은 지금도 듀크대학의 고급통찰센터에 있다.

조에 챈스 Zoe Chance

챈스는 창의성과 친절함 그 자체다. 그녀와 이야기를 나누다 보면 얼마나 흥미롭고 재미있는지, 하지만 또 그녀의 말이 어디로 튈지 도무지 짐작조차 할 수 없어서 마치 놀이공원에 간 듯한 느낌이 든다. 삶과 인류에 대한 따뜻한 마음을 가지고 있기에 그녀는 동료 연구자인 동시에 친구로 매우 이상적인 사람이다. 챈스는 현재 예일대학에 박사후 연구원으로 있다.

톰 길로비치 Tom Gilovich

내가 박사 과정 학생일 때 길로비치가 하는 프레젠테이션을 들은 적이 있다. 그때 나는 그가 하는 생각의 질과 창의성에 깜짝 놀랐다. 길로비치는 흥미로운 공간에서 중요한 질문을 하고 또 대답을 찾아내는 독특한 능력을 가지고 있다. 예를 들면 이런 것들이다. 검은색 유니폼을 입은 팀이 상대팀보다 반칙 판정을 더 많이 받는다. 농구 선수들은 사실 '뜨거운 손 hot hand'을 갖고 있지 않다('뜨거운 손'은 농구시합에서 연속적으로 슛을 성공시킨 선수를 가리키는 용어다—옮긴이). 상대팀이 억울하다고 느낄 상황에서 NBA 선수들에게 자유투가 주어질 경우 그 성공률은 상대적으로 낮다. 나는 길로비치와 조금이라도 닮으면 좋겠다는 바람을 늘 가지고 있다. 길로비치는 현재 코넬대학 교수다.

프란체스카 지노 Francesca Gino

지노는 친절함, 인정, 지식, 창의성 그리고 스타일을 겸비한 드문 사람이다. 그녀는 또한 무한한 정력과 열정의 소유자다. 어떤 시점에서건 그녀가 관여하는 프로젝트의 수는 보통 사람들이 평생 동안 수행하는 프로젝트의 수와 맞먹을 정도다. 이탈리아 출신인 그녀는 내가 요리와 와인을 즐길 때 함께 하는 사람들 가운데 한 사람이다. 그녀가 내가 사는 노스캐롤라이나에서 보스턴으로 이사를 가기로 결정했을 때는 무척 슬펐다. 지노는 현재 하버드대학 교수다.

주

서문 우리는 왜 부정행위의 유혹에 빠지는가
1. Ira Glass, "See No Evil," 〈미국적인 삶This American Life〉, National Public Radio, 2011년 4월 1일.

1장 무엇이 선택을 조종하는가
2. "라스베이거스의 택시 운전사들은 자기들도 어쩔 수 없이 부정행위를 하게 된다고 말한다Las Vegas Cab Drivers Say they're Driven to Cheat," 〈라스베이거스 선Las Vegas Sun〉, 2011년 1월 31일(http://www.lasvegassun.com/news/2011/jan/31/driven-cheat/).

3장 경제적 동기가 우리를 눈멀게 할 때
3. A. Wazana, "의사와 제약업계, 선물이 그냥 선물일까?Physicians and the Pharmaceutical Industry: Is a Gift Ever Just a Gift?" 〈JAMA〉(2000년).
4. Duff Wilson, "윤리적인 함정에 빠진 하버드대학 의과대학Harvard Medical School in Ethics Quandary," 〈뉴욕타임스The New York Times〉, 2009년 3월 2일.

5장 짝퉁 상품이 부정행위를 조장한다?

5. Frederick Balfour, "짝퉁 Fakes!", 〈비즈니스위크 Business Week〉, 2005년 2월 7일.
6. K. J. Winstein, "거물 기업인의 가짜 졸업장 Inflated Credentials Surface in Executive Suite," 〈월스트리트저널 The Wall Street Journal〉, 2008년 11월 13일.

6장 자기 자신을 속이는 사람들

7. Anne Morse, "휘슬링 딕시 Whistling Dixie" 〈위클리 스탠더드 The Weekly Standard〉 (블로그), 2005년 11월 10일.
8. Geoff Baker, "마크 맥과이어, 스테로이드 사용을 인정하다 Mark McGwire Admits to Steroids Use: Hall of Fame Voting Becoming a Pain in the Exact Place He Used to Put the Needle," http://seattletimes.nwsource.com/html/marinersblog/2010767251_mark_mcgwire_admits_to_steroid.html.

8장 부정행위도 전염된다

9. Steve Henn, "웨이터, 계산은 PAC 자금으로 하시게 Oh, Waiter! Charge It to My PAC," 〈마켓플레이스 Marketplace〉, 2008년 7월 21일; "정치활동위원회 사람들은 기금을 조성하는 재미로 산다 PACs Put the Fun in Fundraising," 〈마켓플레이스 Marketplace〉, 2008년 7월 22일.
10. "정치활동위원회 사람들은 기금을 조성하는 재미로 산다 PACs Put the Fun in Fundraising," 〈마켓플레이스 Marketplace〉, 2008년 7월 22일.

9장 타인을 위한 부정행위

11. Dennis J. Devine, Laura D. Clayton, Jennifer L. Philips, Benjamin B. Dunford, Sarah P. Melner, "조직에서의 팀, 유행, 특징 그리고 효율성 Teams in Organizations, Prevalence, Characteristics, and Effectiveness," 〈스몰그룹 리서치 Small Group Research〉 (1999년); John Gordon, "작업 팀들, 얼마나 멀리까지 왔나? Work teams: How Far Have They Come?", 〈트레이닝 Training〉 (1992년); Gerald E.

Ledford, Jr., Edward E. Lawler III, Susan A. Mohrman, "포춘 선정 1000대 기업에서의 보상 혁신Reward Innovations in Fortune 1000 Companies," 〈컴펜세이션앤베니핏리뷰Compensation & Benefits Review〉(1995년); Susan A. Mohrman, Susan G. Cohen, Allan M. Mohrman, Jr., 〈팀 기반의 조직 설계, 지식 작업을 위한 새로운 형태들Designing Team Based Organizations: New Forms for Knowledge Work〉, (Jossy-Bass, 1995년); Greg L. Stewart, Charles C. Manz, Henry P. Sims, 〈팀 작업과 집단 역학Team Work and Group Dynamics〉, (Wiley, 1999년).

12. Bernard Nijstad, Wolfgang Stroebe, and Hein F. M. Lodewijkx, "집단생산성에 대한 환상The Illusion of Group Productivity: A Reduction of Failures Explanation," 〈유럽사회심리학저널European Journal of Social Psychology〉(2006년).

13. 미국치과의사협회 학술위원회ADA Council on Scientific Affairs, "직간접적인 수복재Direct and Indirect Restorative Materials," 〈미국치과의사협회 저널The Journal of the American Dental Association〉(2003년).

참고문헌

서문 우리는 왜 부정행위의 유혹에 빠지는가

Tim Harford, *The Logic of Life: The Rational Economics of an Irrational World* (New York: Random House, 2008).

1장 무엇이 선택을 조종하는가

Jerome K. Jerome, *Three Men in a Boat* (to Say Nothing of the Dog) (1889; reprint, New York: Tom Doherty Associates, 2001).

Jeff Kreisler, *Get Rich Cheating: The Crooked Path to Easy Street* (New York: HarperCollins, 2009).

Eynav Maharabani, "Honesty and Helping Behavior: Testing Situations Involving Temptation to Cheat a Blind Person," master's thesis, Ben-Gurion University of the Negev, Israel (2007).

Nina Mazar, On Amir, and Dan Ariely, "The Dishonesty of Honest People: A Theory of Self-concept Maintenance," *Journal of Marketing Research* (2008).

Nina Mazar and Dan Ariely, "Dishonesty in Everyday Life and Its Policy

Implications," *Journal of Public Policy and Marketing* (2006).

2장 거짓말하는 착한 사람들

Nina Mazar, On Amir, and Dan Ariely, "The Dishonesty of Honest People: A Theory of Self-concept Maintenance," *Journal of Marketing Research* (2008).

Lisa Shu, Nina Mazar, Francesca Gino, Max Bazerman, and Dan Ariely, "When to Sign on the Dotted Line? Signing First Makes Ethics Salient and Decreases Dishonest Self-Reports," working paper, Harvard Business School NOM Unit (2011).

Jason Dana, Roberto A. Weber, and Jason Xi Kuang, "Exploiting Moral Wiggle Room: Behavior Inconsistent with a Preference for Fair Outcomes," *Economic Theory* (2007).

Christopher K. Hsee, "Elastic Justification: How Tempting but Task-Irrelevant Factors Influence Decisions," *Organizational Behavior and Human Decision Processes* (1995).

Christopher K. Hsee, "Elastic Justification: How Unjustifiable Factors Influence Judgments," *Organizational Behavior and Human Decision Processes* (1996).

Maurice Schweitzer and Chris Hsee, "Stretching the Truth: Elastic Justification and Motivated Communication of Uncertain Information," *The Journal of Risk and Uncertainty* (2002).

Robert L. Goldstone and Calvin Chin, "Dishonesty in Self-report of Copies Made—Moral Relativity and the Copy Machine," *Basic and Applied Social Psychology* (1993).

Robert A. Wicklund, "The Influence of Self-awareness on Human Behavior," *American Scientist* (1979).

3장 경제적 동기가 우리를 눈멀게 할 때

Daylian M. Cain, George Loewenstein, and Don A. Moore, "The Dirt on Coming Clean: The Perverse Effects of Disclosing Conflicts of Interest," *Journal of Legal Studies* (2005).

Ann Harvey, Ulrich Kirk, George H. Denfield, and P. Read Montague, "Monetary Favors and Their Influence on Neural Responses and Revealed Preference," *The Journal of Neuroscience* (2010).

James Bader and Daniel Shugars, "Agreement Among Dentists' Recommendations for Restorative Treatment," *Journal of Dental Research* (1993).

Max H. Bazerman and George Loewenstein, "Taking the Bias Out of Bean Counting," Harvard Business Review (2001).

Max H. Bazerman, George Loewenstein, and Don A. Moore, "Why Good Accountants Do Bad Audits: The Real Problem Isn't Conscious Corruption. It's Unconscious Bias," *Harvard Business Review* (2002).

Daylian M. Cain, George Loewenstein, and Don A. Moore, "When Sunlight Fails to Disinfect: Understanding the Perverse Effects of Disclosing Conflicts of Interest," *Journal of Consumer Research* (in press).

Carl Elliot, *White Coat, Black Hat: Adventures on the Dark Side of Medicine* (Boston: Beacon Press, 2010).

4장 힘들 때 자주 실수하는 진짜 이유

Mike Adams, "The Dead Grandmother/Exam Syndrome and the Potential Downfall of American Society," *The Connecticut Review* (1990).

Shai Danziger, Jonathan Levav, and Liora Avnaim-Pesso, "Extraneous Factors in Judicial Decisions," *Proceedings of the National Academy of Sciences of the United States of America* (2011).

Nicole L. Mead, Roy F. Baumeister, Francesca Gino, Maurice E. Schweitzer, and Dan Ariely, "Too Tired to Tell the Truth: Self-Control Resource Depletion and Dishonesty," *Journal of Experimental Social Psychology* (2009).

Emre Ozdenoren, Stephen W. Salant, and Dan Silverman, "Willpower and the Optimal Control of Visceral Urges," *Journal of the European Economic Association* (2011).

Baba Shiv and Alexander Fedorikhin, "Heart and Mind in Conflict: The Interplay of Affect and Cognition in Consumer Decision Making," *The Journal of Consumer Research* (1999).

Roy F. Baumeister and John Tierney, *Willpower: Rediscovering the Greatest Human Strength* (New York: The Penguin Press, 2011).

Roy F. Baumeister, Kathleen D. Vohs, and Dianne M. Tice, "The Strength Model of Self-control," *Current Directions in Psychological Science* (2007).

Francesca Gino, Maurice E. Schweitzer, Nicole L. Mead, and Dan Ariely, "Unable to Resist Temptation: How Self-Control Depletion Promotes Unethical Behavior," *Organizational Behavior and Human Decision Processes* (2011).

C. Peter Herman and Janet Polivy, "A Boundary Model for the Regulation of Eating," *Research Publications—Association for Research in Nervous and Mental Disease* (1984).

Walter Mischel and Ozlem Ayduk, "Willpower in a Cognitive-Affective Processing System: The Dynamics of Delay of Gratification," in *Handbook of Self-regulation: Research, Theory, and Applications*, edited by Kathleen D. Vohs and Roy F. Baumeister (New York: Guilford, 2011).

Janet Polivy and C. Peter Herman, "Dieting and Binging, A Causal Analysis," *American Psychologist* (1985).

5장 짝퉁 상품이 부정행위를 조장한다?

Francesca Gino, Michael I. Norton, and Dan Ariely, "The Counterfeit Self: The Deceptive Costs of Faking It," *Psychological Science* (2010).

Dan Ariely and Michael L. Norton, "How Actions Create—Not Just Reveal—Preferences," *Trends in Cognitive Sciences* (2008).

Roy F. Baumeister, Kathleen D. Vohs, and Dianne M. Tice, "The Strength Model of Self-control," *Current Directions in Psychological Science* (2007).

C. Peter Herman and Deborah Mack, "Restrained and Unrestrained Eating," *Journal of Personality* (1975).

6장 자기 자신을 속이는 사람들

Zoë Chance, Michael I. Norton, Francesca Gino, and Dan Ariely, "A Temporal View of the Costs and Benefits of Self-Deception," *Proceedings of the National Academy of Sciences* (2011).

Ziva Kunda, "The Case for Motivated Reasoning," *Psychological Bulletin* (1990).

Danica Mijović-Prelec and Dražen Prelec, "Self-deception as Self-Signalling: A Model and Experimental Evidence," *Philosophical Transactions of the Royal Society* (2010).

Robert Trivers, "The Elements of a Scientific Theory of Self-Deception," *Annals of the New York Academy of Sciences* (2000).

7장 우리는 모두 '타고난 이야기꾼'

Edward J. Balleisen, "Suckers, Swindlers, and an Ambivalent State: A History of Business Fraud in America," manuscript.

Shane Frederick, "Cognitive Reflection and Decision Making," *Journal of*

Economic Perspectives (2005).

Michael S. Gazzaniga, "Consciousness and the Cerebral Hemispheres," in *The Cognitive Neurosciences*, edited by Michael S. Gazzaniga (Cambridge, Mass.: MIT Press, 1995).

Francesca Gino and Dan Ariely, "The Dark Side of Creativity: Original Thinkers Can Be More Dishonest," *Journal of Personality and Social Psychology* (2011).

Ayelet Gneezy and Dan Ariely, "Don't Get Mad, Get Even: On Consumers' Revenge," working paper, Duke University (2010).

Richard Nisbett and Timothy DeCamp Wilson, "Telling More Than We Can Know: Verbal Reports on Mental Processes," *Psychological Review* (1977).

Yaling Yang, Adrian Raine, Todd Lencz, Susan Bihrle, Lori Lacasse, and Patrick Colletti, "Prefrontal White Matter in Pathological Liars," *The British Journal of Psychiatry* (2005).

Jesse Preston and Daniel M. Wegner, "The Eureka Error: Inadvertent Plagiarism by Misattributions of Effort," *Journal of Personality and Social Psychology* (2007).

8장 부정행위도 전염된다

Nicholas A. Christakis and James H. Fowler, *Connected: The Surprising Power of Our Social Networks and How They Shape Our Lives* (New York: Little, Brown, 2009).

Robert B. Cialdini, *Influence: The Psychology of Persuasion* (New York: William Morrow, 1993).

Francesca Gino, Shahar Ayal, and Dan Ariely, "Contagion and Differentiation in Unethical Behavior: The Effect of One Bad Apple on the Barrel,"

Psychological Science (2009).

George L. Kelling and James Q. Wilson, "Broken Windows: The Police and Neighborhood Safety," *The Atlantic* (March 1982).

Nina Mazar, Kristina Shampanier, and Dan Ariely, "Probabilistic Price Promotions—When Retailing and Las Vegas Meet," working paper, Rotman School of Management, University of Toronto (2011).

Ido Erev, Paul Ingram, Ornit Raz, and Dror Shany, "Continuous Punishment and the Potential of Gentle Rule Enforcement," *Behavioural Processes* (2010).

9장 타인을 위한 부정행위

Melissa Bateson, Daniel Nettle, and Gilbert Roberts, "Cues of Being Watched Enhance Cooperation in a Real-World Setting," *Biology Letters* (2006).

Francesca Gino, Shahar Ayal, and Dan Ariely, "Out of Sight, Ethically Fine? The Effects of Collaborative Work on Individuals' Dishonesty," working paper (2009).

Janet Schwartz, Mary Frances Luce, and Dan Ariely, "Are Consumers Too Trusting? The Effects of Relationships with Expert Advisers," *Journal of Marketing Research* (2011).

Francesca Gino and Lamar Pierce, "Dishonesty in the Name of Equity," *Psychological Science* (2009).

Uri Gneezy, "Deception: The Role of Consequences," *American Economic Review* (2005).

Nina Mazar and Pankaj Aggarwal, "Greasing the Palm: Can Collectivism Promote Bribery?" *Psychological Science* (2011).

Scott S. Wiltermuth, "Cheating More When the Spoils Are Split," *Organizational Behavior and Human Decision Processes* (2011).

10장 사람들은 작은 거짓말을 한다

Rachel Barkan and Dan Ariely, "Worse and Worst: Daily Dishonesty of Business-men and Politicians," working paper, Ben-Gurion University of the Negev, Israel (2008).

Yoel Inbar, David Pizarro, Thomas Gilovich, and Dan Ariely, "Moral Masochism: Guilt Causes Physical Self-punishment," working paper (2009).

Azim Shariff and Ara Norenzayan, "Mean Gods Make Good People: Different Views of God Predict Cheating Behavior," *International Journal for the Psychology of Religion* (2011).

Keri L. Kettle and Gerald Häubl, "The Signature Effect: How Signing One's Name Influences Consumption-Related Behavior by Priming Self-Identity," *Journal of Consumer Research* (2011).

Deepak Malhotra, "(When) Are Religious People Nicer? Religious Salience and the 'Sunday Effect' on Pro-Social Behavior," *Judgment and Decision Making* (2010).

옮긴이 이경식

작가이자 번역가. 서울대학교 경영학과와 경희대학교 대학원 국문학과를 졸업했다. 영화 〈개 같은 날의 오후〉〈나에게 오라〉, 연극 〈동팔이의 꿈〉〈춤추는 시간여행〉, 드라마 〈선감도〉 등의 대본을 썼다. 지은 책으로 《안철수의 전쟁》《이건희 스토리》《대한민국 깡통경제학》《청소년 경영학 오딧세이》 등이 있고, 옮긴 책으로 워런 버핏 자서전 《스노볼》, 오바마 자서전 《내 아버지로부터의 꿈》, 《픽사 이야기》《직장으로 간 사이코패스》《욕망하는 식물》《소셜애니멀》 등이 있다.

거짓말하는 착한 사람들

1판 1쇄 발행 2001년 1월 30일
1판 18쇄 발행 2024년 9월 27일

지은이 댄 애리얼리
옮긴이 이경식
펴낸이 고병욱

펴낸곳 청림출판(주)
등록 제2023-000081호

본사 04799 서울시 성동구 아차산로17길 49 1010호 청림출판(주)
제2사옥 10881 경기도 파주시 회동길 173 청림아트스페이스
전화 02-546-4341 **팩스** 02-546-8053

홈페이지 www.chungrim.com **이메일** cr1@chungrim.com
인스타그램 @chungrimbooks **블로그** blog.naver.com/chungrimpub
페이스북 www.facebook.com/chungrimpub

ISBN 978-89-352-0932-3 03320

※ 이 책은 저작권법에 따라 보호를 받는 저작물이므로 무단 전재와 무단 복제를 금합니다.
※ 책값은 뒤표지에 있습니다. 잘못된 책은 구입하신 서점에서 바꾸어 드립니다.
※ 청림출판은 청림출판(주)의 경제경영 브랜드입니다.